W0346865

UTB 1400

Eine Arbeitsgemeinschaft der Verlage

Beltz Verlag Weinheim · Basel
Böhlau Verlag Köln · Weimar · Wien
Wilhelm Fink Verlag München
A. Francke Verlag Tübingen und Basel
Haupt Verlag Bern · Stuttgart · Wien
Lucius & Lucius Verlagsgesellschaft Stuttgart
Mohr Siebeck Tübingen
C. F. Müller Verlag Heidelberg
Ernst Reinhardt Verlag München und Basel
Ferdinand Schöningh Verlag Paderborn · München · Wien · Zürich
Eugen Ulmer Verlag Stuttgart
UVK Verlagsgesellschaft Konstanz
Vandenhoeck & Ruprecht Göttingen
Verlag Barbara Budrich Opladen · Bloomfield Hills
Verlag Recht und Wirtschaft Frankfurt am Main
VS Verlag für Sozialwissenschaften Wiesbaden
WUV Facultas Wien

Leif Grane

Die Confessio Augustana

Einführung in die Hauptgedanken der lutherischen Reformation

6. Auflage

Vandenhoeck & Ruprecht

Leif Grane, geboren 1928 in Lyngby, Dänemark. Studien in Kopenhagen, Lund und Tübingen, 1954 Pfarrer, 1960 Forschungsstipendiat und seit 1964 Professor der Kirchen- und Dogmengeschichte an der Universität Kopenhagen. Probst (Ephorus) am Collegium Domus Regiae, Prediger an der Trinitatiskirche, Kopenhagen.

Bücher in deutscher Übersetzung: Contra Gabrielem. Luthers Auseinandersetzung mit Gabriel Biel in der Disputatio contra scholasticam theologiam 1517 (1962); Peter Abelard. Christentum und Philosophie im Mittelalter (1969); Confessio Augustana. Einführung in die Hauptgedanken der lutherischen Reformation (1970, 6. Aufl. 2006); Modus loquendi theologicus. Luthers Kampf um die Erneuerung der Theologie 1515–1518 (1975); Die Kirche im 19. Jahrhundert – Europäische Perspektiven (1986).

Berechtigte Übersetzung aus dem Dänischen von Eberhard Harbsmeier
Titel des Originals: Confessio Augustana
© Gyldendalske Boghandel, Kopenhagen 1959

Bibliografische Information Der Deutschen Bibliothek

Die Deutsche Bibliothek verzeichnet diese Publikation in der Deutschen Nationalbibliografie; detaillierte bibliografische Daten sind im Internet über <http://dnb.ddb.de> abrufbar.

ISBN 3-8252-1400-1 (UTB)
ISBN 3-525-03263-5 (Vandenhoeck & Ruprecht)

6. Auflage 2006
© 1970 Vandenhoeck & Ruprecht GmbH & Co. KG, Göttingen.
Internet: www.v-r.de
Alle Rechte vorbehalten. Das Werk einschließlich seiner Teile ist urheberrechtlich geschützt. Jede Verwertung außerhalb der engen Grenzen des Urheberrechtsgesetzes ist ohne Zustimmung des Verlages unzulässig und strafbar. Das gilt insbesondere für Vervielfältigungen, Übersetzungen, Mikroverfilmungen und die Einspeisung und Verarbeitung in elektronischen Systemen. – Printed in Germany.

Umschlaggestaltung: Atelier Reichert, Stuttgart
Druck und Bindung: Hubert & Co., Göttingen

ISBN 3-8252-1400-1 **(UTB-Bestellnummer)**

VORWORT ZUR ZWEITEN AUFLAGE

Seit der ersten deutschen Ausgabe dieses Buches sind wichtige Untersuchungen zur Confessio Augustana und zum Augsburger Reichstag 1530 erschienen. Vor allem ist zu erwähnen: *Wilhelm Maurer, Historischer Kommentar zur Confessio Augustana* I—II, Gütersloh 1976—78. Mit diesem großen Werk, jahrzehntelang durch zahlreiche Vorarbeiten vorbereitet, läßt sich mein kleines Buch natürlich überhaupt nicht vergleichen. Wo dort eine wissenschaftliche Arbeit ersten Ranges vorliegt, erscheint hier eine kleine Erklärung der CA, die aus praktischen Bedürfnissen erwachsen ist, was auch heißt, daß ihre Ansprüche sehr begrenzt sind. Trotzdem wage ich zu meinen, daß dieses Buch immer noch eine Aufgabe haben mag.

Im Kommentar selbst sind nur kleine Änderungen vorgenommen. Dagegen ist die Einleitung erheblich erweitert und das Literaturverzeichnis ergänzt worden.

Kopenhagen, 2. Dezember 1979 — Leif Grane

VORWORT ZUR DRITTEN AUFLAGE

Seit der Veröffentlichung der zweiten Auflage (1980) ist das Augustana-Jubiläum gefeiert worden. Eine ernsthafte Berücksichtigung der aus diesem Anlaß erschienenen Literatur würde den Charakter dieses Buches grundsätzlich ändern. Da ich aber nicht gesinnt bin, das Unprätentiöse meines Kommentars aufzugeben, kam eine solche völlige Umgestaltung nicht in Frage. Die umfangreiche Literatur zum Jubiläum findet man sehr leicht in den Literaturberichten des Archivs für Reformationsgeschichte, besonders in den Jahrgängen 10 und 11, 1981 und 1982. Eine Auswahl ist hier im Literaturverzeichnis aufgenommen worden.

So bleibt der Text des Buches, abgesehen von kleinen Änderungen, wie er vor sechs Jahren gedruckt wurde. Man könnte vielleicht sagen, daß die damals gemachten Bemerkungen über die Möglichkeit einer „Anerkennung" der Confessio Augustana durch die römisch-katholische Kirche in der Zwischenzeit unaktuell geworden sind (S. 18 f.). Ich lasse sie aber stehen, da sie m. E. immer noch etwas ausdrücken, das man im weiteren ökumenischen Gespräch nicht übersehen sollte.

Kopenhagen, 28. Dezember 1985 Leif Grane

INHALT

Artikel, in denen die abgeschafften Mißbräuche behandelt werden

EINLEITUNG

Die umfassende Bewegung, die im Laufe der zwanziger Jahre des 16. Jahrhunderts sich zu dem entfaltete, was wir die Reformation nennen, war entstanden ohne jedes Bedürfnis danach, kirchliche Lehrbekenntnisse auszuformen. Im Gegenteil, Luther und seine Wittenberger Freunde wollten ursprünglich gerade *abschaffen*, was sie als Neuigkeiten betrachteten. Es handelte sich anfänglich um einen theologischen Streit, und Luther versuchte so lange wie möglich die Auffassung aufrechtzuerhalten, daß er nicht mit der römischen Kirche, sondern nur mit einigen ihrer Theologen im Konflikt war. Aber, wie bekannt, bald zeigte sich diese Auffassung als eine untragbare Illusion. Durch den sogenannten Ablaßstreit rückte bald die Frage nach der kirchlichen Autorität in den Vordergrund, womit die *theologische* Auseinandersetzung von einer *kirchenrechtlichen* begleitet wurde. Zu einem gewissen Höhepunkt gelangte der Rechtskonflikt mit Luthers öffentlicher Verbrennung des kanonischen Rechtes (mitsamt der Bannandrohungsbulle) am 10. Dezember 1520. Damit hatte er demonstriert, daß er das Kirchenrecht als *Un*recht betrachtete, und konnte demnach die Exkommunikation durch den Papst vom 3. Januar 1521 ruhig hinnehmen. Als der Kaiser — mit dem Wormser Edikt — ihn wenige Monate später in die Acht des Reiches setzte, war die Vorbereitungsphase der Reformation in gewissem Sinne zu Ende gekommen.

Diese Handlungen des Papstes und des Kaisers versetzten alle bisherigen Anhänger oder Sympathisanten Luthers in eine neue Situation. Ihm noch weiter zu folgen, hieß nicht nur sich der Drohungen der höchsten Mächte der Christenheit auszusetzen, sondern auch das Wagnis auf sich zu nehmen, das Recht der Kirche und des Reiches abzulehnen. Bei Luther bleiben konnte man nur, wenn man bereit war zu erklären, daß Luthers Bedingung für einen Widerruf: eine Überwindung durch das Wort Gottes oder durch überzeugende Gründe, *nicht* erfüllt war. Aber damit hatte man auch erklärt, daß das Recht jetzt Unrecht war, während das wahre, „göttliche“ Recht sich auf der Seite des sogenannten Ketzers befand.

Erst vor diesem Hintergrund kann man von Reformation reden, wenn man damit an Änderungen der kirchlichen Verhältnisse im bewußten Bruch mit Rom denkt. Die Reformen wurden als Gehorsam gegen „das Wort Gottes“ verstanden, d. h. als Korrektur bisheriger Praxis, indem man behauptete, daß es nur „menschliche Überlieferungen" seien, was man ändere. Die Predigtbewegung gab Anlaß zu Priesterehe, Klosterflucht, Laienkelch und manchmal zur Abschaffung des Meßopfers. Die Reformen waren meistens lokal, fanden aber an sehr vielen Orten statt, auch in Territorien oder Städten, wo die Fürsten oder Ratsherren der Reformation noch ungünstig gestimmt waren. Die Bewegung war so umfassend, daß Eingriffe an manchen Orten als gefährlich angesehen wurden, weil man fürchtete, sie könnten zum Aufstand führen. Das Ergebnis war, daß die Reformation um sich griff, aber ohne daß immer jemand da war, um die Auswüchse zu verhindern. Die nächsten Reichstage (nach Worms 1521) vermochten in der Abwesenheit des Kaisers nicht, die religiösen Fragen zu regeln.

Vor dem Schicksalsjahr 1524/25 kann man kaum von ausgeprägt evangelisch gesinnten Fürsten oder Städten reden, jedenfalls nur in sehr begrenztem Umfang. Aber die Erfahrungen des Bauernkrieges schufen bei den Regierungen ein klares Bewußtsein von der Notwendigkeit einer Stellungnahme: entweder mußte die Reformation unterdrückt werden, oder man mußte ihr in der Form eines „evangelischen" Kirchenwesens eine öffentlich anerkannte Gestalt geben. Schon im Jahre 1524 wurde ein Bund zur Verteidigung des alten Glaubens gebildet, und nach dem Bauernkrieg schufen einige evangelisch gesinnten Fürsten den Gothaer Bund. Schon der Entschluß, sich gemeinsam gegen Angriffe wegen des Glaubens zu verteidigen, enthielt einige Voraussetzungen, die bald zu einer evangelischen Bekenntnisbildung führen mußten. Der Bauernkrieg hatte gezeigt, daß eine Ordnung des Kirchenwesens notwendig war, aber dazu gehörten auch klare Vorstellungen über die Lehrgrundlage.

Die Reformation hörte jetzt auf, eine spontane, frei expandierende Bewegung zu sein. In vielen Städten wurde die Reformation formal eingeführt durch eine, oft von unten erzwungene, Entscheidung der Ratsherren. In den fürstlichen Territorien forderte die Einführung der Reformation eine Regierungsinitiative, die die bischöflichen Aufgaben übernahm, was das Bedürfnis nach einer theoretischen Grundlage hervorrief. Das Wort Gottes war bisher — wie Luther es ausdrückte — wie ein Platzregen über das Land gefahren. Dazu war keine weitere Grundlage als die schon vor 1521 von Luther aufgezeigte erforderlich. Aber wie sollte man sich verhalten, wenn jetzt die Obrigkeit sozusagen die Rolle des Platzregens übernahm, d. h., wenn sie die ihr zur Verfügung stehenden Zwangsmittel in Gebrauch nahm, um die Leute zur Teilnahme am evangelischen Gottesdienst, zum Empfang des Laienkelchs oder zum Abstandnehmen von verschiedenen kirchlichen Bräuchen zu nötigen? Wie würde es werden, wenn die Obrigkeit den Priestern nicht mehr erlauben wollte, beim alten Brauch zu bleiben? Nicht alle konnten, wie Landgraf Philip von Hessen, behaupten, daß ihm die bischöfliche Jurisdiktion von dem zuständigen Bischof übertragen worden sei. In Kursachsen konnte man eventuell, mit Luther, den Eingriff der Obrigkeit als eine Notlösung, hervorgerufen durch die Versäumnisse der Bischöfe, betrachten, die nicht mit dem Recht der Obrigkeit, sondern als Pflicht der *christlichen* Obrigkeit durchgeführt wurde. Das bevorzugte Mittel war an den meisten Orten Visitationen. In Kursachsen wurden sie in den Jahren 1526—1530 vorgenommen.

Die Erfahrungen aus den Visitationen förderten die Bestrebungen, geeignete Muster für die christliche Belehrung des Volkes und die Verkündigung der Pfarrer zu schaffen. Die *Katechismen* Luthers und anderer sollten vor allem das zentral Christliche im schlichten Sinne hervorheben. Im *Unterricht der Visitatoren* (1528), von Melanchthon verfaßt, aber von Luther durchgesehen und mit einer Vorrede versehen, haben wir schon eine der Vorlagen für die Confessio Augustana (CA). An anderen Orten war es schon zu dieser Zeit zu eigentlicher Bekenntnisbildung gekommen, um eine gemeinsame Grundlage der Verkündigung innerhalb bestimmter Gebiete zu bilden. In größerem Stil, d. h. unter Teilnahme von größeren Gruppen von evangelischen Städten und Territorien, kam es jedoch erst dazu, als die politische Situation gegen Ende der 20er Jahre sich verschärft hatte.

Einen Hintergrund für den Aufbau eines evangelischen Kirchenwesens bildete der *Reichstag von Speyer 1526*. Da eine Durchführung des Wormser Ediktes in der ständigen Abwesenheit des Kaisers unmöglich war, einigten sich die Reichsstände darauf, daß jeder Reichsstand bis zum kommenden Konzil sich so verhalten sollte, „wie er es gegen Gott und kaiserliche Maiestät zu verantworten sich vertraue". Damit war jeder Stadt und jedem Territorium realiter alles freigestellt. Mit dem *zweiten Speyrer Reichstag* im frühen Frühjahr *1529* änderte sich aber die Situation völlig. Nicht nur wurde der Beschluß von 1526 aufgehoben, sondern jede Erweiterung der Reformation wurde verboten, katholischer Gottesdienst sollte überall erlaubt sein, und die Sakramentierer, d. h. Zwinglianer und Täufer, sollten ausgerottet werden. Das gab, wie bekannt, Anlaß zur berühmten *Protestation von Speyer*. Als König Ferdinand es ablehnte, sie zu empfangen, wurde sie als Appellation an den Kaiser feierlich eingereicht. Damit machten die evangelischen Stände eine andere Auffassung vom Reichsrecht als die im Reichstagsabschied formulierte geltend. Indem sie die Übereinstimmung der evangelischen Predigt mit der Heiligen Schrift und die Rechtmäßigkeit der durchgeführten Reformen verteidigten, bestanden sie auf der Überzeugung, daß sie es waren, die in jeder Hinsicht sich auf das Reichsrecht berufen konnten.

An demselben Tag, an dem der Reichtsagsabschied ausgestellt wurde, schlossen einige der evangelischen Stände, mit Kursachsen und Hessen an der Spitze, einen geheimen Bund. Wenn aber dieser Bund schlagkräftig sein sollte, war es unbedingt notwendig, daß Einigkeit darüber herrschte, was für ein Glaube es war, den man gemeinsam verteidigen wollte. Eine solche Übereinstimmung war aber nicht vorhanden. In der Protestation hatten die Evangelischen noch Zwingli und die Schweizer in Schutz genommen, kurz nach dem Reichstag fand jedoch ein Umschwung statt. In seinem *Bekenntnis* ,womit er im Jahre 1528 seine letzte Schrift im Abendmahlsstreit, *Vom Abendmahl Christi*, abschloß, hatte *Luther* sich sehr scharf von den Schweizern distanziert. Er konnte sich darum leicht der vorsichtigeren kursächsischen Politik, die im Frühsommer 1529 eingeschlagen wurde, anschließen. Es ist deutlich, daß dieser Umschwung mit einer Furcht vor den großraumpolitischen antihabsburgischen Plänen Philips von Hessen, die auch die Schweizer umfaßten, zusammenhängt. So zögerte man mit der Ratifizierung des Geheimbundes, und im Laufe des Sommers entstanden die *Schwabacher Artikel*, die von jetzt an die Grundlage der kursächsischen Bundespolitik bildeten.

Die Schwabacher Artikel nehmen in der Abendmahlsfrage eine streng lutherische Position ein, aber trotzdem nahmen Luther und Melanchthon die Einladung des Landgrafen zu einem Gespräch mit Zwingli an. Zwar kam man im Gespräch auf dem Marburger Schloß im Oktober 1529 weiter, als zu erwarten war, aber wenige Tage, nachdem die fünfzehn *Marburger Artikel* unterschrieben waren, kam der Kurfürst von Sachsen mit Markgraf Georg von Brandenburg-Ansbach überein, die Zwinglianer „ungläubig und Gottes Zorn unterworfen“ zu nennen. Die Verbündeten trafen sich am 16. Oktober in Speyer, wo aber die Städte Straßburg und Ulm die Schwabacher Artikel ablehnen mußten. Ihre Stellung im überwiegend altgläubigen Süddeutschland war zu gefährlich, um auf jede Verbindung mit den Schweizern verzichten zu können. Danach wurde der Bund aufgegeben. Die Evangelischen waren somit sehr schlecht gerüstet, als Karl V. im Januar den Reichstag nach Augsburg einberief. In seinem Schreiben vom 21. Januar wurden Fürsten und Stände aufgefordert, über ihren Glauben Rechenschaft abzulegen.

Im Frühjahr 1530 versammelte der Kurfürst von Sachsen die führenden lutherischen Theologen und ließ sie eine Verteidigungsschrift vorbereiten, die auf dem Reichstag vorgelegt werden sollte. Zunächst konzentrierte man sich auf eine Darstellung der eingeführten Reformen und ihrer theologischen Begründung. Hinsichtlich des Inhalts des Glaubens selbst meinte man, vorläufig mit den Schwabacher Artikeln auskommen zu können. Das Ergebnis dieser ersten Verhandlungen waren die als *Torgauer Artikel* bezeichneten Dokumente, die wir besitzen, aber ohne die chronologische Reihenfolge der verschiedenen Entwürfe durch äußere Kriterien festlegen zu können. Ende April verließen die

Theologen zusammen mit dem Kurfürsten das Schloß Coburg, wo man Luther zurückließ, der wegen der Reichsacht auf dem Reichstag nicht erscheinen durfte.

Nach der Ankunft in Augsburg erhielt Melanchthon Kenntnis von den *404 Artikeln Johann Ecks*, die 384 ketzerische Sätze aus den Schriften der Reformatoren verzeichnet. Eine Neubearbeitung der mitgebrachten Entwürfe schien demnach notwendig. Es sieht so aus, als ob der Kurfürst die Absicht hatte, Luther die weitere Arbeit zu überlassen. Der Reformator nahm zwar zur Kenntnis, was ihm von Augsburg zugeschickt wurde, war aber nicht bereit, die Verantwortung von jetzt an zu übernehmen, da er nicht so „sanft und leise treten" konnte. Also mußte Melanchthon selbst weiterarbeiten. Es kamen aber bald neue Schwierigkeiten hinzu.

Noch im Mai hatte der Kurfürst durch einen Gesandten in Innsbruck dem Kaiser die Schwabacher Artikel als Zeugnis seiner Rechtgläubigkeit überreichen wollen, aber ohne Erfolg. Die ablehnende Haltung des Kaisers wurde noch deutlicher dadurch, daß es dem Gesandten übertragen wurde, dem Kurfürsten das kaiserliche Verbot evangelischer Predigt während des Reichstages mitzuteilen. Damit war eine neue Situation entstanden. Man konnte nicht mehr daran denken, bloß Artikel über die Mißbräuche und über die vorgenommenen Änderungen der kirchlichen Praxis vorzulegen. Wenn die Schwabacher Artikel als Bezeugung des unerschütterten katholischen Glaubens vom Kaiser abgelehnt wurden, mußte gerade dieser Glaube mit größter Sorgfalt dargestellt werden. Melanchthon sah sich also vor die Aufgabe gestellt, den „katholischen" Charakter des evangelischen Glaubens aufzuzeigen. Er machte sich sofort an die Arbeit, indem er sowohl die Schwabacher als auch die Marburger Artikel benutzte und außerdem Formulierungen aus dem Unterricht der Visitatoren und Luthers Bekenntnis von 1528 übernahm. Er arbeitete auch, auf der Grundlage der „Torgauer" Artikel, neue Artikel über Mißstände aus.

Lange Zeit wurde diese Arbeit, wie u. a. die Vorarbeiten Melanchthons zur Vorrede deutlich zeigen, allein im Namen des Kurfürsten ausgeführt. Der Zusammenbruch der Bundesverhandlungen im vorangegangenen Jahr hatte ja die Hoffnung auf gemeinsames Auftreten verringert. Die parteiliche Haltung des Kaisers jedoch, die nach seiner Ankunft in Augsburg am 15. Juni unterstrichen wurde, als er den evangelischen Ständen die Teilnahme an der Corpus-Christi-Prozession befahl, brachte Sachsen und Hessen wieder einander näher. Sowohl Hessen wie auch mehrere andere Fürsten und Städte wurden in die Verhandlungen einbezogen und damit zur abschließenden Redaktionsarbeit eingeladen.

Die Entstehungsgeschichte der CA, soweit wir sie aus Vorarbeiten, Briefen und anderen Dokumenten kennen, beziehungsweise rekonstruieren können, ist außerordentlich kompliziert. Inwiefern die Bearbeitung und Redaktion des Bekenntnisses in den vorbereitenden Phasen von den jeweiligen politischen Aussichten geprägt wurde, läßt sich durch die Arbeiten zur Vorrede zeigen. Die ältesten Entwürfe, das Fragment Wa und auch die Handschrift Ja, die eine vollständige Vorrede umfaßt, setzen den Optimismus voraus, mit dem man in Kursachsen das kaiserliche Ausschreiben des Reichstages gelesen hatte. Beide sind von Melanchthon verfaßt. Offenbar hat man gemeint, der Kaiser wollte die Rolle des unparteiischen Schiedsrichters einnehmen. Beide Entwürfe, die zwar inhaltlich, aber nicht im Ton voneinander abweichen, müssen verfaßt sein, bevor die Nachricht von der ablehnenden Haltung Karls V. etwa Mitte Mai in Augsburg eingetroffen war. Der letzte uns überlieferte Entwurf, auch von Melanchthon verfaßt, die Handschrift Na, spiegelt deutlich die neuentstandene politische Situation wider, in der man mit dem Kaiser als Gegner rechnen mußte. Die kursächsische Gesandtschaft nach Innsbruck — vor dem Reichstag und ohne Beteiligung der übrigen evangelischen Stände — bezeugt ja, daß Kursachsen um fast jeden Preis einen Bruch mit dem Kaiser vermeiden wollte. Dementsprechend mußte die Aufgabe jetzt darin bestehen, dem Kaiser die Loyalität des Kurfürsten zu versichern. Der Ton ist hier appellierend, ja anflehend. Es dreht sich anscheinend darum, die Harmlosigkeit der protestantischen Sache aufzuzeigen.

Um so auffallender ist der Wechsel im Ton in der endgültigen Vorrede. Nach der Ankunft des Kaisers am 15. Juni führte Melanchthon geheime Verhandlungen mit dem kaiserlichen Sekretär Valdés. Einige Tage scheint die Hoffnung auf eine schnelle Lösung des religiösen Konflikts beim kaiserlichen Hof ganz stark gewesen zu sein. Diese Stimmung prägt die Reichstagsproposition vom 20. Juni. Karl V. erklärt sich bereit, beide Seiten auf Grund von Schriften in deutscher und lateinischer Sprache gütig anzuhören. Ein solches Entgegenkommen, das ja dem Ausschreiben oder jedenfalls der früheren sächsischen Interpretation des Ausschreibens ganz zu entsprechen schien, war natürlich eine angenehme Überraschung nach der Ablehnung in Innsbruck und dem provozierenden Befehl, an der Corpus-Christi-Prozession teilzunehmen. Das Bekenntnis konnte und mußte also noch einmal in einen neuen Rahmen eingesetzt werden.

In der neuen Vorrede, zu der wir später zurückkommen werden, sprechen die Bekenner im ruhigen Bewußtsein ihrer Übereinstimmung mit den Absichten des Kaisers. Von der weinerlichen Art der Handschrift Na ist nichts übriggeblieben. Auch im Abschluß — nach Artikel 28 — ist der Ton ruhig und selbstbewußt. Es wird kurz gesagt, daß dies das Bekenntnis der Unterzeichner sei. Sollte jemand etwas einzuwenden haben, seien sie bereit, weitere Begründungen aus der heiligen Schrift anzuführen. Offenbar hat man es für das Richtigste gehalten, dem Bekenntnis den Charakter eines schlichten Berichts über Verkündigung und kirchliche Ordnung zu geben (Bernd Moeller). Jede Spur von ängstlicher Apologetik ist verschwunden. Es dürfte angebracht sein, bei jeder Interpretation der CA diese Haltung der Bekenner zu beachten. Vorrede und Abschluß zeigen schon einigermaßen an, wie die 28 Artikel zu verstehen sind. Sieht man davon ab, gibt man dem Bekenntnis eine schwebende Eigenexistenz, auf die sie keinen Anspruch erhebt und die sie nicht zu haben wünscht. Wenn die CA sich als schlichter Bericht vorstellt, muß das unbedingt ernst genommen werden. Das heißt, daß das Bekenntnis nichts einführen will, es schafft keine Lehre in der Kirche, sondern es führt einfach auf, was in der christlichen Kirche gelehrt und verkündigt wird.

Nimmt man diesen Ausgangspunkt für eine Auslegung der CA an, scheint es nicht ohne Ironie zu sein, daß sie zunächst — bei der Bildung des Schmalkaldischen Bundes im Jahre 1531 — Kennzeichen für eine besondere Gruppe von Fürsten und Städten und später, vor allem mit dem Augsburger Religionsfrieden 1555, das Sonderbekenntnis der sogenannten lutherischen Kirche wurde. Es kann kein Zweifel darüber bestehen, daß die CA, als Bericht über das schon Vorliegende, in ihrer ganzen Ausrichtung ohne Sinn für das ist, was wir „Konfessionalismus" nennen. Darin liegt das Berechtigte in der heutzutage oft gehörten Behauptung, die CA wolle die „Katholizität" des evangelischen Glaubens betonen. Nur muß man verstehen, daß dies nicht bedeutet, die CA wolle die Übereinstimmung des evangelischen Glaubens mit dem Papst bezeugen. Im Gegenteil, der Hinweis der CA auf die Katholizität ist gerade von der Usurpierung der Katholizität, die der Papalismus in seiner damaligen Gestalt nach der Überzeugung der Bekenner bedeutete, losgelöst. Zwar versteht die Vorrede die Bekenner als die eine von zwei Parteien im Religionsstreit. Das war ja die vom Kaiser getragene Auffassung, die sowohl das Ausschreiben als auch die Proposition zum Ausdruck gebracht hatte. Es ist jedoch klar: die formelle Annahme dieser Auffassung impliziert nicht, daß die Lösung in irgendeinem Kompromiß zu finden wäre. Das Bekenntnis ist vom Religionsstreit veranlaßt, aber es ist nicht als Verteidigung einer Partei aufzufassen, sondern als Wiedergabe dessen, was der christliche Glaube und das christliche Bekenntnis der damaligen Zeit zu sagen hatte.

Um die Entstehung und Gestaltung der CA zu verstehen, muß man beachten, daß hier zwei Bestrebungen nebeneinander herlaufen. Die eine wird von den Theologen, die andere von den Politikern vertreten. Die

Theologen sind vor allem am Inhalt der Verkündigung interessiert. In Verbindung mit der Bekenntnisbildung heißt das: an der Ausformung der Lehre. Charakteristisch in dieser Hinsicht ist die Art und Weise, in der Luther nach dem Abendmahlsstreit jede Gemeinschaft mit Zwingli abbricht. Die andere Bestrebung ist nicht nur politisch, sondern auch von juristischen Implikationen geprägt. Für die Fürsten mußte es wichtig sein, über die Reformen des Kirchenwesens, für die sie verantwortlich waren, in einer solchen Weise Rechenschaft ablegen zu können, daß der Glaubensstreit auch weiter als ein Rechtsstreit verstanden werden konnte. Beide Bestrebungen gehörten natürlich eng zusammen, insofern als das Recht, auch das Reichsrecht, theologisch fundiert war. Für die Fürsten stand einfach ihre Legitimität als Reichsstand auf dem Spiel, und deshalb konnten sie den Theologen nicht ganz und gar freie Hand lassen.

Die CA ist in hohem Maße von dieser Doppelheit bestimmt. Es mag wohl sein, daß Melanchthon von Natur aus außerordentlich entgegenkommend und kompromißbereit war. Es stimmte aber ganz mit den Interessen der Regierungen der evangelischen Gebiete überein, wenn er im Bekenntnis betonte, daß die CA in keinem Gegensatz zur katholischen, ja zur römischen Kirche, wie sie aus den Kirchenvätern bekannt war, stand. Damit wurde nämlich unterstrichen, daß die Bekenner der CA, Fürsten und Städte, sich keines Konflikts mit dem Reichsrecht bewußt waren, d. h., daß sie in keiner Weise ihren rechtlichen Status im Reich verscherzt hatten.

Am 25. Juni wurde das fertige Bekenntnis auf deutsch dem Kaiser vorgelesen. In den folgenden Wochen wurde es von den anwesenden päpstlichen Theologen einer Prüfung unterzogen. Erst nach vielen Verhandlungen konnte man sich über eine Widerlegung, die *Confutatio*, einigen. Auf Grundlage des Verlesens dieser Schrift am 3. August, die ihm nicht ausgehändigt wurde, schrieb Melanchthon darauf seine berühmte *Apologie*, die entgegenzunehmen sich übrigens der Kaiser weigerte, weil er die Sache mit der Konfutation für entschieden erklärte. Während der Verhandlungen über Form und Inhalt der Konfutation, die von dem päpstlichen Legaten Campeggio erheblich beeinflußt wurde, hatte der Kaiser seine Auffassung, daß auch die andere Seite ein Bekenntnis vorlegen sollte, wegen des starken Widerstands aufgeben müssen. Der Kaiserhof sorgte aber dafür, daß die Konfutation nicht zu sehr alle Möglichkeiten für weitere Verhandlungen ausschloß. Da die Protestanten es ablehnten, sich der Entscheidung des Kaisers zu fügen, schien dieser Weg der einzig gangbare. Obwohl es an Anstrengungen von beiden Seiten nicht fehlte, blieben diese Verhandlungen letzten Endes erfolglos.

In der folgenden Zeit wurde die CA oft als Grundlage von Religionsgesprächen verwendet, und sehr bald erlangte sie Anerkennung als offizieller Ausdruck der lutherischen Lehre. 1555 wurde sie Grundlage des Augsburger Religionsfriedens. 1577 erhielt sie kirchenrechtliche Gültigkeit in den Kirchen, die sich der Konkordienformel anschlossen.

Melanchthon betrachtete die CA Zeit seines Lebens als sein eigenes Werk und nahm ständig Änderungen vor. Am bekanntesten ist seine lateinische Ausgabe von 1540, die *Augustana variata*, die vor allem in den Lehrstreitigkeiten nach dem Tode Luthers eine bedeutende Rolle spielte. Auch wenn die CA sehr bald große Autorität in den lutherischen Landen erhielt, erregte die Handlungsweise Melanchthons keinen Widerspruch. Es verging jedoch einige Zeit, bis man sich auf die CA festlegte, wie sich z.B. bei den Konzilsvorbereitungen 1536/37 zeigte. Zwar wurden die von Luther im Auftrag des Kurfürsten ausgearbeiteten *Schmalkaldischen Artikel* nicht vom (Schmalkaldischen) Bund angenommen. Sie waren den oberdeutschen Städten zu scharf, besonders in der Abendmahlsfrage, und außerdem intrigierte Melanchthon dagegen. Aber trotzdem verlieh Luthers Ansehen den Artikeln eine gewisse Autorität, wie auch ihre spätere Aufnahme in das Konkordienbuch zeigt. Zu den direkten Wirkungen der lutherischen Bekenntnisbildung gehört — wenn auch mit negativem Vorzeichen — das *Tridentinum*. Es wird deshalb auch im folgenden, wo es angebracht erscheint, auf die römische Lehrentfaltung während des Tridentiner Konzils Bezug genommen werden. Alle die hier genannten Schriften stellen Teile des theologiegeschichtlichen Zusammenhangs dar, in dem die CA eigentlich gesehen werden muß.

Es versteht sich von selbst, daß das Bekenntnis nicht nur im Zusammenhang mit all diesen Dokumenten gesehen werden muß, die die augenscheinlichen Voraussetzungen oder Folgen der CA darstellen, sondern auch mit dem ganzen theologischen Wirken *Luthers*, das seine tragende Voraussetzung ist. Auf diesen Umstand ist hier sehr viel Rücksicht genommen worden. Einige werden sicher meinen, zu viel. Darüber kann man natürlich diskutieren. Sicher ist in jedem Fall, daß ein historisches Verständnis der CA unmöglich ist ohne eine einigermaßen erschöpfende Kenntnis der Theologie Luthers. Diese Auffassung liegt der vorliegenden Interpretation der Sätze der CA überall zugrunde. Es ist hoffentlich gelungen, durch die Betonung der wichtigeren Unterschiede zwischen Melanchthon und Luther die Eigenart der CA gegenüber den Schriften Luthers zu betonen. Die Grundauffassung ist jedoch die, daß die CA allen Unterschieden zum Trotz das reformatorische Anliegen Luthers im wesentlichen zum Ausdruck bringt. Es wäre doch wohl auch unvorsichtig, würde man den Differenzen das Hauptgewicht verleihen. Zwar sind die Briefe, in denen Luther auf die

CA in ihren verschiedenen Gestalten von Mai bis Juli 1530 reagiert, weit davon entfernt, eindeutige Zustimmung zu bezeugen, aber seine Kritik dreht sich nicht so sehr um den Inhalt als viel mehr um die fehlende Schärfe den Gegnern gegenüber. Er vermißt einige Themen (Ablaß, Fegefeuer, Papsttum). Man kann aber sagen, daß Melanchthon in der *Apologie* zumindest teilweise nachgeholt hat, was in dem Bekenntnis selbst fehlte.

Soweit das in einem Buch von so geringem Umfang möglich ist, ist die Theologie Luthers hier von historischen und chronologischen Gesichtspunkten aus behandelt worden. Dabei liegt mehr Gewicht auf der Zeichnung der Entwicklungslinien, die zum Verständnis der CA notwendig sind als auf einem Versuch, Luthers Gedanken von einer im voraus feststehenden Gesamtauffassung darzustellen. Damit soll betont werden, daß die starke Bezugnahme auf Luther ihren Grund in einer bestimmten Auffassung vom Ort der CA innerhalb der Geschichte der Reformation hat und nicht in irgendeiner Form von „lutherischer" Theologie, die das „richtige" Verständnis der CA abgeben soll. Anders gesagt: es geht in diesem Buch nicht um die Frage, was die Dogmatik heute mit der CA als Bekenntnisschrift anfangen soll, sondern es geht überall darum, was die CA in dem bestimmten theologiegeschichtlichen Zusammenhang bedeutet, in den sie gehört. Daß ein solcher Versuch immer zu einem gewissen Grade ein Stellungnehmen impliziert, ist selbstverständlich für jeden, der seine „Unschuld" im Sinne des Positivismus verloren hat.

In den letzten Jahren ist die CA, wie bekannt, für gewisse theologsiche Kreise in der römisch-katholischen Kirche aktuell geworden. Die Frage nach einer „Anerkennung" der CA durch die römisch-katholische Kirche wird weit und breit diskutiert. Obwohl eine Stellungnahme zu dieser Frage außerhalb des Rahmens dieses kleinen Kommentars liegt, gibt es jedoch einen Grund, das Problem kurz zu erwähnen. Es mag sein, daß einige der Anhänger dieses Gedankens bei einer eventuellen Lektüre dieses Buches meinen würden, daß die Unterschiede zwischen beiden Seiten hier in einer Weise betont werden, die einem Einverständnis heute nicht dienlich sein könne. Dazu ist zu sagen, daß ein solches Einverständnis, für das eine Unterdrückung oder jedenfalls eine Bagatellisierung der damaligen Gegensätze unbedingt nötig ist, von so zweifelhaftem Wert sein würde, daß es besser ausbliebe. Eine eventuelle Anerkennung — was auch immer das bedeuten mag — kann doch nur Bedeutung erhalten, wenn sie in vollem Bewußtsein nicht nur von den tatsächlichen Gegensätzen im Jahre 1530, sondern auch von dem mit der lutherischen Lehrentwicklung nach 1530 festgelegten Interpretationsrahmen her geschehen kann. Deshalb müßte eine Darstellung, die die damaligen Schwierigkeiten gerade nicht verhüllt, eine erste Voraussetzung sein, um die Frage der Anerkennung ernsthaft diskutieren zu können.

Es ist vielleicht auch nicht ganz überflüssig daran zu erinnern, daß die Wittenberger Reformatoren nicht konfessionalistisch dachten. Wenn Melanchthon nicht nur in Augsburg 1530, sondern auch bei den Religionsgesprächen der folgenden Jahre eine große geistige Spannweite zeigte, beruht das kaum allein auf seinem Temperament, sondern auch auf seiner festen Überzeugung, daß die *eine* Kirche auch, trotz Mißbräuchen und falscher Lehre, unter dem Papsttum war. Diese ökumenische Gesinnung hat auch Luther ohne Zögern geteilt. Er war weit davon entfernt, die eine heilige Kirche mit der „lutherischen" Kirche zu identifizieren. Im Gegenteil, den Wiedertäufern gegenüber lehnte er entschieden die historisch absurde Idee ab, daß die Kirche unter dem Papsttum nicht sollte existieren können. Er sah sich aber durch diesen „Ökumenismus" nicht veranlaßt, seine Polemik gegen die falsche Lehre einzustellen. Deshalb erwiese man dem ökumenischen Gedanken auch keinen guten Dienst, wenn man die Gegensätze der Reformationszeit herunterspielen würde. Wie sich auch der Gedanke der Anerkennung entwickeln mag; wenn sie nicht auf dem Hintergrund einer historisch ernsthaften Bezugnahme des Interpretationszusammenhangs der CA geschieht, wird sie in keinem Fall von Belang sein.

Der Text

Dem Kommentar liegt der lateinische Text der CA zugrunde. Der abgedruckte Text ist eine Übersetzung des lateinischen Textes der CA, und zwar wurde für die deutsche Ausgabe des vorliegenden Buches die Übersetzung von *Heinrich Bornkamm* übernommen (Das Augsburger Bekenntnis, Furche-Bücherei 228, Hamburg 1965), nur die dort fehlende Vorrede wurde neu übersetzt. Der deutsche Text (DT) wurde hin und wieder in die Überlegungen mit einbezogen, wo er den lateinischen erhellen konnte. Außerdem sind die wichtigeren Abweichungen vom lateinischen Text verzeichnet. Bekanntlich sind die beiden Texte parallel verfaßt, wobei bald der eine und bald der andere Text zuerst verfaßt worden ist. Es war nicht möglich, die textkritischen Probleme zu behandeln; dazu sei auf die kritische Ausgabe der CA verwiesen, die Heinrich Bornkamm besorgt hat, in: Die Bekenntnisschriften der evangelisch-lutherischen Kirche. Herausgegeben im Gedenkjahr der Augsburgischen Konfession 1930. 6., durchgesehene Auflage 1967 (BK).

Die Anmerkungen

Jeder Artikel ist mit einigen Anmerkungen versehen, die teils erklärende Erläuterungen darstellen, teils Anmerkungen zum Inhalt des Textes selbst sind. Nur in wenigen Fällen sind jedoch Dinge berührt, die hinreichend im Apparat der BK erklärt sind. Was die sogenannten „Mißbrauchsartikel" 22—28 angeht, so enthalten die Anmerkungen nur das Notwendigste. Wollte man diese Artikel auch nur einigermaßen ausführlich behandeln, so hätte das zuviel Platz beansprucht. Das wird hoffentlich dadurch etwas ausgeglichen, daß diese Artikel in dem Kommentar zu den Artikeln 1—21 teils in die Analyse einbezogen, teils in den historischen Zusammenhang eingeordnet sind. Die Paragrapheneinteilung der BK ist nur dort angegeben, wo sie in Anmerkungen und Kommentar benutzt worden ist.

Der Kommentar

Zu jedem der Artikel 1—21 wird ein Kommentar gebracht, der versucht, die einzelnen Artikel einerseits historisch in den theologiegeschichtlichen Rahmen einzuordnen, in den sie gehören, zum anderen ihnen theologisch den Ort zuzuweisen, der ihnen innerhalb des Denkens der lutherischen Reformatoren zukommt. Die Benutzung der BK wird vorausgesetzt, nur wenn man diese Ausgabe zur Hand hat, wird man das Buch voll ausschöpfen können.

VORREDE

Unüberwindlicher Herrscher, Cäsar Augustus, allergnädigster Herr! Da Eure Kaiserliche Majestät einen Reichstag nach Augsburg einberufen hat, um über Kriegsanstrengungen gegen den Türken zu verhandeln, den furchtbaren und alten Erbfeind des christlichen Namens und der christlichen Religion, wie man seiner Raserei und seinen Anschlägen durch dauerhafte und anhaltende Aufrüstung begegnen könne; dann auch (um) über die Uneinigkeiten in der Sache unserer heiligen Religion und des christlichen Glaubens (zu verhandeln), und um die Meinungen und Lehrsätze der Parteien in diesem Religionsstreit in gegenseitiger Liebe, Milde und Freundlichkeit anhören, verstehen und erwägen zu lassen, damit, nachdem diejenigen Dinge, die in Veröffentlichungen auf beiden Seiten falsch behandelt worden sind, korrigiert sind, diese Streitigkeiten beigelegt und auf die eine schlichte Wahrheit und christliche Eintracht zurückgeführt würden, so daß in Zukunft eine reine und wahre Religion von uns gepflegt und bewahrt werde, und wir, so wie wir unter einem Christus leben und kämpfen, so auch in einer christlichen Kirche in Einheit und Eintracht leben können, und da wir, die Unterzeichneten, wie andere Kurfürsten, Fürsten und Stände, zu dem genannten Reichstag einberufen sind, sind wir, um dem kaiserlichen Befehl gehorsam nachzukommen, frühzeitig nach Augsburg gekommen und sind, was wir ohne zu prahlen feststellen wollen, unter den ersten hier anwesend gewesen.

Da nun Eure Kaiserliche Majestät hier in Augsburg beim Beginn des Reichstages selbst den Kurfürsten, Fürsten und übrigen Reichsständen unter anderem die Anweisung geben ließ, daß die einzelnen Reichsstände kraft des kaiserlichen Edikts ihre Meinung und Auffassung in deutscher und lateinischer Sprache vorlegen und darstellen sollen, und da wir nach einer Verhandlung am letzten Mittwoch wiederum Eurer Kaiserlichen Majestät geantwortet haben, wir würden unsererseits die Artikel unseres Bekenntnisses am nächstfolgenden Freitag vorlegen, so legen wir also, um dem Willen Eurer Kaiserlichen Majestät gehorsam zu sein, unser und unserer Prediger Bekenntnis in dieser Religionssache vor, so wie diese die Lehre aus der Heiligen Schrift und dem reinen Wort Gottes uns bisher verkündigt haben.

Wenn nun die übrigen Kurfürsten, Fürsten und Reichsstände in ähnlicher Weise ihre Meinungen im Religionsstreit in lateinischen und deutschen Schriften nach der erwähnten Anweisung Eurer Kaiserlichen

Majestät vorlegen werden, so erklären wir uns mit dem schuldigen Gehorsam gegenüber Eurer Kaiserlichen Majestät als unserem allergnädigsten Herrn bereit, mit den genannten Fürsten, unseren Freunden, und den Ständen freundschaftlich über geeignete und annehmbare Auswege zu verhandeln, damit wir, sofern das in ehrenvoller Weise möglich ist, nachdem die Sache in dieser Weise, indem unsere beiden Parteien ihre Schriften vorlegen, friedlich, ohne haßerfüllten Streit zwischen uns verhandelt worden ist, übereinkommen mögen und die Uneinigkeit durch Gottes Gnade zu einem Ende gebracht und auf eine wahre einträchtige Religion zurückgeführt werde. So wie wir alle unter einem Christus sein und kämpfen und einen Christus bekennen sollen im Sinne des Ediktes Eurer Kaiserlichen Majestät, so sollte auch alles zur Wahrheit Gottes hingeführt werden, und wir bitten Gott mit den inbrünstigsten Gebeten, daß er diese Sache fördern und Frieden geben möge.

Sollte aber diese Verhandlung der Sache, was die übrigen Kurfürsten, Fürsten und Stände als der anderen Seite betrifft, nicht so vorankommen, wie es im Sinne des Ediktes Eurer Kaiserlichen Majestät liegt, und fruchtlos bleiben, so legen wir jedenfalls Zeugnis ab, daß wir nichts verweigern werden, was in irgendeiner Weise zu einer christlichen Einigkeit zu führen vermag, die mit Gott und einem guten Gewissen erreicht werden kann; so wie auch Eure Kaiserliche Majestät und danach auch die übrigen Kurfürsten und Reichsstände und alle, die beherrscht sind von der Liebe und dem Eifer für die reine Religion und auf diese Sache unvoreingenommen hören werden, dies aus unserem und unserer Prediger Bekenntnis gnädig entnehmen und verstehen werden.

Da Eure Kaiserliche Majestät auch den Kurfürsten, Fürsten und Reichsständen nicht einmal, sondern oft gnädig zu verstehen gegeben hat und auf dem Reichstag zu Speyer, der im Jahre 1526 abgehalten wurde, in der gegebenen und vorgeschriebenen Form Eurer Kaiserlichen Instruktion vorlesen und öffentlich bekanntmachen ließ, daß Eure Kaiserliche Majestät aus bestimmten Gründen, die damals angeführt wurden, in dieser Religionssache keine Entscheidung fällen wolle, sondern sich beim Papst für die Einberufung eines Konzils einsetzen wolle, so wie es auch auf dem letzten Reichstag in Speyer vor einem Jahr weiter entfaltet worden ist, wo Eure Kaiserliche Majestät durch den Herrn Ferdinand, König von Böhmen und Ungarn, unseren Freund und gnädigen Herrn, sowie durch den Orator und die kaiserlichen Kommissare gemäß der Instruktion unter anderem dies vorlegen ließ: daß Eure Kaiserliche Majestät die Empfehlung der Einberufung eines allgemeinen Konzils zur Kenntnis genommen und erwogen habe, die von dem Statthalter Eurer Kaiserlichen Majestät im Reiche, dem Präsidenten, den Räten, dem Reichsregiment und den Gesandten der übrigen Stände, die in Regensburg anwesend waren, abgegeben worden war, und daß auch Eure

Kaiserliche Majestät es für nützlich halte, daß ein Konzil einberufen werde, und daß Eure Kaiserliche Majestät, weil die Dinge, die damals zwischen Eurer Kaiserlichen Majestät und dem Papst verhandelt wurden, nahezu zu Einigkeit und christlicher Versöhnung geführt worden seien, nicht daran zweifele, daß der Papst dazu bewegt werden könne, ein allgemeines Konzil einzuberufen, und Eure Kaiserliche Majestät daher gnädig zu verstehen gab, sie werde sich darum bemühen, daß der Papst sich zur durch Aussendung von Einladungsschreiben ins Werk zu setzenden Einberufung eines solchen Konzils möglichst bald bereitfinden werde, erbieten wir uns hiermit für den Fall, daß diese Uneinigkeiten zwischen uns und der anderen Seite nicht gütlich beigelegt werden sollten, im Übermaß des Gehorsams gegenüber Eurer Kaiserlichen Majestät, auf einem solchen christlichen und freien allgemeinen Konzil zu erscheinen und unsere Sache zu vertreten, einem Konzil, über dessen Einberufung immer auf all den Reichstagen, die in der Regierungszeit Eurer Kaiserlichen Majestät abgehalten worden sind, aufgrund der ernstesten Erwägungen in großer Einigkeit von Kurfürsten, Fürsten und Reichsständen beschlossen worden ist. An dieses Konzil und an Eure Kaiserliche Majestät haben wir auch früher in geziemender Weise und in der Form des Rechts in dieser außerordentlich großen und schwerwiegenden Sache appelliert. An dieser Appellation halten wir noch immer fest, und wir wollen und können sie nicht zurücknehmen aufgrund dieser oder einer anderen Verhandlung, es sei denn, der Streitfall würde, nachdem über ihn im Geiste des kaiserlichen Ausschreibens gütlich verhandelt worden wäre, zur christlichen Einheit zurückgeführt. Hierfür legen wir auch hiermit öffentlich Zeugnis ab.

Der lateinische Text ist hier eine Übersetzung des deutschen. Der sächsische Kanzler *Brück* ist der Verfasser. *Justus Jonas* hat die lateinische Übersetzung geschaffen.

Die Vorrede gibt gewisse Richtlinien für ein historisches Verständnis der CA, die sich vor Augen zu halten nützlich ist. Zum ersten wird man hier stark an den Charakter der CA als einer ausgesprochenen Gelegenheitsschrift erinnert. Das Bekenntnis ist ein Ausdruck des Entgegenkommens der lutherischen Fürsten gegenüber dem kaiserlichen Edikt vom 21. Januar 1530 und deshalb als Verhandlungsgrundlage gedacht für die Bestrebungen dieses bestimmten Reichstages, den Streit beizulegen. Zweitens muß hervorgehoben werden, daß die Vorrede ständig betont, dieser Streit sei nur ein Parteienstreit. Indem er kräftig das kaiserliche Edikt ausnützt, versucht *Brück* geschickt von der Voraussetzung auszugehen, daß es sich hier um zwei gleichberechtigte Partner handele, die über Gegensätze miteinander verhandeln. Drittens wird der Kaiser bei seiner Äußerung behaftet, er wolle nicht als Richter in der Sache auftreten.

Das leitet über zu dem für die Evangelischen außerordentlich wichtigen Anliegen, daß das Konzil das rechte Forum für diese Sache sei. Auch hier werden Äußerungen des Kaisers, Reichstagsbeschlüsse usw. angeführt. Die Rolle, die die Rede von einem Konzil spielt, zeigt, daß die geäußerte Hoffnung, daß die Reichstagsverhandlungen zu einem positiven Ergebnis führen mögen, wohl kaum besonders stark gewesen ist.

Die Vorrede geht also politisch klug vor. Die Voraussetzung für ein Ergebnis auf dem Reichstag ist eine gütliche Einigung. Kann eine solche nicht erreicht werden, muß die Sache an ein freies, allgemeines Konzil verwiesen werden. Auf diese Weise würde man eine Wiederholung der Ereignisse auf dem Reichstag zu Speyer 1529 vermeiden können. Bekanntlich spielte der Appell an ein kommendes Konzil für die Evangelischen von Anfang an eine große Rolle. In den Jahren nach 1530 nahm der Glaube an eine solche Möglichkeit rasch ab. Die Vorrede zu den *Schmalkaldischen Artikeln* zeigt, daß *Luther* 1537 alle Hoffnung auf eine Lösung auf diesem Wege aufgegeben hatte. Aber 1530 war es noch politisch sinnvoll, an diesem Gedanken festzuhalten, und noch hatte man sich wohl nicht klargemacht, wie unrealistisch der Gedanke war.

HAUPTARTIKEL DES GLAUBENS

1. Gott[1]

Die Gemeinden lehren bei uns in voller Übereinstimmung:

Der Beschluß des Konzils von Nicäa, es sei *eine* göttliche Wesenheit und drei Personen[2], ist wahr und muß ohne jede Einwendung geglaubt werden. Näherhin: es ist *eine* göttliche Wesenheit, welche Gott genannt wird und Gott ist, ewig, körperlos, unteilbar, von unermeßlicher Macht, Weisheit, Güte, der Schöpfer und Erhalter aller Dinge, der sichtbaren und der unsichtbaren. Und dennoch sind es drei Personen von derselben Wesenheit und Macht und gleich ewig, der Vater, der Sohn und der Heilige Geist. Und das Wort „Person" nehmen sie in der Bedeutung, in welcher es die Kirchenschriftsteller zu diesem Thema gebraucht haben, also nicht als Teil oder Qualität an etwas anderem, sondern als etwas, was für sich selbst existiert.

Sie verurteilen alle Ketzereien, die sich gegen diesen Glaubenssatz erhoben haben, z. B. die Manichäer, welche zwei Urmächte annahmen, eine gute und eine böse; ebenso die Valentinianer, die Arianer, die Eunomianer, die Mohammedaner und alle ihresgleichen. Sie verdammen auch die Samosatener alter und neuester Art. Denn wenn diese behaupten, es sei nur *eine* Person, dann machen sie über das Wort und den Heiligen Geist spitzfindig-gottlose Redensarten[3], als seien sie nicht eigene Personen, sondern als bedeute „Wort" nur das gesprochene Wort und „Geist" nur eine geschöpfliche Bewegung in den Dingen[4].

---

[1] Es sei darauf hingewiesen, daß die Überschriften zu den Artikeln nicht ursprünglich sind, sondern bei der Drucklegung der CA hinzugefügt worden sind.

[2] DT fügt hinzu: „Gott Vater, Gott Sohn, Gott Heiliger Geist".

[3] *Rhetoricari* soll hier den Gebrauch von falschen Redewendungen bezeichnen.

[4] DT: „erschaffene Regung in Kreaturen".

Die CA weist hier auf das *Nicaenum* hin, das seit den Tagen der alten Kirche Kennzeichen der kirchlichen Orthodoxie war. Die Einheit des Wesens Gottes und die drei Personen werden jedoch eher in einer Weise geschildert, die an das *Athanasianum* erinnert. *Welche Gott genannt wird und Gott ist:* Die Bezeichnung drückt eine Realität aus, sie ist nicht nur ein „Name". Das wird wohl gesagt im Hinblick auf die Fortsetzung nach der Aufzählung der verschiedenen göttlichen Eigenschaften: *Und dennoch sind es drei Personen. Unermeßlich:* vgl. *Athanasianum* 9. Die drei Eigenschaften: *Macht (potentia), Weisheit (sapientia) und Güte (bonitas)* entsprachen im Mittelalter den drei Personen; nicht so, daß die *potentia* nur dem Vater galt, die *sapientia* nur dem Sohn usw., aber doch so, daß man meinte, die *potentia* solle dem Vater „appropriiert" werden, die *sapientia* dem Sohn usw. *Der Schöpfer und Erhalter aller Dinge, der sichtbaren und der unsichtbaren:* vgl. *Nicaeno-Constantinopolitanum.* Hier ist *Erhalter (conservator)* hinzugefügt. *Von derselben Wesenheit und Macht und gleich ewig:* vgl. *Athanasianum* 6 und 11, 13 und 14. *Das Wort „Person":* Der erste Teil des Artikels schließt mit einer Bestimmung dessen, wie der Personbegriff gebraucht ist. Er soll so verstanden werden, wie die Kirchenväter ihn verstanden: nicht als ein Teil oder eine Qualität, sondern er bezeichnet das, *was für sich selbst existiert,* d.h. die göttlichen Personen sind nicht nur verschiedene Seiten des Wesens Gottes, sondern real geschieden, ohne jedoch die Wesenseinheit zu sprengen.

Darauf folgt ein „Ketzerkatalog". Die *Manichäer* werden wegen ihres ausgesprochenen Dualismus verurteilt. Die *Valentianer,* eine gnostische Schule des 2. Jahrhunderts, rechneten Christus und den Heiligen Geist zu den Äonen und verstanden sie folglich als Glieder in der göttlichen Emanation. Daß die *Arianer* erwähnt werden, ist selbstverständlich in einem Bekenntnis, das sich dem Nicaenum anschließt. *Eunomianer* ist eine Bezeichnung für die Anhänger des Arianers Eunomius (Ende des 4. Jahrhunderts). Die *Mohammedaner* sind hier einfach als Leugner der Trinität mit aufgenommen. *Samosatener:* Anhänger des Paulus von Samosata. Sie leugneten, daß der Logos irgendwelche Selbständigkeit gegenüber Gott habe. Zu der Frage, wer mit dem Ausdruck *neue Samosatener* gemeint ist, siehe das Folgende.

Kommentar

Durch den Hinweis auf das nicaenische oder besser das nicaeno-constantinopolitanische Bekenntnis soll unterstrichen werden, daß die Bekenner auf dem Boden der altkirchlichen Lehre stehen. Die *Vorrede* versucht den Standpunkt festzuhalten, daß es um einen Streit zwischen zwei Parteien innerhalb der Kirche geht. Gerade deshalb ist es wichtig, am Anfang zu zeigen, daß die altkirchliche Orthodoxie von den Reformatoren nicht angefochten wird. Die *Confutatio* hat denn auch zu Artikel 1 nichts zu bemerken, sondern erklärt, daß dieses Bekenntnis „acceptanda est"[1]. In der *Apologie* kann sich *Melanchthon* deshalb damit begnügen, die Einigkeit noch einmal festzustellen. Er fügt hinzu, daß

---

[1] Die *Confutatio* der Confessio Augustana, Corpus Catholicorum Bd. 33, bearb. v. H. Immenkötter, 1979.

alle, die diesen Glauben nicht haben, außerhalb der Kirche Christi stehen[2].

Als Melanchthon 1521 seine *Loci communes* herausgab, verzichtete er hierin auf die Darstellung der Trinitätslehre mit dem Hinweis darauf, daß die Mysterien der Trinität und der Inkarnation jahrhundertelang von den scholastischen Theologen behandelt worden seien, und daß dabei nichts anderes als sinnlose Spekulationen herausgekommen seien. In diesen Zusammenhang gehört ein berühmter und oft zitierter Satz: „Die Geheimnisse der Gottheit sollen wir lieber anbeten als erforschen." Wenn dieser Satz richtig eingeordnet werden soll, muß man ihn im Zusammenhang mit den folgenden Worten verstehen, wo es heißt, daß Gott seinen Sohn ins Fleisch gekleidet hat, um uns von der Betrachtung seiner Majestät fortzuführen hin zur Betrachtung unseres Fleisches und unserer Gebrechlichkeit[3].

Unterdessen war es durch die historische Entwicklung notwendig geworden, stärker zu unterstreichen, daß man auf dem Boden des altkirchlichen Bekenntnisses stand. Zum einen waren gewisse Schwärmer als Antitrinitarier aufgetreten, zum anderen hatte *Johann Eck* in seinen *404 Artikeln* Luther beschuldigt, die Trinitätslehre zu bestreiten. Folglich mußte man dafür sorgen, sich von den spiritualistischen Ketzern abzusetzen und gleichzeitig den Angriff Ecks abzuwehren. Der Ausgangspunkt für diesen Angriff war folgender Satz aus Luthers Schrift: *Rationis Latomianae-Lutheriana Confutatio* von 1521: „Wenn meine Seele das Wort 'homousion' haßt und ich es nicht gebrauchen will, so will ich deshalb kein Ketzer sein"[4]. Diesen Satz zählt Eck unter die Ketzereien der Lutheraner (Art. 8/2)[5], wobei er jedoch nur die erste Hälfte zitiert und hinzufügt: „(homousion) das ist, daß der Vater und der Sohn desselben Wesens sind". Hierdurch sieht es so aus, als wende sich Luther gegen den Gedanken von der Wesenseinheit des Vaters und des Sohnes. Was Luther meint, geht jedoch klar aus den Worten hervor, mit denen er in der Schrift gegen Latomus fortfährt: „denn wer zwingt mich, es zu gebrauchen, wenn ich bloß die Sache festhalte, die das Konzil [nämlich das nicaenische] nach der Schrift entschieden hat". „Man muß über die Reinheit der Schrift wachen, damit sich kein Mensch einbilde, etwas klarer und sicherer auszusprechen, als Gott es ausgesprochen hat." Mit anderen Worten: Ausdrücke aus der Heiligen Schrift, wo Gott selbst spricht,

[2] Apol. Art. 1.

[3] *Melanchthon, Werke* 2,1, S. 6.16ff.: Mysteria divinitatis rectius adoraverimus, quam vestigaverimus. ... Et carne filium Deus optimus maximus induit, ut nos a contemplatione majestatis suae ad carnis adeoque fragilitatis nostrae contemplationem invitaret.

[4] WA 8, 117,33ff.

[5] Die Artikel *Ecks* nach *W. Gußmann: Quellen und Forschungen zur Geschichte des Augsburgischen Glaubensbekenntnisses II, 1930.*

müssen Begriffen vorgezogen werden, die von Menschen gebildet sind. In der *Kirchenpostille* kritisiert Luther in derselben Weise das Wort „Trinität“, weil es sich nicht in der Schrift finde, sondern von Menschen erfunden sei[6]. Ecks Anklage war also völlig unbegründet, mußte aber trotzdem zurückgewiesen werden, da sie nun einmal erhoben worden war. Auch die *Marburger Artikel,* die wie die CA auf das Nicaenum hinweisen, und die *Schwabacher Artikel* beginnen mit der Trinitätslehre, ebenso Luthers „Bekenntnis“ in der Schrift *Vom Abendmahl Christi* von 1528[7]. Dasselbe gilt später für die *Schmalkaldischen Artikel*[8].

Was die Ausführung der Trinitätslehre im Artikel 1 selbst angeht, so sind die meisten Ausdrücke nicht dem Nicaeno-Constantinopolitanum entnommen, sondern dem *Athanasianum.* Es kann jedoch nicht von einem direkten Abschreiben gesprochen werden, sondern vielmehr von absolut sachlicher Übereinstimmung mit den altkirchlichen Bekenntnissen. Die CA bringt nichts Neues, ist aber besser formuliert als die Trinitätslehre der *Schwabacher Artikel,* wo es lediglich heißt, „daß in dem einigen wahrhaftigen, gottlichen Wesen drei unterschiedenlich Personen seind“[9]. *Bucer* hatte an den Schwabacher Artikeln kritisiert, daß das Wort „Person“ von „dem groben Verstand“ leicht als ein selbständiges Wesen mißverstanden würde; mit anderen Worten: er fürchtete Tritheismus[10]. Trotzdem scheint Melanchthon bei der Abfassung der CA mehr das entgegengesetzte Extrem gefürchtet zu haben. Die Erklärung des Wortes „Person“, die den ersten Teil von Artikel 1 abschließt, soll deutlich ein modalistisches Verständnis verhindern. Die Einheit im Gottesbegriff tritt trotzdem dadurch stark hervor, daß die Schöpfung — im Gegensatz zum Nicaenum, auf das hingewiesen wird! — dem dreieinigen Gott, nicht dem Vater allein zugeschrieben wird[11]. Auch *Luther* kann die Einheit stark hervorheben. Man denke z.B. an das Lied *„Ein feste Burg“:* „ER heißt Jesus Christ, der HERR Zebaoth, Und ist kein andrer Gott.“ Hiermit will Luther nicht sagen, daß kein Unterschied sein soll zwischen Gott als Schöpfer und als Erlöser, sondern er will nur unterstreichen,

---

[6] WA 10, I, 2, 294,25ff. (zit. nach *Gußmann I,* 2, 1911, S. 379 Anm. 80).

[7] Cl. 3, 508,11ff. (WA 26, 500).

[8] In seinem *Gutachten über die Schwabacher Artikel* (*Gußmann* I, 2, S. 290) kritisiert *Bucer* die dort dargestellte Trinitätslehre ganz auf der Linie von Luthers Äußerungen gegen die Worte „Trinität“ und „homousion“: es sei weit besser, sich an die Schrift zu halten! So wird Luther hier gegen sich selbst ausgespielt.

[9] Etwa dieselbe Formulierung in: *Vom Abendmahl Christi. Bekenntnis.* Vgl. Anm. 7.

[10] Vgl. Anm. 8.

[11] Der Hintergrund hierfür ist natürlich die Zustimmung zu der weiteren Ausformung der Trinitätslehre, die nach dem Nicaenum stattfand. Aus Furcht vor Tritheismus versuchte man, so deutlich wie möglich die Einheit in Gottes Handlungen gegenüber dem Geschaffenen hervorzuheben.

daß es wirklich *Gott* selbst ist, der in Christus wirkte. In den *Katechismen* mit ihrer direkten pädagogischen Zielsetzung drückt er sich anders aus. Hier werden bekanntlich Gottes Werke auf die drei Personen verteilt. Das sind aber keine Gegensätze, sondern lediglich Nuancen.

Selbst wenn die Formulierung des Artikels 1 von äußeren Faktoren mitbestimmt war, so bedeutet das jedoch nicht, daß die Reformatoren an diesen Themen nicht interessiert waren. Im Gegenteil, Luthers Kritik an den klassischen Formeln beweist, daß der Vorwurf, den man oft den Reformatoren gemacht hat, nämlich sie hätten das Trinitätsdogma „unverdaut" übernommen, nicht gerechtfertigt ist[12]. Wie aus der oben zitierten Stelle in der Schrift gegen Latomus hervorgeht, war es nicht die „Sache", wogegen sich Luther wandte, sondern nur die Weise, wie sie behandelt wurde, nämlich daß man die Heilige Schrift umging und über sie hinausging. Sowohl in Vorlesungen als auch in Predigten nahm Luther immer wieder die Gelegenheit wahr, auf die Trinitätslehre einzugehen. Und er tut das ohne irgendwelche Zurückhaltung[13]. Überall geht es ihm darum, die Lehre mit der Schrift in Zusammenhang zu bringen. Er lehnt die scholastische Spekulation ab, weil er nichts von dem Gott wissen will, der nicht in den Werken Gottes offenbart ist. Praktisch bedeutet das, daß das Hauptgewicht nun auf der „ökonomischen" Trinität liegt, so wie es z. B. deutlich in den Katechismen zum Ausdruck kommt, wo von Gott als Schöpfer, Erlöser und Heiliger die Rede ist. Damit wird die Rede von der Trinität als einem Ausdruck für das innere Wesen Gottes nicht abgelehnt, sondern es wird nur hervorgehoben, daß das innere Wesen Gottes von uns allein durch seine Handlungen in der Offenbarung erkannt wird.

Durch diese Haltung entfernt sich Luther in keiner Weise von der klassischen Trinitätslehre. Im Gegenteil: er kehrt zu ihr zurück und lehnt die Entgleisung ab, die gerade die Spekulationen der Scholastik bedeutet hatten. In den Kämpfen der Alten Kirche ging es doch um die *Erlösung;* die Leugnung der Gottheit des Sohnes und des Geistes bedrohte das Verständnis von der Erlösung als einer Gotteshandlung selbst. Luthers Interesse an der Trinitätslehre ist genau dasselbe. Im *Großen Katechismus* sagt er: „Denn wir künnden (wie droben verkläret) nimmermehr dazu kommen, daß wir des Vaters Hulde und Gnade erkenneten ohn durch den HERRN Christum, der ein Spiegel ist des

[12] Siehe *K. Thieme: Die Augsburgische Konfession,* 1930, S. 144ff., wo eine Reihe dieser Vorwürfe angeführt wird.

[13] Zu Stellen in Luthers Schriften siehe *R. Seeberg: Lehrbuch der Dogmengeschichte* IV, 1, 1930, S. 230ff., und *R. Prenters* Behandlung von Luthers Verhältnis zur Trinitätslehre in *Spiritus creator,* 1954, S. 177ff. — *Jan Koopmann: Das altkirchliche Dogma in der Reformation.* Beiträge zur evangelischen Theologie Bd. 22, 1955, bestätigt diese Auffassung.

väterlichen Herzens, außer welchem wir nichts sehen denn einen zornigen und schrecklichen Richter. Von Christo aber künnten wir auch nichts wissen, wo es nicht durch den heiligen Geist offenbaret wäre."[14] Mit diesen Worten ist ganz kurz zum Ausdruck gebracht, was die Trinitätslehre für Luther bedeutete. Erstens wird hier klar zwischen den drei Personen unterschieden, wodurch jede Form von Modalismus ausgeschlossen ist[15]. Zweitens ist klar, in welchem Maße *alles* im Gottesverhältnis des Menschen von dem handelndem Gott selbst bestimmt ist. Aber damit ist auch deutlich, daß hier keine Rede davon sein kann, daß die Trinitätslehre für Luther lediglich ein weitergeführtes Traditionsgut darstellt. Sie ist vielmehr eine tragende Voraussetzung seiner Theologie. In seinem Buch *Spiritus Creator* schreibt *Regin Prenter:* „Die Scholastik hielt in ihrer Theologie das ganze überlieferte Bekenntnis von der ewigen Gottheit des Sohnes und des Geistes fest. In ihrer synergistischen Heilslehre aber schrieb sie dem freien Willen des Menschen eine Bedeutung zu, die praktisch eine Einschränkung des Wirkungsbereichs sowohl des Sohnes als auch des Geistes bedeutete."[16] Gerade demgegenüber bringen *Melanchthons* oben zitierte Worte, daß Gott uns durch die Inkarnation hinführen will zur Betrachtung unseres Fleisches und unserer Gebrechlichkeit, vortrefflich das Anliegen der Reformatoren zum Ausdruck: daß das Bekenntnis zum dreieinigen Gott eng zusammenhängt mit dem Bekenntnis der völligen Ohnmacht des Menschen. Damit war die Trinitätslehre gerade von der Spekulation über das Verhältnis zwischen der Seele des Menschen als imago trinitatis und dem ewigen, inneren Wesen Gottes weggeführt hin zu dem Verständnis des lebendigen Zusammenhangs zwischen der Trinität und der Auffassung von der Erlösung selbst, um die es bei den dogmatischen Kämpfen der Alten Kirche gegangen war. Auch wenn es den Reformatoren nicht gelang, neue und bessere Worte zu finden[17], so bedeutet ihre Trinitätslehre trotzdem eine Erneuerung gegenüber der Scholastik, nämlich eine Rückkehr zu dem ursprünglichen Zusammenhang zwischen der Trinität und der geschichtlichen Offenbarung[18].

Auf diesem Hintergrund ist es klar, daß auch der zweite Teil von Artikel 1 nicht als ein bloß kirchenpolitisches Unternehmen betrachtet werden darf. In welchem Maße *Ketzerei* für die Reformatoren noch

---

[14] II, 65. = BK, S. 660.

[15] Vgl. *Prenters* Widerlegung der Behauptung *Karl Holls,* Luther neige zum Modalismus, *Spiritus creator,* S. 183ff.

[16] a.a.O. S. 180.

[17] In der Schrift *Von den Konziliis und Kirchen,* 1539, erklärt Luther selbst das Wort homousion für notwendig (WA 50, 571f.).

[18] *Melanchthon* änderte auch seine Auffassung von der theologischen Behandlung der Trinitätslehre. Seit 1535 werden die *Loci* mit ihr eingeleitet.

immer gleichbedeutend war mit der Leugnung des altkirchlichen Dogmas, zeigt der Umstand, daß der § 1 in den neuen Fakultätsstatuten für die Wittenberger Theologen von 1533 bestimmte, daß die reine Lehre in Übereinstimmung mit der CA vorgetragen werden sollte, *und* daß die alten Ketzereien, die von den Synoden in Nicaea, Konstantinopel, Ephesus und Chalcedon verurteilt worden waren, auf das schärfste bekämpft werden sollten[19]. Was die „Ketzerliste" im Artikel 1 betrifft, so konzentriert sich das Interesse auf das, was als „neue Samosatener" bezeichnet wird. In erster Linie ist hier wohl an *Johann Campanus* gedacht, der im März 1530 an den Hof des sächsischen Kurfürsten in Torgau kam, wo er seine Ansichten vorlegte. Er lehrte, daß der Heilige Geist keine Person sei, und daß Christus nicht von demselben Wesen sei wie der Vater. Außerdem griff er die Lutherischen in einer Reihe von anderen Punkten an. Später nahm er Verbindung mit den Wiedertäufern auf und erhielt Beifall für seine antitrinitarischen Gedanken. In Torgau wurde er natürlich abgewiesen[20]. Jedoch erregte er so viel Aufsehen, daß man es für angebracht hielt, sich ausdrücklich von ihm und den Seinen zu distanzieren. Bekanntlich breitete sich der Antitrinitarismus später sehr unter den Schwärmern aus. Auch *Denck* war Gegner der Trinitätslehre. Die bestimmte Lehre, die im Artikel 1 abgelehnt wird, scheint nicht ohne weiteres mit der des Campanus identisch zu sein. Was gerade diese Formulierung der Ablehnung veranlaßt hat, wissen wir nicht genau. Noch 1530 waren die verschiedenen Antitrinitarier sehr vorsichtig damit, ihre Gedanken öffentlich zu verbreiten. Vom Artikel 1 aus gesehen scheint es, als sei an eine Lehre gedacht, nach der „das Wort" und „der Geist" als Ausdruck für die Aktivität erklärt werden, die die Wiedergeburt oder Geistbegabung im Menschen schafft. Was den „Geist" betrifft, so ist das am verständlichsten: Der Sinn ist offensichtlich, daß der Heilige Geist mit der geistlichen Erneuerung des Menschen identifiziert ist. Schwerer ist zu verstehen, was damit gemeint ist, daß „das Wort" das „gesprochene Wort" bedeuten soll. Ist vielleicht die Rede des Geistbegabten gemeint? Sicherlich ist nicht an die Verkündigung des Evangeliums im reformatorischen Sinne gedacht. Wie das auch näher zu verstehen sein mag, das Entscheidende an der Ablehnung ist, daß die Leugnung der Göttlichkeit des Sohnes und des Geistes für die Reformatoren die *Aufgabe* des Evangeliums selbst bedeutete[21].

[19] *W. Friedensburg*, Urkundenbuch der Universität Wittenberg I (1502-1611), 1926, S. 154.

[20] Siehe *Köstlin-Kawerau: Martin Luther* II, S. 148; 322f. Vgl. BK, S. 51, Anm. 7.

[21] Es besteht kaum ein Zweifel daran, daß die CA auf eine ganz bestimmte Lehre anspielt. Trotz eingehenden Suchens hat es sich jedoch als unmöglich erwiesen, dem auf die Spur zu kommen, was genau gemeint ist. Keiner der mir bekannten Forscher, die Artikel 1 kommentiert haben, hat einen Beitrag zur Lösung des Problems geliefert.

2. Die Erbsünde

Sodann lehren sie: Nach dem Falle Adams werden alle Menschen *im natürlichen Zusammenhang der Fortpflanzung mit Sünde geboren,* nämlich ohne Gottesfurcht, ohne Vertrauen auf Gott und mit Begierde[1]. Diese Krankheit oder Verderbnis[2] vom Ursprung her ist wahrhaft eine Sünde, die verdammenswert macht und ewigen Tod auch jetzt noch denen bringt, welche nicht wiedergeboren werden durch die Taufe und den Heiligen Geist.

Sie verurteilen die Pelagianer und andere, welche sagen, das Erbverderbnis sei keine Sünde, und behaupten, der Mensch könne durch eigene Kräfte seiner vernünftigen Natur vor Gott gerechtfertigt werden. Damit entwerten sie die Herrlichkeit des Verdienstes und der Heilandstaten Christi.

[1] DT: „daß sie alle von Mutterleib an voll boser Lust und Neigung seind".
[2] *Hic morbus seu vitium originis: originis* bezieht sich auf beide Bezeichnungen.

Seit dem Sündenfall werden alle Menschen mit Sünde geboren, die *im natürlichen Zusammenhang der Fortpflanzung mit Sünde geboren* sind. Diese nähere Bestimmung soll natürlich Christus, der auf übernatürliche Weise geboren ist, von der Erbsünde ausschließen. Deshalb folgt eine nähere Erklärung für das *mit Sünde geboren: nämlich ohne Gottesfurcht* usw. Zunächst zwei negative Bestimmungen: *ohne Gottesfurcht,* d.h. ohne Gott als Herrn über sein Leben anzuerkennen; *ohne Vertrauen auf Gott,* d.h ohne die vertrauende Zuversicht, die den Glauben kennzeichnet. Darauf folgt eine positive Bestimmung: *mit Begierde.* Seit *Augustin* gebrauchte man das Wort *concupiscentia,* das bei ihm in erster Linie Sinnlichkeit meinte, im Zusammenhang mit der Erbsünde, dazu s. u. Hier in der CA umfaßt der Ausdruck, wie aus der *Apologie* hervorgeht, in Übereinstimmung mit der Auffassung *Luthers* weit mehr als die sinnliche Begierde. Er umfaßt auch alle geistige Wirksamkeit des Menschen, sofern sie nicht dem Glauben entsprungen ist. Darauf folgt der zweite Teil der reformatorischen Lehre: *Diese Krankheit oder Verderbnis vom Ursprung her ist wahrhaft eine Sünde (vere sit peccatum),* die Erbsünde ist nicht nur ein unerklärliches Schicksal, sondern auch Schuld. Deshalb bringt sie die Verdammung und als Strafe ewigen Tod mit sich. *Auch jetzt noch:* nach Christus. In dem letzten Satz wird die Strafe auf die beschränkt, die nicht durch die Taufe wiedergeboren werden, wodurch man den Heiligen Geist empfängt.

Der zweite Abschnitt verurteilt *Pelagianer und andere,* die leugnen, daß die Erbsünde den Charakter von wirklicher Sünde habe. Folglich behaupten sie auch, daß der Mensch vor Gott gerechtfertigt werden kann *durch eigene Kräfte seiner vernünftigen Natur.* Das letztere wirkt sich katastrophal auf die Betrachtung Christi aus.

Kommentar

Der erste Teil dieses Artikels ist besonders bemerkenswert wegen seiner Definition des Wortes Sünde: ohne Gottesfurcht, ohne Vertrauen zu Gott und mit Begierde. Hierin liegt das Neue gegenüber dem Mittelalter; die Erbsünde kann nicht nur beschrieben werden als Defekt an gewissen menschlichen Eigenschaften oder als Mangel an einer übernatürlichen Ausrüstung, sondern sie bedeutet, daß die Situation des Menschen total verändert ist. In der frühen Scholastik begegnen wir zwei verschiedenen Auffassungen von der Erbsünde. *Anselm von Canterbury* betrachtet sie als etwas rein Negatives, einen Mangel an der ursprünglichen Gerechtigkeit, die Adam im Paradies besaß (*carentia* oder *defectus iustitiae originalis*)[1]. *Petrus Lombardus* dagegen faßt die Erbsünde als Begierde auf, so verstanden, daß die niederen Kräfte im Menschen sich von der Herrschaft der Vernunft und des Willens zu befreien versuchen[2]. Beide sind der Ansicht, daß die Erbsünde durch die Taufe ganz beseitigt wird. Zurück bleibt die *concupiscentia* als ein „Zunder zur Sünde", *fomes peccati,* der in sich selbst nicht als Sünde zu betrachten ist. Während die führenden Theologen der Hochscholastik, z. B. *Alexander von Hales*[3], *Bonaventura*[4] und *Thomas von Aquino*[5], diese beiden Auffassungen zu vereinen versuchen, schließen sich *Duns Scotus*[6] und nach ihm *William von Ockham*[7] der „anselmischen" Linie an. Für diese letzteren

[1] *Anselm: De conceptu virginali et originali peccato,* cap. 27. *Migne PL 158,* 461: Hoc peccatum, quod originale dico, aliud intelligere nequeo in eisdem infantibus, nisi ipsam quam supra posui, factam per inobediantia Adae justitiae debitae nuditatem, per quam omnes filii sunt irae ....

[2] *Petrus Lombardus: Sententiarum Libri IV,* Lib. II, Dist. 30,7: Quid ergo originale peccatum dicitur? Fomes peccati, scilicet concupiscentia vel concupiscibilitas, quae dicitur lex membrorum, sive languor naturae, sive tyrannus qui est in membris nostris, sive lex carnis; unde August., in lib. de Baptismo parvulorum, tom. 7: Est in nobis concupiscentia, quae non est permittenda regnare. Sunt et ejus desideria, quae sunt actuales concupiscentiae, quae sunt arma diaboli, quae veniunt ex languore naturae. *Migne PL 192,* 722.

[3] *Summa Theologica,* II—II, Inq. II, Tract. III, Quaest. II, cap. III, art. III: Cum ergo quaeritur utrum originale peccatum secundum idem sit culpa et poena, dicendum est quod secundum carentiam debitae iustitiae est culpa, secundum concupiscentiam vero est poena. Tom III p. 240. Ad claras aquas 1930.

[4] *Commentaria in IV Lib. Sent.* II dist. 30, art. II, q. 1 concl.: Peccatum originale est concupiscentia, prout in se claudit debitae iustitiae carentiam. Opera omnia, Tom. II, p. 722. Ad claras aquas 1885.

[5] *Summa Theologiae* II—I q. 82 art. 3: peccatum originale materialiter quidem est concupiscentia; formaliter vero, defectus originalis iustitiae.

[6] *Opera omnia* Tom. 13 (Opus Oxoniense) in Sent. II d. 30 q. 2, Paris 1893: — peccatum originale non potest esse aliud quam ista privatio (nämlich iustitiae originalis); non enim est concupiscentia.

[7] *Super IV libros Sententiarum annotationes,* Lyon 1495, II q. 26 U: Item ad questionem de peccato originali. ... Nam de facto est sola carentia iustitiae originalis cum debito habendi eam.

ist die Erbsünde einfach eine Art Schuld, für die der Mensch nach dem Ratschluß Gottes haftbar ist, auch wenn er persönlich von ihr nicht berührt ist. Die Folge war, daß die natürlichen Kräfte des Menschen als völlig unberührt angesehen wurden und daß sie deshalb in der Lehre von der Rechtfertigung hervorgehoben werden konnten. Hiergegen wandte sich Luther schon 1515 (*Römerbriefvorlesung*) mit ganzer Kraft. Wenn die Kräfte des Menschen intakt wären, wäre Christus überflüssig. Die Sünde ist Unglaube, und Sündenerkenntnis kann uns nur Gott selbst geben, indem er sich offenbart. In der Rechtfertigung geschieht nun dies, daß der Mensch seine Sünde erkennt und sie ihm vergeben wird. Durch die Gnade wird die Sünde vergeben, indem Gott sie nicht anrechnet, aber sie verschwindet nicht vor dem Tod. Die eigentliche Sünde sind nicht die Tatsünden, sondern es ist die Erbsünde, die gleichzeitig mit dem Menschen in die Welt gekommen ist und die dadurch, daß der Wille sich ihr anschließt, zu seiner eigenen Sünde wird. Die *concupiscentia* ist nicht nur Sinnlichkeit, sondern Ausdruck für alles egoistische Streben des Menschen, auch in geistiger Hinsicht[8].

Diese Auffassung tritt klar in der CA hervor, genauso wie die Gefahr einer falschen Erbsündenlehre betont wird: daß die Ehre Christi zunichte gemacht wird und der Glaube an die eigenen Kräfte des Menschen gestärkt wird. Artikel 2 folgt recht genau den Marburger und Schwabacher Artikeln[9]. Die Verfasser der *Confutatio* sind sich ganz darüber im klaren, wo sie ansetzen müssen. Der Satz, daß die Erbsünde wirklich Sünde ist, wird glatt anerkannt. Dagegen wird die CA an zwei anderen Punkten verworfen: 1. Daß die Erbsünde in mangelnder Gottesfurcht und mangelndem Vertrauen zu Gott bestehe. So etwas ist, heißt es, eher die persönliche Schuld des Erwachsenen (*culpa actualis*) als ein Vergehen des neugeborenen Kindes. 2. Die Confutatio macht darauf aufmerksam, die Rede davon, daß die *concupiscentia* Sünde sei, *könne* so verstanden werden, daß die Erbsünde auch in dem Getauften bleibt. Diese Auffassung wird verworfen, indem darauf hingewiesen wird, daß der Römische Stuhl schon zwei Sätze von Luther über das Verbleiben der Erbsünde nach der Taufe verurteilt habe[10]. Der erste dieser beiden Einwände

---

[8] Diese Gedanken prägen die ganze Römerbriefvorlesung. Siehe z.B. WA 56, 229,1ff.; 271,1ff.; 285,11ff.

[9] In den *Schmalkaldischen Artikeln* ist der Ton schärfer. Hier sagt *Luther*, die Erbsünde sei eine so tiefe und schreckliche Verderbnis der Natur, daß es der Mensch überhaupt nicht fassen könne; es muß von der Offenbarung der Schrift aus geglaubt werden. Darauf folgt eine ausführliche und scharfe Zurückweisung der Lehre von der Unversehrtheit der Natur und dem Vermögen der natürlichen Kräfte (III,I = BK, S. 433f.).

[10] Es geht um die folgenden zwei Sätze aus der Bulle *Leos X.* gegen Luther, *Exsurge Domine*, vom 15. Juni 1520: 2. In puero post baptismo negare remanens peccatum, est Paulum et Christum simul conculare. 3. Fomes peccati, etiamsi nullum

zeigt, daß die Verfasser der Confutatio sich darüber im klaren sind, wo der Gegensatz liegt, und zugleich jedoch, daß sie die CA mißverstanden haben. Sie fassen die Worte „ohne Gottesfurcht, ohne Vertrauen zu Gott“ als Beschreibung von bewußten Zuständen auf und müssen es deshalb ungerechtfertigt finden, so von kleinen Kindern zu reden, die „noch nicht den Gebrauch der Vernunft haben“. Der Sinn ist jedoch ein ganz anderer, wie es deutlich aus dem deutschen Text hervorgeht: „daß sie alle ... kein wahre Gottesfurcht, keinen wahren Glauben an Gott von Natur *haben können.*“ Es geht nicht um Kind oder Erwachsenen, denn die „Verderbnis“ der Erbsünde ist gerade dies, daß der Mensch Gott nicht kennen kann — *und will.* In diesem Verständnis der Erbsünde zeigt sich, daß der Artikel 1 ernstgemeint war. Es gibt keinen anderen Gott als den dreieinigen, der nur erkannt wird, indem er sich offenbart.

In der *Apologie* erwidert *Melanchthon* entschieden, indem er erklärt, daß die CA nichts Neues lehrt, sondern sich nur der Lehre des Neuen Testaments und der Kirchenväter anschließt. Er versucht zu beweisen, daß die Definition der Erbsünde als Mangel an der ursprünglichen Gerechtigkeit recht verstanden dasselbe sagt[11]. Außerdem beruft er sich auf die Erbsündenlehre *Augustins. Concupiscentia* bedeutet, daß der Mensch die „fleischlichen“ Dinge *(carnalia)* sucht und liebt (nicht nur das Sinnliche, sondern auch menschliche Weisheit und Gerechtigkeit), anstatt Gott zu suchen. Das sei auch im Artikel 2 zum Ausdruck gebracht, der also richtig und in Übereinstimmung mit den Kirchenvätern beide Seiten wiedergegeben habe: Die Erbsünde als Mangel und als Begierde. Diejenigen, die mit der scholastischen Lehre behaupten wollen, daß die *concupiscentia* nicht Sünde sei, sondern lediglich Strafe[12], haben nicht allein die Schrift, sondern die ganze Kirche gegen sich[13].

Um darüber Klarheit zu gewinnen, worum es den Reformatoren ging, muß man bedenken, daß sie eine Theologie vor sich hatten, die metaphysisch dachte und die sich deshalb unpersönlicher Begriffe bediente. Für die Scholastik ging es darum, zu einer richtigen Bestimmung des

---

adsit actuale peccatum, moratur exeuntem a corpore animam ab ingressu coeli. *Denzinger* 34. Ausg. 1967, 1452—1453.

[11] Diese *iustitia originalis,* sagt er, ist das rechte Gottesverhältnis selbst, identisch mit der *similitudo Dei.* Deswegen bedeutet die Erbsünde nicht nur, daß der Gehorsam der niederen Kräfte aufhört, sondern daß die *notitia* und *fiducia Dei* verlorengehen. Es ist klar, daß man den Begriff *carentia iustitiae originalis* in dieser Weise deuten kann, aber es ist ebenso deutlich, daß dies nicht die Meinung der Scholastiker war, die ihn zur Bestimmung der Erbsünde verwandten.

[12] und deshalb, wenn sich der Wille der Begierde nicht anschließt, ein Adiaphoron.

[13] Man kommt nicht darum herum, daß Melanchthon diese „Übereinstimmung“ auch mit der Theologie des Mittelalters nur dadurch erreicht, daß er diese von seiner eigenen Theologie her deutet.

Wesens des Menschen und seines Ortes unter den übrigen Geschöpfen zu gelangen. Deshalb wurde der Begriff „Natur", der bekanntlich keine Rolle im Neuen Testament spielt, ein Hauptwort in der Theologie des Mittelalters. Der Mensch hat eine bestimmte Natur durch die Schöpfung. In der Erbsündenlehre ist dann zu bestimmen, in welchem Maße diese ursprüngliche Natur verändert worden war. In der Rechtfertigungslehre wird nun der neue *„status"* des Menschen — in der Gnade — bestimmt. Alle drei Stufen, *status naturae integrae, naturae lapsae* und *gratiae,* sind für die scholastische Anthropologie von Bedeutung. Überall geht es darum zu bestimmen, welche Eigenschaften und Möglichkeiten der Mensch auf jeder einzelnen Stufe besitzt. *Luther* interessiert sich dagegen nicht für solche neutralen, „ruhenden" Eigenschaften, sondern er sieht alles vom Verhältnis des Menschen zu Gott aus. Alles, was der Mensch hat oder ist, wird von seiner Grundhaltung aus qualifiziert, von seinem Gottesverhältnis oder seinem fehlenden Gottesverhältnis. Wenn man verstehen will, worum es hier geht, muß man sich diesen Unterschied klarmachen. Die polemische Situation zwang die Reformatoren dazu, gegenüber der Rede von der Unversehrtheit der natürlichen Kräfte zu betonen, daß die Erbsünde die Natur verdorben hat. Aber wenn man nicht die verschiedenen Denkweisen berücksichtigt, erfaßt man nicht, was die Reformatoren meinen. Bleibt man in der scholastischen Problemstellung, so bedeutet die Lehre der Reformatoren einfach eine Abwertung des Menschen; ja, dann ist der Mensch nicht mehr Mensch. Es hat nicht zur Klärung beigetragen, daß *Luther* selbst manchmal im Zusammenhang mit der Erbsünde das Wort *habitus* gebraucht hat — mangels eines besseren Ausdrucks. Dadurch hat er wohl mit bewirkt, daß die Erbsündenlehre der späteren lutherischen Theologie in diese Richtung geführt *wurde*[14]. Um möglicherweise mehr Klarheit über diesen Sachverhalt zu gewinnen, wollen wir uns jedoch dem zweiten Einwand der Confutatio zuwenden.

Wie oben erwähnt, geht er darauf aus, daß die Identifikation von Erbsünde und concupiscentia so verstanden werden kann, daß die Erbsünde auch nach der Taufe bleibt. In der *Apologie* weicht *Melanchthon* dieser Frage nicht aus, sondern bestätigt, daß dies gerade der Sinn des Artikels 2 ist, daß die Gnade nicht die Entfernung der Erbsünde bedeutet, sondern ihre Vergebung. *Luther* habe dies gesagt, fährt er fort, um zu zeigen, daß der Mensch auch nach der Taufe von Christus abhängig sei, damit die Sünde nicht angerechnet werde, und vom Geist, damit sie

---

[14] In der *Apologie* begibt sich auch *Melanchthon* auf die Ebene der Gegner, indem er von *potentia* und *actus* spricht im Zusammenhang mit dem Einwand der Confutatio, die Kinder seien in bezug auf ihre mangelnde Gottesfurcht unschuldig, so daß man den Eindruck haben könnte, seine Erbsündenlehre bewege sich auf den alten Bahnen. Im übrigen ist die Darstellung der Apologie jedoch besonders klar.

ausgerottet werde. Es geht hier um etwas Zentrales in der reformatorischen Auffassung vom Menschen. Die Taufe schenkt nicht einen neuen *habitus,* so daß der Mensch nun, isoliert betrachtet, ein anderer und besserer Mensch ist, sondern ein neues Gottesverhältnis, so daß der Mensch, insofern er sich an Christus hält, an dessen Gerechtigkeit teilhat. Die Reformatoren haben keine Lehre vom Menschen an sich, sondern nur vom Menschen in seinem Verhältnis zu Gott entwickelt. Die Lehre vom Bleiben der Sünde ist deshalb nicht Ausdruck einer Devaluierung des Menschen. Aussagen von der „Natur" des Menschen sind von geringem Interesse; entscheidend ist, ob der Mensch sein Leben aus der Hand Gottes empfängt oder ob er sich auf irgendeine Weise in seiner Selbständigkeit behauptet. Die Natur des Menschen, wenn man schon diesen Ausdruck gebrauchen soll, ist für die Reformatoren nichts anderes als die Absicht des Schöpfers mit ihm: ein Leben in Glaube und Gehorsam gegen Gott unter Verzicht auf jede Selbstbehauptung, auch in Form von Gerechtigkeit. Deshalb konnte man auch von der Verderbtheit der Natur sprechen, aber man meinte damit etwas ganz anderes als gemeint ist, wenn man das Wort „Natur" als eine metaphysische Wesensbestimmung versteht. Weit besser als der Begriff „sündiger *habitus*" ist deshalb das von Luther oft benutzte Wort „Personsünde", denn damit wird zum Ausdruck gebracht, daß es sich um das persönliche Verhältnis jedes einzelnen Menschen zu Gott und sich selbst und nicht nur um ein ererbtes Schicksal oder eine Krankheit handelt.

Im zweiten Teil von Artikel 2 werden „Pelagianer und andere" verurteilt, die die Erbsünde nicht als wirkliche Sünde betrachten. Außer gegen die Scholastik (mit mehr oder weniger Recht) ist dies auch gegen *Zwingli* gerichtet, der die Erbsünde als eine Krankheit ansah, die sich ohne eigene Schuld an den Menschen heftete[15].

Als die *Römische Kirche* auf dem allgemeinen *Konzil in Trient* ihre Lehre festlegen sollte, war es klar, daß auch die Erbsündenlehre behandelt werden mußte. Das Dekret[16], das über die Erbsündenlehre angenommen wurde, läßt sich kurz so zusammenfassen:

1. Adam übertrat das Gebot Gottes und verlor die Heiligkeit und Gerechtigkeit, mit der er ausgestattet war, zog sich den Zorn Gottes, den Tod und die Gefangenschaft unter die Macht des Teufels zu und wurde an Leib und Seele zum Schlechteren verändert[17].

---

[15] *Zwingli: De peccato originali declaratio, CR 92,* 372,4: Sic ergo diximus originalem contagionem morbum esse, non peccatum, quod peccatum cum culpa coniunctum est.

[16] *Sessio V, Decretum de peccato originali.*

[17] 1. Si quis non confitetur, primum hominem Adam, . . ., . . . sanctitatem et iustitiam, . . ., amisisse, incurrisseque . . . . iram et indignationem Dei, atque ideo mortem, . ., et cum morte captivitatem sub (diaboli) potestate, . . . totumque Adam per illam praevaricationis offensam secundum corpus et animam in deterius commutatum fuisse: anathema sit.

2. Das hatte dieselben Folgen für das ganze spätere Menschengeschlecht[18].

3. Diese Sünde, die durch Fortpflanzung, nicht durch Nachahmung auf alle übertragen ist, kann allein durch das Verdienst unseres Mittlers, Jesus Christus, entfernt werden, an dem wir durch die Taufe Anteil bekommen[19].

4. Auch die Kinder müssen getauft werden, gleich vom Mutterleibe an, weil auch sie, ohne selbst irgendwelche Sünde begangen zu haben, die Erbsünde tragen und durch die Taufe gereinigt werden müssen, um am ewigen Leben Anteil zu bekommen[20].

5. Durch die Taufgnade wird die Schuld der Erbsünde und alles, was den Charakter eigentlicher Sünde hat, entfernt. Über die, die dies leugnen, indem sie sagen, daß die Sünde nicht entfernt, sondern nur nicht angerechnet werde, wird eine Verdammung ausgesprochen. Zurück bleibt die *concupiscentia* oder der „Zunder". Nicht weil die concupiscentia wahr und eigentlich Sünde in den Wiedergeborenen *ist,* hat die katholische Kirche sie Sünde genannt, sondern weil sie *von* Sünde ist und *zu* Sünde führt. Die heilige Jungfrau wird nicht von dem betroffen, was hier von der Erbsünde gesagt ist[21].

Der Gegensatz zu den Reformatoren tritt eigentlich nur in Punkt 5 klar hervor, und am wichtigsten ist hier die Frage, was mit der Erbsünde in der Taufe geschieht. Da diese Frage gar nicht in der CA behandelt ist, wird der Unterschied zwischen den beiden Bekenntnissen scheinbar geringer, als man erwarten könnte, wobei man jedoch daran denken muß, daß *Melanchthon* sich in der *Apologie* Luther anschließt. Die abschließende Darstellung Adams nach dem Fall: „verändert zum Schlechteren", wiederholt ein Augustinzitat von der Synode von Orange 527[22]. Der Unterschied zwischen dem Tridentinum und der CA wird erst deutlich ,wenn man die verschiedene Art und Weise bedenkt, in der die Begriffe angewandt werden. Erst wenn wir zu dem eigentlichen Mittelpunkt in der Kontroverse, der Rechtfertigungslehre kommen, wird der Gegensatz ernsthaft hervortreten, denn dort wird es sich zeigen, welche Konsequenzen die beiden Seiten aus ihrer Erbsündenlehre ziehen.

---

[18] Es wird auf Röm. 5,12 hingewiesen.

[19] 3. . . hoc Adae peccatum, quod origine unum est, et propagatione, non imitatione, tranfusum omnibus inest unicuique proprium . . . . . .

[20] 4. . . . ex traditione Apostolorum etiam parvuli, Video in remissione peccaroeum veraciter baptizantur . . .

[21] 5. Si quis . . . reatum originalis peccati remitti negat, aut etiam asserit, non *tolli* totum id, quod veram et propriam peccati rationem habet, sed illud dicit tantum radi aut *non imputari:* Anathema sit.

[22] *Denzinger* 371.

3. Der Sohn Gottes

Sodann lehren sie: Das Wort, das ist der Sohn Gottes, hat die menschliche Natur angenommen im Schoße der seligen Jungfrau Maria[1]; es sind also zwei Naturen, die göttliche und die menschliche, in der Einheit der Person untrennbar verbunden: ein Christus, wahrhaft Gott und wahrhaft Mensch, geboren aus der Jungfrau Maria, der wahrhaft gelitten hat, gekreuzigt, gestorben und begraben ist, damit er uns den Vater versöhne[2] und ein Opfer sei, nicht nur für die Erbsünde, sondern auch für alle Tatsünden der Menschen. Er ist niedergestiegen zur Hölle und wahrhaft auferstanden am dritten Tage, dann aufgefahren zum Himmel, damit er sitze zur Rechten des Vaters und ewig regiere und herrsche über alle Kreaturen und diejenigen heilige, die an ihn glauben, indem er den Heiligen Geist in ihre Herzen sendet, welcher sie leiten, trösten und lebendig machen[3] und verteidigen soll gegen den Teufel und die Gewalt der Sünde. Dieser Christus wird sichtbar wiederkommen, zu richten die Lebendigen und die Toten usw. nach dem Apostolischen Glaubensbekenntnis.

[1] DT: „daß Gott der Sohn sei Mensch worden, geborn aus der reinen Jungfrauen Maria".

[2] DT: „Gottes Zorn versohnet".

[3] DT: „daß er ... durch den Heiligen Geist heilige, reinige, stärke und troste, ihnen auch Leben und allerlei Gaben und Guter austeile".

Der Artikel wird mit der Inkarnation eingeleitet: *(Christus) hat die menschliche Natur angenommen.* Dieser klassische Sprachgebrauch läßt es angebracht erscheinen, auf das *Athanasium* 33 hinzuweisen: *Unus (Christus) autem non conversione divinitatis in carne, sed assumptione humanitatis in Deo.* Nach der Erwähnung der Jungfrauengeburt folgt nun eine kurze Darstellung der orthodoxen Zweinaturenlehre: zwei Naturen in einer Person. Darauf folgt eine Bekräftigung der Menschheit Christi mit einer Reihe von Worten, die sich an das *Apostolicum* anlehnen: *geboren aus der Jungfrau Maria usw.* Nun, wo gesagt ist, *wer* er ist, kann das Ziel der Inkarnation angegeben werden: *damit er uns den Vater versöhne usw.* Er sollte den Vater mit uns versöhnen. Gott ist hier das Objekt der Versöhnung. Sein Tod sollte ein Opfer für *alle* menschliche Sünde sein, nicht nur für die Erbsünde (dazu näher s. u.). Der Rest des Artikels folgt, mit einigen Erweiterungen, dem *Apostolicum. Dieser (Idem):* es ist derselbe Christus, Gott und Mensch, der auferstand und zur rechten Hand des Vaters sitzt und der die Lebendigen und die Toten richten wird. Das Werk Christi als König ist einmal die Herrschermacht über alle Geschöpfe, zum andern die Heiligung der Gläubigen. Letzteres führt er durch den Heiligen Geist aus, dessen Werk in einem Relativsatz dargestellt wird: er tröstet und macht lebendig und verteidigt gegen die bösen Mächte: den Teufel und die Sünde. Die CA hat keinen besonderen Artikel *De spiritu sancto,* aber das ist auch nicht notwendig, weil hier in Artikel 3 das Werk des Heiligen Geistes allgemein dargestellt ist, und der größte Teil des übrigen Bekenntnisses ist ja eigentlich nur eine nähere Auslegung hiervon.

Kommentar

Dieser Artikel will wie Artikel 1 vor allem bezeugen, daß die Bekenner sich mit der altkirchlichen Orthodoxie in Übereinstimmung befinden. Die Polemik tritt deshalb zurück, und man gebraucht Ausdrücke, die entweder aus dem Apostolischen Glaubensbekenntnis oder aus anderen altkirchlichen Bekenntnissen stammen. Der Artikel umfaßt sowohl Person als auch Werk Christi. Zuerst geht es darum, die Inkarnation selbst zu bestimmen: der Sohn Gottes „hat die menschliche Natur angenommen im Schoße der seligen Jungfrau Maria". Der deutsche Text zeigt, daß man nicht zu viel Gewicht auf den Gebrauch des Wortes „angenommen" zu legen braucht; es bedeutet nichts anderes als „sei Mensch worden". Darauf wird kurz die Zweinaturenlehre mit Bezeichnungen gestreift, die an das *Chalcedonense* erinnern: „untrennbar verbunden"[1]. Unmittelbar danach geht der Artikel dazu über, das Werk Christi mit den Worten des *Apostolikums* zu schildern. Nicht nur Christi Leiden, Kreuzigung, Tod und Begräbnis, sondern auch die Inkarnation selbst geschah, „damit er uns den Vater versöhne". Das Bekenntnis zu Christus als wahrem Gott und wahrem Mensch ist nicht ein Thema der Spekulation, sondern eng verbunden mit dem Bekenntnis zu Christus als dem Erlöser. Wir werden bald darauf zurückkommen. Einzig im Zusammenhang mit der Versöhnung findet sich die einzige Andeutung einer Kritik an der römischen Kirche: „damit er uns . . . ein Opfer sei, nicht nur für die Erbsünde, sondern auch für alle Tatsünden der Menschen". Die Unterscheidung von Erbsünde und Tatsünde entfällt also, wenn es um die Versöhnung geht. Nur Christus, wahrer Gott und wahrer Mensch, kann die Sünde sühnen. Diese Konsequenz wird aus dem christologischen Dogma gezogen. *Artikel 24* zeigt, daß diese Polemik gegen den Meßopfergedanken gerichtet ist. Im Zusammenhang mit Artikel 24 nennt die *Confutatio* es ein Mißverständnis, daß das Meßopfer versöhnende Wirkung haben soll. Die Kritik würde also ihr Ziel verfehlen. Doch hier ist das *Tridentiner Konzil* nicht mit den Confutatoren einig. Dort wird ausdrücklich erklärt, daß das Meßopfer zur Sühnung der Sünden geschieht[2].

[1] Die entsprechende Stelle im lateinischen Text des *Chalcedonense* lautet: In duabus naturis inconfuse, immutabiliter, indivise, inseparabiliter.

[2] *Sessio XXII Doctrina de sanctissimo Missae sacrificio,* Cap. 2: — docet sancta Synodus, sacrificium istud vere *propitiatorium* esse . . . . Quare non solum pro

Der Rest des Artikels ist traditionell in seinem Sprachgebrauch und enthält nichts für die Reformation Charakteristisches.

Es geschieht natürlich ganz bewußt, daß die CA die Lehre von Christus in engem Anschluß an das altkirchliche Dogma darstellt. Wie hoffentlich bei der Behandlung der folgenden Artikel klar werden wird, scheiden sich die Wege jedoch nicht zuletzt an der Frage nach dem Verständnis der Inkarnation. Viele der folgenden Artikel bauen gerade auf einer von den Gegnern abweichenden Auffassung der Inkarnation auf, aber im Artikel 3 kommt das nicht zum Ausdruck. Sowohl in der Formulierung als auch in der Absicht ist der Artikel unpolemisch (wenn man von dem eben genannten Punkt absieht). Durch den Aufbau des Artikels wird der Zusammenhang zwischen Inkarnation und Versöhnung, zwischen Christi Person und Werk[3], absichtlich unterstrichen. Das geschieht, indem die Zweinaturenlehre nicht isoliert dargestellt wird, sondern von Sätzen über das Werk Christi eingerahmt ist. Der zentrale Satz von der Versöhnung hebt den Tod Jesu als ein Opfer hervor. Es ist aber wichtig, daß der Artikel hierbei nicht stehen bleibt. Ebenso stark wird nämlich das Königtum Christi hervorgehoben, dessen Ziel die Heiligung aller Gläubigen ist. Weil diese Seite des Werkes Christi durch den Heiligen Geist ausgeführt wird, muß das Bekenntnis zum Geist auch in diesem Artikel vorkommen und kann nicht bis zu einem eventuellen Artikel von Gott als Heiligem Geist zurückgestellt werden. Später ist in der CA natürlicherweise viel vom Werk des Geistes in der Kirche die Rede, aber das Bekenntnis zum Geist als Gott steht hier im Zusammenhang mit der Rede vom Königtum Christi. Dazu gehört auch das letzte Glied des Artikels: das Kommen Christi zum Gericht. Man könnte es vielleicht für überflüssig halten, weil ein besonderer Artikel der Wiederkunft gewidmet ist, aber es ist charakteristisch, daß die Reformatoren das Werk Christi von der Inkarnation bis zur Wiederkunft gerade in eins sehen. Deshalb kann das Bekenntnis zu Christus nicht geschehen, ohne daß auch die Vollendung darin inbegriffen ist. Zweimal wird hervorgehoben, daß immer von *demselben Christus* die Rede ist, nämlich von dem inkarnierten, in dem die göttliche und die menschliche Natur „in der Einheit der Person untrennbar verbunden" sind. Auch wenn das in Übereinstimmung mit der altkirchlichen Orthodoxie und ohne direkte Polemik gesagt wird, besteht kein Zweifel an der Adresse: es ist *Zwingli,*

fidelium *vivorum* peccatis, poenis, satisfactionibus et aliis necessitatibus, sed et pro *defunctis* in Christo, nondum ad plenum purgatis, rite iuxta Apostolorum traditionem offertur. *Denzinger* 1743.

[3] Vgl. hierzu *Luthers* Schrift *Die drei Symbola oder Bekenntnis des Glaubens* von 1538, wo er sagt, der Teufel greife Christus von drei Seiten an: 1. er leugnet seine Gottheit; 2. er leugnet seine Menschheit; 3. er leugnet sein Werk. Alle drei Stücke sind gleich wichtig. Fehlt eines von ihnen, fehlen sie alle, „denn der Glaube soll und muß ganz und rund sein". WA 50, 269. Zit. nach *Thieme,* S. 140.

an den hier gedacht ist. Es ist dann auch nicht verwunderlich, daß die *Confutatio* auch hier ohne weiteres zustimmt. In der *Apologie* nimmt *Melanchthon* diese Zustimmung lediglich für sich in Anspruch, ohne auf eine weitere Erörterung der Probleme einzugehen. Diese Haltung ist von Melanchthons ganzer Intention in der CA her äußerst verständlich: er will den Streit in möglichst engen Grenzen halten.

Während die Trinitätslehre nur gegenüber gewissen Schwärmern verteidigt werden mußte, war die Christologie Gegenstand einer heftigen Diskussion zwischen *Luther und Zwingli* gewesen. Der Anlaß war ihre Uneinigkeit in der Abendmahlslehre, die zu einer heftigen Diskussion über den Natur- und Personbegriff des christologischen Dogmas geführt hatte. An Zwingli ist wohl mit den Worten gedacht: „zwei Naturen, die göttliche und die menschliche, in der Einheit der Person untrennbar verbunden". Zwingli bekennt sich gewiß zu der klassischen Lehre, aber weil seine Theologie von dem Gegensatz zwischen Gott und Mensch beherrscht ist, muß er diesen Gegensatz auch im Verhältnis zwischen den zwei Naturen Christi sehen, und es fällt ihm sehr schwer, sie zu einer wirklichen Vereinigung zu bringen. Er verteilt alle Ereignisse im Leben Jesu so auf die beiden Naturen, jede für sich, daß die Einheit der Person bedroht ist. Das geschieht z. B. in dieser Weise: nach seiner göttlichen Natur weiß Christus alles, nach seiner menschlichen Natur sagt er, niemand wisse Tag noch Stunde; nach der göttlichen Natur ist er beim Vater von Ewigkeit zu Ewigkeit, unangefochten und unsterblich, nach der menschlichen Natur dürstet er, wird angefochten, leidet und stirbt er[4].

Zur Stützung dieser Christologie hat Zwingli eine besondere Auslegungstheorie ausgearbeitet[5]. Er behauptet, daß man in der Bibel die Bezeichnungen für die beiden Naturen in der Weise vertauschen muß, daß man das, was von der einen Natur gesagt wird, von der anderen verstehen muß, oder daß Ausdrücke, die beide Naturen zu decken scheinen, eigentlich nur die eine von ihnen bezeichnen. Damit ist der Weg für die reine Willkür gebahnt. Wir geben ein Beispiel: *Joh.* 1,14: Das Wort ward Fleisch, oder Gott ward Fleisch. Da Gott nicht etwas „werden" kann, ohne unvollkommen zu sein, *muß* der Sinn sein: der Mensch wurde Gott. Kraft der „Umtauschregel" müssen Subjekt und Prädikat ausgetauscht werden. Da die Naturen jede für sich bleiben, was sie sind, ist der Sinn des Satzes: der Mensch ist angenommen zur Vereinigung mit der Person

[4] Diese Gedanken tauchen überall auf, wo Zwingli von Christi Person spricht. Siehe z. B. *Hauptschriften Bd. 11*, Zürich 1948, S. 309ff. *(Fidei christianae expositio)* und *Bekenntnisschriften der reformierten Kirche*, 1903, S. 80—81 *(Fidei ratio)*. Vgl. *Plitt: Einleitung in die Augustana II*, 1868, S. 88ff., wo eine Reihe von Beispielen hierfür genannt wird.

[5] Zwingli behauptet, Christus wende in den Evangelien eine Redefigur, *alloiosis*, an, die auf die im folgenden beschriebene Weise verstanden werden soll. Siehe *Plitt*, S. 90f.

des Sohnes Gottes. Ein anderes Beispiel: *Joh.* 12,32: „Wenn ich erhöht werde von der Erde, so will ich alle zu mir ziehen." *Ich* steht an beiden Stellen, als wenn es von beiden Naturen verstanden werden sollte, aber in Wirklichkeit meint „ich" infolge Zwingli in der Rede von der Erhöhung nur die menschliche Natur, die allein sterben kann, und das andere „ich", welches „zieht", gilt allein der göttlichen Natur.

So gelingt es Zwingli jedoch nicht, eine wirkliche Einheit in der Person Christi festzuhalten, so sehr er auch versichert, er stimme mit der altkirchlichen Orthodoxie überein[6]. Der von ihm angenommene Gegensatz zwischen Göttlichem und Menschlichem macht es ihm unmöglich, dieselben Ereignisse und Lebensäußerungen bei Christus als wahren Ausdruck sowohl der göttlichen als auch der menschlichen Natur zu verstehen. Für Zwingli geschieht die Vereinigung eigentlich durch einen intellektuellen Akt auf seiten des Menschen: „Wir übertragen das, was an sich nur der einen zukommt, auch auf die andere."[7] So wird die Einheit von dieser „Übertragung" abhängig gemacht. Deutlicher läßt sich nicht sagen, daß die Einheit keine wirkliche Einheit ist.

In der Schrift *Vom Abendmahl Christi. Bekenntnis* (1528) beschäftigt sich Luther eingehend mit dieser Theorie. Er wendet sich heftig gegen sie, denn er findet keine Begründung für sie in der Schrift. Sie ist die Erfindung des Teufels, denn sie macht einen Christus, der nicht mehr ist als jeder Heilige. Hat nur die menschliche Natur für mich gelitten, dann braucht Christus selbst einen Erlöser[8]. Es ist Gottes Sohn selbst, der gekreuzigt wurde, und sagt die Vernunft: die Gottheit kann nicht leiden, dann ist das wohl wahr, aber weil Gottheit und Menschheit in der einen Person Christi vereinigt sind, gibt die Schrift auch der Gottheit alles, was mit der Menschheit geschieht, und umgekehrt. Deshalb ist es auch richtig, zu sagen: Gottes Sohn leidet, denn die Person Christi, die leidet, ist wahrer Gott[9].

Luther betrachtet es als eine Verirrung, wenn die Schweizer die beiden Naturen jede für sich in Christus bestehen ließen. Man kann in der einen Person Christi nicht eine Stelle aufweisen, wo Gott und nicht der Mensch ist. Wo Christus ist, dort sind Gott *und* Mensch. Was Christus tut und leidet, gilt beiden Naturen. Maria gebar nicht nur den Menschen Christus,

---

[6] Siehe z.B. *Fidei ratio* 1, Bekenntnisschriften, S. 80,1ff. vgl. *Plitt,* S. 89.

[7] Zit. nach *Plitt,* S. 93.

[8] Cl. 3,390,37ff. (WA 26,319f.): „Hüt dich / Hüt dich / sage ich / fur der Alleosi / sie ist des teuffels larven / Denn sie richtet zu letzt ein solchen Christum zu / nach dem ich nicht gern wolt / ein Christen sein / Nemlich / das Christus hinfurt nicht mehr sey / noch thu / mit seinem leiden und leben / denn ein ander schlechter heilige / Denn wenn ich das gleube / das allein die menschliche natur fur mich gelidden hat / so ist mir der Christus ein schlechter heiland / so bedarff er wol selbs eines heilands / Summa / es ist unsaglich / was der teuffel mit der Alleosi sucht."

[9] Cl. 3,391,19ff. (WA 26,321). Vgl. S. 406,35ff. (WA 26,341f.).

sondern Gottes Sohn. Für *Zwingli* ist die Christologie ein metaphysisches Problem, für *Luther* ist sie ganz in die heilsgeschichtliche Perspektive gestellt, wo schlechterdings kein Platz ist für Spekulationen darüber, wie die gegensätzlichen Wesensformen, die menschliche und die göttliche, sich vereinigen lassen. Das, was allein etwas bedeutet, ist dies, daß *Gott* in Christus den Tod für uns gelitten hat, denn davon hängt das Heil ab. Die Lehre Zwinglis bedeutet für Luther, daß das Heil verschwindet, denn wenn Gott im Grunde im Himmel geblieben ist, begegnen wir ihm nicht im *Menschen* Christus.

In derselben Weise, wie man behauptet hat, die Reformatoren seien der Trinitätslehre gegenüber gleichgültig gewesen, hat man behauptet, die eigentliche Christologie, d.h. die Zweinaturenlehre, habe sie nicht interessiert. In diesem Zusammenhang zitiert man gern die berühmten Worte *Melanchthons* aus den *Loci:* „Christus erkennen heißt seine Wohltaten erkennen“[10]. Hinsichtlich des Verständnisses dieser Worte hat *Ritschl* Schule gemacht. Er legt den Satz so aus, daß die Zweinaturenlehre gleichgültig sei, wenn man Christus in seinen Wohltaten erkenne[11]. Art. 3 sei aus apologetischen Gründen geschrieben worden, ohne daß Melanchthon irgendein „religiöses Interesse“ an diesem Lehrstück gehabt habe. Diese Deutung bringt Melanchthon in eine Linie mit Ritschl selbst, nach dem die Gottheit Christi nicht der Ausdruck für sein *Wesen* ist, sondern identisch ist mit seinem *Wert* als Erlöser für den Glauben. Diese Deutung ist zweifellos falsch. Melanchthons Worte müssen von dem Gegensatz zu den spekulativen Erörterungen der Scholastiker aus verstanden werden. Der Sinn ist, daß die Christologie nicht isoliert werden darf, sondern im Zusammenhang mit dem *Werk* Christi verstanden werden muß. Es ist das Interesse dafür, wie Gott Mensch werden konnte *(modi incarnationis),* das er als Anlaß unnützer Spekulation ablehnt. Die Tatsache selbst, *daß* Gott Mensch wurde, ist dagegen auch für Melanchthon eine unverzichtbare Voraussetzung für alle wirkliche Erkenntnis Christi. Da *Luthers* ganze Polemik gegen *Zwingli* deutlich zeigt, wieviel für ihn in der Lehre von Christi Person auf dem Spiele stand, ist es eigenartig, daß *Ritschl* auch von ihm behauptete, die Zweinaturenlehre sei für ihn unwichtig gewesen[12]. Es ist richtig, daß Luther genauso wenig wie Melanchthon an der Zweinaturenlehre als Spekulation interessiert war, aber es ist unbestreitbar, daß er in dem altkirchlichen Dogma eine „Sache“, um seinen eigenen Ausdruck zu gebrauchen, fand, die für ihn unverzichtbar war. Es war ihm klar, daß eine falsche Lehre von Christi Person

---

[10] ... hoc est Christum cognoscere beneficia eius cognoscere, non, quod isti (scholastici) docent, eius naturas, modos incarnationis contueri. *Melanchthons Werke,* Bd. II, 1, S. 7. Eine Parallele hierzu findet sich CA 24, (31).

[11] Siehe *Thieme,* S. 148ff., wo Ritschls Deutung referiert ist.

[12] Siehe *Thieme,* S. 163.

unweigerlich zu einer falschen Versöhnungslehre führen mußte. Davon ist sein Streit mit Zwingli ein sicheres Zeugnis. Der Zusammenhang zwischen Christologie und Versöhnungslehre verbietet jegliche Isolierung der Lehre von Christi Person. Deshalb lehnen die Reformatoren die Spekulation ab. Das bedeutet jedoch nicht, daß „das Werk" „die Person" konstituiert, sondern daß „die Person" nur in „dem Werk" erkannt wird. Auch die Lehre von Christi Person ist, wie erwähnt, eingeschlossen in die Zielsetzung, die das Ziel der Inkarnation angibt: daß „er uns den Vater versöhne und ein Opfer sei ... für alle Tatsünden der Menschen".

4. Die Rechtfertigung

Sodann lehren sie: Die Menschen können vor Gott nicht gerechtfertigt[1] werden durch eigene Kräfte, Verdienste oder Werke, sondern sie werden ohne ihr Zutun[2] gerechtfertigt um Christi willen durch den Glauben, wenn sie gewiß sind, daß sie in die Gnade aufgenommen[3] und ihre Sünden vergeben werden um Christi willen, der durch seinen Tod für unsere Sünden Genugtuung geleistet hat[4]. Diesen Glauben erkennt Gott als Gerechtigkeit vor sich an. Römer 3 (21ff.) und 4 (5).

---

[1] DT hebt hervor: „Vergebung der Sünde".
[2] DT: „aus Gnaden".
[3] DT: „Gerechtigkeit und ewiges Leben geschenkt ...".
[4] DT: „glauben, daß Christus fur uns gelitten habe ...".

Es geht hier allein um Rechtfertigung *vor Gott, coram Deo,* nicht um Rechtfertigung *coram hominibus.* Wie aus Artikel 18 hervorgeht, ist der Mensch durch seinen freien Willen imstande, eine bürgerliche Gerechtigkeit, *iustitia civilis,* zu leisten. Vor Gott jedoch kann der Mensch nicht gerechtfertigt werden *durch eigene Kräfte,* d.h. mit Hilfe seiner natürlichen Ausstattung mit Vernunft und Wille. Hier stellt sich die Erbsünde hindernd in den Weg. *Verdienste:* Hiermit wird der *meritum*-Begriff völlig abgewiesen. Vor Gott kann der Mensch keine Verdienste haben. *Werke:* Der Vollständigkeit halber werden auch die Werke erwähnt, auch wenn die vorhergehenden Begriffe eigentlich schon jeden Gedanken an Werkgerechtigkeit unmöglich gemacht haben. Nach dieser Ablehnung kann die Rechtfertigung beschrieben werden: *sondern ... ohne ihr Zutun.* Die Rechtfertigung ist eine reine Gabe. Sie geschieht *um Christi willen.* Der Ausdruck wird in dem nachfolgenden Satz näher erklärt, der gleichzeitig den Ausdruck *durch den Glauben* auslegt: Christus ist die Ursache, der Glaube der Weg zur Rechtfertigung. Der Inhalt des Glaubens ist eben die Überzeugung, daß die Sünden um Christi willen vergeben werden. Wenn die Rechtfertigung um Christi willen geschehen kann, so hängt das damit zusammen, daß sein Tod Satisfaktion für unsere Sünden ist. Die Gerechtigkeit, die durch den Glauben gewonnen wird, ist zuerkannte Gerechtigkeit *(imputat)*.

Kommentar

Die Lehre von der Rechtfertigung muß im Zusammenhang mit Artikel 2 und 3 verstanden werden. Wenn die Erbsünde nicht nur bedeutet, daß der Mensch „zum Schlechteren verändert" ist (Tridentium), sondern das er sich von seinem Verhältnis zum Schöpfer so losgerissen hat, daß alles in seinem Leben jetzt vom Ich bestimmt ist, dann kann nicht davon die Rede sein, daß sich der Mensch in irgendeiner Weise auf die Rechtfertigung vorbereiten kann. Sie muß *„ohne Zutun"* geschehen. Hiermit ist nichts über die psychologischen Qualitäten des Menschen ausgesagt. Der Sinn ist nicht, wie es oft von der katholischen Polemik verstanden worden ist, daß die natürlichen Kräfte des Menschen in einem solchen Maße defekt sind, daß sie in moralischer Hinsicht nichts ausrichten können. Solche Probleme interessieren die Reformatoren in diesem Zusammenhang überhaupt nicht. Die Erbsünde ist keine quantitative Größe, die einen bestimmten Teil der natürlichen Kräfte des Menschen zerschlagen hat, während das Übriggebliebene von der Gnade in Gebrauch genommen werden kann. Der Sinn ist vielmehr, daß der Mensch in dem Augenblick, in dem die ursprüngliche Abhängigkeit von Gott aufgehört hat, mit allem, was er hat und ist, in der Macht der Sünde steht. Das gilt auch für seine besten Kräfte, die sogar die allergefährlichsten sind. Wenn die Rechtfertigung als *„gratis"* bezeichnet wird, so soll damit hervorgehoben werden, daß die Rechtfertigung wie die Sünde eine Totalbestimmung ist. Sie ist eine Erneuerung des *ganzen* Menschen. Deshalb muß sie gegeben werden, denn der Mensch, der der Erbsünde unterliegt, kann nur Sünde wirken. Gott allein kann Erneuerung wirken. Von einer Vorbereitung zur Gnade im Sinne einer Leistung des Menschen reden zu wollen, bedeutet für die Reformatoren, Gott seine Sünden anbieten zu wollen. Die Versöhnung ist deshalb nicht nur die „objektive" Grundlage der Rechtfertigung, sondern sie ist mit ihr in dem Sinne identisch, daß die Gerechtigkeit, die dem Menschen zuteil wird, keine andere Gerechtigkeit sein kann als die, die Christus hat. *„Um Christi willen"* bedeutet also nicht nur, daß die Gerechtigkeit Christi die Bedingung der Möglichkeit für die Rechtfertigung des Menschen ist. „Ohne Verdienst um Christi willen" bezeichnet nicht allein den Beginn der Rechtfertigung, sondern das ganze Leben des Christen, denn, wie *Melanchthon* in der *Apologie* sagt: „Christus hört nicht auf, Mittler zu sein, nachdem wir wiedergeboren sind" (Apol. IV 162). Und weiter sagt er: Wenn uns um Christi willen nur die erste Gnade geschenkt wird, während die Vermehrung der Gnade von den guten Werken abhängig ist (nämlich dadurch, daß der Mensch mit der Gnade zusammenwirkt), dann beruht die Erlösung folglich nicht nur auf Christus, sondern auf uns selbst. *Alles* Verdienst, auch im Stande der Gnade, verringern die Ehre der Wohltaten Christi.

Weil die Rechtfertigung ganz Gottes Werk ist, geschieht sie *„durch den Glauben"*. Was das heißt, hängt natürlich völlig von dem Inhalt des Glaubensbegriffs ab. Artikel 4 sagt nichts darüber, wie dieser Glaube aussieht, sondern nur, auf was er sich richtet. Dagegen erfahren wir in Artikel 20, daß es ein Glaube ist, der nicht nur an „Geschehenes" (historia), sondern auch an „die Wirkung des Geschehenen" glaubt, nämlich die Vergebung der Sünden. Es handelt sich hier um das, was Luther oft „die rechte Anwendung des persönlichen Pronomens" nennt: Es nützt nichts zu glauben, daß Christus für die Sünder gestorben ist, wenn ich nicht glaube, daß er für mich gestorben ist. Einen rein historischen Glauben hat auch der Teufel[1].

Wenn es heißt, daß die Menschen gerechtfertigt werden, wenn sie an die Vergebung der Sünden glauben, so könnte es so aussehen, als wäre der Glaube als eine Bedingung für die Rechtfertigung verstanden, aber so ist es nicht gemeint. *Melanchthon* weist in der Apologie auf den Zusammenhang zwischen den Begriffen „Verheißung" und „Glaube" hin. Der Glaube rechtfertigt nicht, weil er als Werk dazu würdig ist, sondern weil er auf die Verheißung sieht (Apol. IV, 56). Der rechtfertigende Glaube ist also keine menschliche Tugend, keine Qualität, sondern das Gottesverhältnis selbst. Wenn es heißt, daß der Glaube als Gerechtigkeit anerkannt wird, so ist damit nicht gemeint, daß der Glaube in sich etwas ist, sondern daß die einzige Gerechtigkeit, die Gott gegenüber denkbar ist, nämlich die Gerechtigkeit Christi, durch den Glauben ergriffen wird.

Deshalb ist die populäre Auffassung von der Divergenz zwischen den Reformatoren und der römischen Kirche irreführend, die meint: Während die Reformatoren „nur" von Glauben reden, fügt die römische Kirche auch Werke hinzu. Dann sieht es so aus, als hätten die Reformatoren lediglich die Anforderungen herabgesetzt. Das ist nicht der Sinn des „allein aus Glauben". Sondern die Formel meint, daß das rechte Gottesverhältnis, welches die Erbsünde vernichtet hat, darin besteht, daß der Mensch seine Eigenmächtigkeit aufgibt und sich jetzt ganz auf die Barm-

---

[1] Von hier aus muß Luthers starke Ablehnung der Begriffe *fides acquisita* und *fides informis* verstanden werden. Beide Begriffe enthalten nämlich nur die intellektuelle Zustimmung zum Glaubensinhalt. Hierzu vergleiche die eingehendere Behandlung dieser Probleme bei Artikel 6 und 20.

herzigkeit Gottes verläßt. Hinter dieser Auffassung liegt ein ganz anderer Gnadenbegriff. Die Gnade ist eben die Art und Weise, in der Gott sich verhält, d.h. sie ist eins mit seiner Barmherzigkeit[2]. Im Glauben an die Vergebung der Sünden hört die Gottlosigkeit der Erbsünde auf und wird die „Natur“ des Menschen neu geschaffen. „Denn so will Gott verehrt werden, daß wir seine Wohltaten empfangen und, wohlgemerkt, daß wir es aufgrund seiner Barmherzigkeit tun, nicht aufgrund unserer Verdienste“, sagt *Melanchthon* (Apol. IV, 60). Weil die Erbsünde das Gottesverhältnis des Menschen zerstört hatte, mußte die Barmherzigkeit Gottes die Form der Vergebung annehmen, aber entscheidend ist, daß es Gottes Wille ist, daß der Mensch ganz aus seiner Barmherzigkeit lebt. Das geschieht in dem Glauben, der sich auf Christus verläßt. Deshalb ist der Mensch im Glauben wieder in das rechte Verhältnis zum Schöpfer eingesetzt. Der Glaube ist, wie Luther sagt, die Erfüllung des ersten Gebotes.

Am Ende von Artikel 4 heißt es, daß Gott diesen Glauben als Gerechtigkeit anerkennt. Der Gedanke der Anrechnung *(imputatio)* war von Anfang an ein entscheidendes Moment in der Rechtfertigungslehre Luthers. Hierin stand er in einer gewissen formalen Abhängigkeit zum Ockhamismus, der lehrte, daß in letzter Instanz die freie Anerkennung Gottes *(acceptatio)* den Menschen wohlgefällig *(gratus)* vor Gott macht. Hiermit sollte gesagt werden: Wenn die Annahme der Gnade der Weg zum Heil ist, so nicht deshalb, weil es notwendigerweise so sein muß, sondern allein, weil Gott es so gewollt hat. Luther meint dagegen nicht einen solchen letzten Vorbehalt mit Rücksicht auf die Souveränität Gottes, sondern etwas Konstitutives im Gottesverhältnis des Menschen[3]. *Martin Bucer* kritisiert das Vorkommen des Gedankens in den *Schwabacher Artikeln,* indem er sagt, daß wir doch nicht nur als fromm und heilig *angesehen* werden, sondern daß wir auch so *werden* sollen[4]. Dieser Einwand kann als typisch angesehen werden für ein völliges Mißverständnis des Imputationsgedankens. Hinter dem Einwand steht deutlich die Auffassung, es müsse das Ziel sein, daß der Mensch eine Gerechtig-

---

[2] Vgl. den deutschen Text zu Artikel 5: „ein gnädigen Gott haben“. Schon in der *ersten Psalmenvorlesung* 1513—1515 glossiert *Luther* unzählige Male: *misericordia* i.e. gratia. Im übrigen muß vor dem landläufigen Mißverständnis gewarnt werden, daß die Auffassung von der Gnade als *favor Dei* eine Neuentdeckung Luthers sei. Darüber wußte auch die Scholastik sehr wohl Bescheid. Man vergaß nicht, daß die Voraussetzung für die eingegossene Gnade natürlich der gnädige Wille Gottes selbst ist.

[3] Zum *acceptatio*-Gedanken im Ockhamismus siehe meinen Artikel: Gabriel Biels Lehre von der Allmacht Gottes, ZThK 53, 1956, S. 64f.

[4] *Bucers Gutachten, Gußmann I,* 2, S. 293: Der funft artikel. Diser artikel ist allerding cristenlich, ains allain ausgenommen, daß die red also geet, als ob uns Gott, so wir glauben, fur frum und hailig rechent und wir aber nit auch soliche leut werden mußten.

keit erhält, die er wirklich sein eigen nennen kann. Aber gerade dieses Verständnis soll der Imputationsgedanke abwehren! Es soll gerade unterstrichen werden, daß die christliche Gerechtigkeit *immer* Christi Gerechtigkeit ist. Die Rechtfertigung ist keine allmähliche Verbesserung des Menschen in dem Sinne, daß die *imputatio* einen immer kleiner werdenden Teil des Menschen zudeckt in dem Maße, wie er *selbst* richtig fromm wird. Für derartige quantitative Berechnungen haben die Reformatoren keinen Sinn. Die imputatio bedeutet nicht, daß die Gerechtigkeit eine fingierte Gerechtigkeit ist, die später von der eigenen Gerechtigkeit des Menschen ersetzt werden soll, sondern *im Gegenteil,* daß die Gerechtigkeit eine Erneuerung des *ganzen* Menschen ist. Eine solche Erneuerung kann niemals durch die allmähliche Verbesserung des sündigen Menschen stattfinden, sondern sie besteht darin, daß der Mensch jetzt seine Gerechtigkeit allein in Christus hat. Daß die Gerechtigkeit „außerhalb meiner“ *(extra me)* ist, wie Luther sagt, macht sie nicht unvollkommen, sondern gerade hierin ist allein verwirklicht, wozu der Schöpfer den Menschen bestimmt hat.

In dieser Auffassung der Rechtfertigung muß man nun den Grund für die Behauptung der Reformatoren suchen, daß der Christ „gleichzeitig Sünder und gerecht“, *simul iustus et peccator,* ist, in sich selbst ein Sünder, gerecht im Glauben an Christus. Weil Sünde und Gerechtigkeit sich nicht so zueinander verhalten, daß der Mensch in dem Maße gerecht ist, wie er aufhört, Sünder zu sein, müssen die Reformatoren behaupten, daß die Sünde nicht mit der Taufe verschwindet. Denn wenn der Mensch auch nur teilweise davon befreit wäre, von der Vergebung zu leben, würde er im selben Maße eine Gerechtigkeit an die Stelle der Gerechtigkeit Christi zu setzen haben. Was das im Verhältnis zur römisch-katholischen Rechtfertigungslehre bedeutet, werden wir sehen, wenn wir besprechen, wie das Tridentiner Konzil die Sache behandelt. Zunächst wollen wir jedoch untersuchen, was die *Confutatio* zu sagen hat. Der Verurteilung des Pelagianismus wird Beifall gezollt. Im übrigen begnügt sich die Confutatio damit, auf den Begriff *„Verdienst“ (meritum)* aufmerksam zu machen. Wenn jemand Verdienste verneinen sollte, die unter dem Beistand der Gnade geschehen, heißt es, dann stimmt er mehr mit den Manichäern überein als mit der katholischen Kirche. Es werden eine Reihe von Schriftstellen zur Bestätigung des meritum-Begriffes angeführt. Jedoch sind unsere Verdienste nicht in sich selbst verdienstvoll, sondern Gottes Gnade macht, daß sie würdig zum ewigen Leben sind. Der Verdienstgedanke ist dem Gnadengedanken untergeordnet. Mehr haben die Confutatoren nicht zu sagen. Auf die Sache selbst gehen sie überhaupt nicht ein. Man kann sich darüber wundern, daß sie sich hinsichtlich des meritum-Begriffs bedingt ausdrücken, denn es besteht natürlich überhaupt kein Zweifel daran, daß Artikel 4 keinen Platz für irgendeine Art von Verdienst läßt, ganz gleich, ob dieses Verdienst gedacht wird als durch die Gnade verursacht oder nicht[5].

Weit klarer werden die Gegensätze, wenn man zum *Tridentinum* kommt, das ja nicht zuletzt auf diesem Gebiet negativ durch die Reformation bestimmt ist. Das sehr ausführliche Dekret über die Rechtfertigung wird mit einer Ablehnung des Pelagianismus eingeleitet (C. I). Der Beginn der Rechtfertigung ist immer die zuvorkommende Gnade Gottes *(gratia praeveniens)*, aber darauf folgt eine Vorbereitung in Form eines Zusammenwirkens von Gott und Mensch. Der Mensch kann nämlich kraft seines freien Willens die Gnade ablehnen, aber er kann auf der anderen Seite ohne die Gnade nicht zur Gerechtigkeit gelangen. Die Vorbereitung wird in allen ihren Phasen beschrieben (C. VI). Daran sieht man, daß sich das Hauptinteresse auf das Psychologische konzentriert: Was geschieht im Menschen bei der Rechtfertigung? Diese Frage ist für die Reformatoren zweitrangig. Selbstverständlich sind auch sie sich darüber im klaren, daß der Mensch bei der Rechtfertigung psychologisch gesehen aktiv ist, aber sie lehnen es ab, von hier aus eine Verteilung der Rollen zwischen der Gnade und dem Menschen vorzunehmen.

Bei der Beschreibung der Rechtfertigung selbst (C. VII) wird betont, daß sie nicht nur Sündenvergebung ist, sondern eine Erneuerung des inneren Menschen, denn in der Rechtfertigung wird, durch das Verdienst Christi, die Liebe, *caritas Dei,* eingegossen. Es wird hervorgehoben, daß der Glaube nicht vollkommen mit Christus vereinigt, wenn nicht Hoffnung und Liebe hinzukommen. Wenn deshalb gesagt wird (C. VIII), daß die Rechtfertigung „durch den Glauben" geschieht, so bedeutet das, daß der Glaube der Anfang des Heils ist, die Wurzel aller Rechtfertigung. Hinter der ganzen Darstellung steht der Gegensatz zu dem reformatorischen „aus Glauben allein". In diesem Zusammenhang (C. IX) wird die Rede der Reformatoren vom Glauben als Zutrauen *(fiducia)* und als Heilsgewißheit abgelehnt. Die Gerechtigkeit besteht genausowenig in dem „bloßen" Glauben, wie die Gnade allein in dem gnädigen Willen Gottes besteht (C. XI, can. 9, 10, 11, 12, 13, 14, 19, 20). Durch die Gnade wird die Liebe eingegossen, kraft welcher der Christ nun eine reale Gerechtigkeit erlangt, die durch Einhaltung der Gebote Gottes und der Kirche vermehrt wird (C. X und XI). Es wird sehr davor gewarnt, sich seines Heils gewiß zu sein. Wohl soll man seine Hoffnung auf Christus setzen, aber man soll mit Furcht an der Vermehrung der Gerechtigkeit arbeiten (C. XII und XIII). Da diese Vermehrung durch gute Werke im Sinne von Verdiensten geschieht, wird auch der meritum-Begriff zum Gegenstand einiger Bemerkungen gemacht. Es wird festgestellt, daß Werke allein durch die Gnade Verdienste sind, weshalb von einem Vertrauen auf

[5] Zum Verdienstgedanken, siehe den Kommentar zu Artikel 20, S. 169f.

die eigene Gerechtigkeit keine Rede sein kann; im Gegenteil, es ist gerade ein großartiger Ausdruck für die einzigartige Güte Gottes, daß er seine Gaben unsere Verdienste sein läßt. Auch hier ist der Bezug auf die Reformatoren deutlich. Aufgrund ihrer Kritik wird ständig unterstrichen, daß das Ganze Gnade ist, auch wenn von der Zusammenarbeit des Menschen mit Gott, von Verdiensten, von der Vermehrung der Gerechtigkeit usw. geredet wird. Wollte man versuchen, in einigen wenigen Sätzen das Entscheidende an der Rechtfertigungslehre des Tridentinums zum Ausdruck zu bringen, könnte man es z. B. so tun:

1. Gottes zuvorkommende Gnade ist immer der Anfang, aber danach muß eine Vorbereitung folgen, die die Mitarbeit des Menschen erfordert, weil dieser sich durch seinen freien Willen weigern kann, die Gnade anzunehmen.

2. Trotzdem geschieht die Rechtfertigung selbst ohne unser Zutun, denn nicht die Vorbereitung, sondern Christus hat die Gnade der Rechtfertigung verdient, die eine Eingießung von Glaube, Hoffnung und Liebe ist. Deshalb wird der Gerechtfertigte nicht nur für gerecht angesehen, sondern ist es wahrhaftig.

3. Diese erste Gerechtigkeit wird durch Einhaltung der Gebote Gottes und der Kirche vermehrt, indem der Glaube mit der Gnade zusammenarbeitet durch gute Werke. Dieses Wachstum der Rechtfertigung kann und soll auch stattfinden.

4. Niemand kann des Heils gewiß sein, aber man muß seine Hoffnung auf Christus setzen und mit Furcht arbeiten.

5. Die guten Werke des Christen sind wirkliche Verdienste, weil Gott in seiner Güte die Gaben seiner Gnade unsere Verdienste sein läßt.

Es läßt sich nicht leugnen, daß diese Lehre eindeutig antipelagianisch ist, und doch ist der Abstand zwischen ihr und der CA sehr groß. Die kritische Haltung gegenüber den Reformatoren, die ständig durchscheint, nicht allein in den verurteilenden canones, sondern auch im Dekret selbst, baut auf der Voraussetzung, daß „Gerechtigkeit" vor Gott eine Eigenschaft am Menschen sein muß, die allmählich immer größere Vollkommenheit erreicht. Von dieser Voraussetzung aus werden die Reformatoren kritisiert, weil sie sich mit der Vergebung der Sünden „begnügen". Die Kritik am Reformatorischen wird deshalb von dem Verdacht geleitet, daß die Gnade in eine bloße (und darum eigentlich inhaltlose) „Gerechterklärung" verwandelt werde. Das ist es, was man unerträglich findet.

Von einem reformatorischen Standpunkt aus gesehen ist diese Kritik nichts anderes als der Protest der menschlichen Vernunft gegen das Evangelium. Die Vernunft kann sich eben nichts anderes vorstellen, als daß die Gerechtigkeit vor Gott eine Eigenschaft am Menschen sein muß, die ihn wohlgefällig macht, weil der Mensch von der ihm innewohnenden Gerechtigkeit aus Handlungen ausführt, die bewirken, daß er das ewige Leben verdient. Aber dann schenkt nicht mehr das Evangelium von Christus das Heil, sondern Werke des Gesetzes, ob sie nun durch menschliche Kraft vollbracht sind oder mit göttlichem Beistand. Für *Luther* bedeutet das, daß das Evangelium zum Gesetz gemacht ist, und damit sei es mit dem Glauben an Christus vorbei. Der Unterschied zwischen der tridentinischen und der lutherischen Auffassung besteht nicht darin, daß man dort das Gesetz und die Werke ernst nimmt, während man sich hier mit dem Glauben begnügt. Auch Luther weiß, daß das Gesetz Gottes Gesetz ist, und daß es Werke gibt, die getan werden müssen; aber das Gesetz und die Werke gehören allein auf die Erde. Im Himmel, d. h. vor Gott, haben sie nichts zu suchen; dort gilt allein der Glaube an Christus. Im Tridentinum wird das Gesetz in die Rechtfertigung eingeführt: sie geschieht durch Glaube *und* Werke. Es sind also Gott *und* der Mensch, die Gnade *und* der freie Wille, die das Heil bewirken. Diese Auffassung ist für Luther nichts weniger als die Theologie des Antichristen, denn wo das Gesetz herrscht, dort kann es keinen Glauben geben. Wo der Mensch um seines Heiles willen zu guten Werken gezwungen wird, dort stirbt der Glaube und verschwinden alle Gaben Christi, der Geist, die Vergebung der Sünden usw., und an die Stelle alles dessen tritt das Gericht. Das letztere ist eine unausweichliche Konsequenz, denn das Gesetz gibt nicht, sondern fordert, und folglich muß Strafe folgen, wenn die Forderungen nicht erfüllt werden, was in Wirklichkeit heißt, überall dort, wo das Gesetz als der Weg zur Gerechtigkeit angesehen wird. Den Werken einen Platz in der Rechtfertigung einzuräumen, heißt die Gnade Gottes in Christus zu verwerfen.

Die Aufgabe des Gesetzes ist also nicht, ein Weg zur Gerechtigkeit zu sein, auch nicht zusammen mit der Gnade. Es hat nichts im Gewissen zu schaffen, wo allein der Glaube herrschen soll. Kommt das Gesetz in das Gewissen, so tut es das nicht, um zu erlösen, sondern um zu verurteilen, indem es die Sünde aufdeckt und vermehrt, so daß der Mensch in seiner Anfechtung zu Christus getrieben wird. Dies ist der geistliche Gebrauch des Gesetzes, der der wichtigste ist. Außerdem soll das Gesetz, wie erwähnt, auf der Erde herrschen, indem es das ganze weltliche Dasein ordnet. In diesem Sinn ist der Christ als Sünder dem Gesetz unterworfen, zur Züchtigung des Fleisches, das keinen Anteil an der Freiheit des Evangeliums hat. Betrachtet man nun eine Rechtfertigungslehre wie die des Tridentinums von dieser Auffassung des Gesetzes aus, so ist klar, daß der geistliche Gebrauch des Gesetzes, nämlich daß es zur Sündenerkenntnis treibt, beiseite geschoben ist. Im Mittelpunkt steht das, was Luther den bürgerlichen Gebrauch des Gesetzes nennt, aber in einer solchen Weise, daß die Werke des Gesetzes in das Verhältnis zu Gott einbezogen werden. Es geschieht also eine Vermischung von Gesetz und Evangelium. Das bedeutet für ein lutherisches Verständnis folgendes:

1. Die Gerechtigkeit, die als eine Zusammenarbeit zwischen der Gnade und dem freien Willen verstanden wird, kann sehr wohl nach außen viele gute Werke bewirken, aber vor Gott gilt sie nichts. Gott nutzt gewiß eine solche Gerechtigkeit, um die Ordnung in der Welt aufrechtzuerhalten, aber mit Erfüllung des Gesetzes haben solche Werke nichts zu tun. Das Gesetz soll nicht nur im Äußeren eingehalten werden, sondern geistlich, und das kann allein Christus. Gerade deshalb ist der Glaube an ihn die einzige wirkliche Gesetzeserfüllung.

2. Es ist damit ausgeschlossen, daß sich der Mensch auf die Gnade vorbereiten kann. Alle Werke ohne den Glauben sind Sünde, auch wenn sie vielleicht im menschlichen Sinne achtbar sind, und sie Gott gegenüber geltend machen zu wollen, bedeutet deshalb eine Verhöhnung Gottes.

3. Wenn der sündige Mensch mit dem Gesetz konfrontiert wird, so geschieht unweigerlich dies, daß er sich des Gesetzes zu bemächtigen versucht als eines Mittels, Gerechtigkeit zu erwerben. Von einer lutherischen Auffassung aus ist deshalb die Rede des Tridentinums von einer Zusammenarbeit zwischen der Gnade und dem Menschen geradezu eine Aufforderung, das Gesetz für sich in Dienst zu nehmen, d.h. es als Mittel zu gebrauchen, Gott die Ehre zu rauben. Den Werken einen Platz in der Rechtfertigung einzuräumen, bedeutet also, das Gesetz, dessen Forderung Liebe zu Gott und zum Nächsten ist, direkt gegen seine Intention zu gebrauchen: zur Selbstbehauptung gegenüber Gott. In eben diesem Umstand, daß der Mensch meint, das Gesetz erfüllen zu können, tritt zutage, daß er von der Sünde und von Christus nichts weiß.

4. Daran ist nicht das Gesetz schuld, denn dies ist heilig und gut, sondern der Mißbrauch des Menschen gibt dem Gesetz eine verderbende Wirkung. Weil der Mensch in allem sein Eigen sucht, wird sein eifriger Versuch, das Gesetz zu erfüllen, pervertiert, indem er danach strebt, sich mit Hilfe des Gesetzes von Gott unabhängig zu machen, d.h. genau das Gegenteil von dem tut, was das Gesetz fordert!

5. Wenn deshalb Luther sagt, daß der Mensch das Gesetz nicht zu erfüllen vermag, so ist das nicht der Ausdruck einer allgemeinen moralischen Beurteilung des Menschen, sondern es hängt damit zusammen, daß der Mensch gerade in seinem Versuch, das Gesetz zu erfüllen, gegen das Gesetz handelt. Das Leben in Liebe, das das Gesetz fordert und zu dem der Mensch bestimmt ist, kann nach Luther nur entstehen, indem der Mensch auf eine selbständige Existenz verzichtet und ganz und gar von dem lebt, was er von Gott empfängt. Das bedeutet nun, daß das Gesetz auf Christus hinweist. In ihm ist das Gesetz erfüllt, denn gerade

der Glaube ist das, was das Gesetz fordert: völlige Abhängigkeit von Christus allein.

6. Wenn man von Glauben *und* Werken redet, so ist dies deshalb nicht der Ausdruck einer mehr oder weniger harmlosen Erweiterung der Grundlage der Rechtfertigung, sondern die Verwandlung des Evangeliums ins Gesetz. Nicht etwa, weil von Werken nicht die Rede sein dürfte, sondern weil damit verschleiert wird, daß das Gesetz nach seinem eigentlichen Sinn nur erfüllt wird, wenn seine Forderung geschenkt wird. Das geschieht im Glauben. Und jede Hinzufügung bedeutet unweigerlich, daß der Glaube an Christus zugunsten eigener Werke wieder aufgegeben wird. Im Glauben ist das Gesetz erfüllt, und damit hört es auf. Man könnte es vielleicht geradezu so ausdrücken: Was das Gesetz fordert, ist Freiheit vom Gesetz. D.h., das Gesetz will nichts anderes als sein eigenes Ende, indem seine Forderung im Glauben geschenkt wird.

Was nun die Werke angeht, so haben sie, wie erwähnt, ihren Ort allein auf der Erde. Auf das Verhältnis zwischen Glaube und Werke werden wir bei der Behandlung der Artikel 6 und 20 zurückkommen. In einem gewissen Sinne kann man sagen, daß die ganze CA von der Rechtfertigung handelt. Hier ging es um ihre Grundlagen, aber die Probleme, die hier behandelt sind, werden immer wieder auftauchen und hoffentlich besser beleuchtet werden, als es hier möglich gewesen ist. Zusammen mit dem Artikel 3 stellt der Artikel von der Rechtfertigung das Zentrum der CA dar. Um Christus und den Glauben geht es überall. Im folgenden werden wir sehen, wie der Kampf um das Verständnis hiervon die Behandlung aller anderen Probleme prägt.

5. Das kirchliche Amt

Damit wir diesen Glauben erlangen, ist das Amt eingesetzt, welches das Evangelium verkündigt und die Sakramente darreicht[1]. Denn das Wort und die Sakramente sind die Mittel, durch welche der Heilige Geist geschenkt wird. Er wirkt den Glauben, wo und wann es Gott gefällt, in denjenigen, welche das Evangelium anhören: daß Gott nicht um unserer Verdienste, sondern um Christi willen diejenigen rechtfertige, die glauben, daß sie um Christi willen in die Gnade aufgenommen werden[2]. Galater 3 (14): Daß wir die Verheißung des Geistes empfangen durch den Glauben.

Sie verurteilen die Wiedertäufer und andere Anhänger der Meinung, die Menschen bekämen den Heiligen Geist ohne äußeres Wort, durch ihre eigenen Vorbereitungen und Werke.

[1] DT: „hat Gott das Predigtamt eingesetzt, Evangelium und Sakrament geben".
[2] DT: „daß wir ... ein gnädigen Gott haben, so wir solchs glauben".

Der einleitende Finalsatz schließt den Artikel an den vorhergehenden an; nun soll davon die Rede sein, wie wir den rechtfertigenden Glauben erhalten. Das Mittel ist das *ministerium docendi* usw. Es ist *eingesetzt:* es ist klar, daß der Ausdruck nur rein sprachlich neutralen Charakter hat, es ist gemeint: von Gott eingesetzt. Sonst verliert der Artikel seinen Sinn. Der deutsche Text sagt dies im übrigen ausdrücklich. Die zentrale Bedeutung dieses Amtes hängt damit zusammen, daß der Heilige Geist, der den Glauben schafft, eben durch das Wort und die Sakramente gegeben wird. *Wo und wann es Gott gefällt:* Wo Gott den Geist den Glauben schaffen läßt, ist das immer seine freie Gabe. Der Heilige Geist wirkt, wenn Gott will, den Glauben *in denjenigen, welche das Evangelium anhören:* Wieder wird das Wirken des Geistes durch das Wort unterstrichen. Die Erklärung dessen, was *Evangelium* heißt, knüpft wieder die Verbindung zu Artikel 4. Das Evangelium ist einfach die in diesem Artikel dargestellte Rechtfertigungslehre.

Der zweite Abschnitt wendet sich gegen *Wiedertäufer und andere,* d.h. wohl Wiedertäufer und *Schwärmer.* Ihre Lehre wird dadurch charakterisiert, daß sie an das Kommen des Heiligen Geistes glauben *ohne äußeres Wort,* ohne Verkündigung und Sakramente, ohne das gehörte und das sichtbare Wort. Statt dessen rechnen sie mit eigenen *Vorbereitungen und Werken.* Hier ist an die Lehre von der „Langeweile", „Gelassenheit", oder wie es nun genannt wird, gedacht, womit das Kommen des Heiligen Geistes abgewartet werden sollte, und an die Rede von der Tötung des Fleisches als einem notwendigen Zuvor für die Lebendigmachung des Geistes.

Kommentar

Nachdem im Artikel 4 dargestellt ist, was die Rechtfertigung ist, wird hier dargestellt, wie der Mensch zum rechtfertigenden Glauben gelangt. Eigentlich handelt Artikel 5 nicht vom Amt, sondern von den Gnadenmitteln. Trotzdem ist es von hier aus möglich zu sehen, welche Stellung das Amt in einer Kirche einnimmt, in der die Gnadenmittel den hier angedeuteten Platz haben[1]. Artikel 5 schließt sich recht eng an Artikel 7 der *Schwabacher Artikel* an, und auch in den *Marburger Artikeln* findet sich der Hauptgedanke: daß der Glaube durch das äußere Wort vom Geist geschenkt wird, der jedoch seine Freiheit gegenüber dem Wort bewahrt. Daß das Anliegen des Artikels die Betonung des äußeren Wortes ist, wird durch den negativen Abschnitt bestätigt, der sich ausdrücklich gegen die Wiedertäufer richtet.

[1] Hier kann nur von einer Darstellung der Funktion des Amtes die Rede sein. Seine kirchenrechtliche Einordnung und alles, was damit zusammenhängt, gehört zu Artikel 14, worauf verwiesen wird.

Selbst wenn es (in Übereinstimmung mit der Intention des ganzen Bekenntnisses) nicht ausgesprochen wird, so findet jedoch auch eine Auseinandersetzung mit der römischen Kirche statt. Die Verfasser der *Confutatio* scheinen die Veränderung nicht bemerkt zu haben, der sich das Amt notwendigerweise unterziehen muß. Es wird gutgeheißen, daß der Heilige Geist durch „Worte und Sakramente" *(verba et sacramenta!)* gegeben wird. Daß „das Wort" in der Confutatio in den Plural gesetzt ist, zeigt, daß die Konfutatoren nicht verstanden haben, daß das „Wort" hier eine besondere Bedeutung hat. Vermutlich denken sie an die verschiedenen Sakramentsworte. Darüber hinaus melden sie Bedenken an gegen die Rede vom Glauben im Zusammenhang mit der Gabe des Heiligen Geistes, indem sie hinzufügen, daß es sich um den von der Liebe geformten Glauben, *fides formata,* handeln muß, denn in der Taufe wird nicht nur Glaube eingegossen, sondern auch Hoffnung und Liebe. Es ist klar, daß dies, von einem römischen Gesichtspunkt aus gesehen, ein zentraler Einwand ist. Der Gegensatz zwischen der CA und den Confutatoren tritt besonders deutlich in dem deutschen Text hervor; wo der lateinische Text hat: „die glauben, daß sie um Christi willen in die Gnade aufgenommen werden", hat der deutsche Text: „daß wir durch Christus Verdienst, nicht durch unser Verdienst, ein gnädigen Gott haben, so wir solchs glauben". Es ist eigenartig, daß die Confutatoren nicht gesehen haben, wie fundamental dies ist. Wenn „Gnade" dasselbe bedeutet wie „einen gnädigen Gott haben" und also nicht identisch ist mit der Eingießung eines neuen, übernatürlichen *habitus,* so geht es natürlich nicht nur um „Glauben" auf der einen Seite und den „durch die Liebe geformten Glauben" auf der anderen Seite, sondern dann ändert sich der Charakter sowohl des Amtes als auch der Sakramente in entscheidender Weise. Das bedeutet auch, daß die Verkündigung des Evangeliums nicht mehr lediglich eine Ermahnungsrede ist. Sie wird selbst ein Gnadenmittel neben den Sakramenten.

Der Hintergrund von Artikel 5 ist der Kampf gegen Schwärmer und Täufer, den die lutherischen Reformatoren seit dem Beginn der 1520er Jahre hatten austragen müssen. Das Entscheidende in diesem Streit war gerade das Verständnis des Verhältnisses zwischen dem Heiligen Geist und dem Wort gewesen. Gleich von Beginn an hatte Luther auf das *verbum vocale* hingewiesen, das äußere, gesprochene Wort, das dem Menschen durch Verkündigung und Sakramente begegnet als das Mittel, durch das die Gabe des Heiligen Geistes mitgeteilt wird. Aber der Gegensatz zu den Schwärmern zwang ihn dazu, die Frage noch weiter zu durchdenken[2]. Die Lehre vom Wort und vom Geist wurde nun das

[2] *R. Prenter* hat in seinem Buch: *Spiritus creator* gezeigt, daß Luthers Kampf gegen die Schwärmer keineswegs etwas Neues darstellt, sondern lediglich eine stärkere Betonung bestimmter Akzente aufgrund der polemischen Situation.

Kriterium für die wahre Kirche im Gegensatz zu allen Ketzereien. In der Schrift *Wider die himmlischen Propheten* von 1525 setzt er sich mit den Schwärmern auseinander. Ihr Reden von der Geistmitteilung außerhalb der Verkündigung und der Sakramente bedeutet für Luther eine Verwerfung der Ordnung Gottes. Was Gott über den inneren Glauben und Geist angeordnet hat, daraus machen sie ein menschliches Werk, und was Gott über das äußere Wort und Zeichen angeordnet hat, machen sie zu einem inneren Geist, indem sie gegen die Ordnung Gottes die Tötung des Fleisches vor den Glauben stellen[3]. Fragt man sie im übrigen danach, wie man zu diesem hohen Geist kommt, so weisen sie nicht auf das verkündigte Evangelium hin, sondern auf innere Erfahrungen. Fragt man nun weiter nach, dann wissen sie genauso viel davon wie Dr. Karlstadt von griechischer und hebräischer Sprache, fährt Luther ironisch fort[4]. In der Auffassung der Schwärmer vom Geist lag ein gefährlicher Subjektivismus verborgen, der nicht allein die Kirche auflösen würde, sondern der auch eine Leugnung der Inkarnation, wie sie die lutherischen Reformatoren verstanden, enthielt. Die Lehre, daß der Geist nach einer Vorbereitung geschenkt wird, die in einer Tötung des Fleisches besteht, bedeutete nämlich, daß die eigenen Werke des Menschen und nicht Christus selbst, in Verkündigung und Sakramenten gegenwärtig, der Weg zum Heil waren. Deshalb wird in den *Schmalkaldischen Artikeln* auch nachdrücklich unterstrichen, daß Gott den Geist oder die Gnade nur durch das äußere, vorausgehende Wort gibt. Das muß gegenüber den Enthusiasten festgehalten werden, die sich rühmen, sie hätten den Geist unabhängig vom Wort. Zu ihnen rechnet Luther nicht nur die Schwärmer, sondern auch den Papst, der meint, von sich aus über die Kirche befehlen zu können. Der Enthusiasmus steckt in Adam und seinen Kindern vom Fall bis zum Ende der Welt und ist die Ursache aller Ketzerei. Alles, was ohne das gesprochene Wort und die Sakramente sich rühmt, Geist zu sein, ist der Teufel selbst[5].

Dieselbe Auffassung kommt in Artikel 5 zum Ausdruck, aber damit ist in dieser Sache noch nicht alles gesagt. Sehr aufschlußreich sind die Bemerkungen *Martin Bucers* zu der entsprechenden Formulierung der *Schwabacher Artikel:* daß das mündliche Wort der einzige Weg zum Glauben ist[6]. Bucer protestiert dagegen, daß Gottes Gnade und Geist an das äußere Wort gebunden sein sollen. Das sieht nach seiner Meinung

---

[3] WA 18, 139,1ff.

[4] WA 18, 137,5ff.

[5] Schmal. Art. III, VIII, 3ff.

[6] Schwabacher Artikel 7 schließt so: „Sonst ist kein ander Mittl noch Weise, weder Wege noch Stege, den Glauben zu bekommen; dann Gedanken außer oder fur dem mundlichen Wort, wie heilig sie scheinen, seind sie doch eitel Lugen und Irrtumb."

nach einer Einschränkung der Allmacht Gottes aus[7]. Soll man auf diesen Einwand von dem Gedankengang der CA aus antworten, so muß man sagen: wenn der Beschluß Gottes, allein durch Christus zum sündigen Menschen zu kommen, eine Einschränkung seiner Allmacht ist, dann ist Artikel 7 der Schwabacher Artikel — und Artikel 5 der CA — das auch; aber wenn es wahr ist, daß der inkarnierte Christus der einzige Weg zum Heil ist, dann ist es auch wahr, daß der Geist nur durch das Wort gegeben wird, denn das Wort ist Christus selbst. Es kann also nicht davon die Rede sein, daß die CA eine Geistmitteilung außerhalb des Wortes für möglich hält, der Zusammenhang zwischen dem Wort und dem Geist ist jedoch in anderer Hinsicht weniger eindeutig. Die Behauptung, daß der Geist nur durch das Wort kommt, bedeutet nun nicht, daß der Geist an das Wort *gebunden* ist. *„Wo und wann es Gott gefällt“:* Gottes Freiheit steht fest. Auch in diesem Zusammenhang verhält es sich wie bei der Inkarnation. Gerade weil Christus als Mensch kam, ist Gott in seiner Offenbarung *verborgen,* in der Weise, daß nur der Geist offenbaren kann, daß hier, in diesem Menschen, Gott ist. Genauso ist das verkündigte Wort erst Gottes Wort, wenn es der Geist zu einem inneren Wort macht. In sich selbst ist das verkündigte Wort nur Buchstabe und darum tot. Mit anderen Worten: der Zusammenhang zwischen Wort und Geist ist nicht so zu verstehen, als habe sich Gott uns in seiner Offenbarung völlig ausgeliefert.

Die Worte „wo und wann es Gott gefällt“ verstehen wir gewöhnlich als Ausdruck für Prädestination. Aber *Melanchthon* hat in einem Brief an *Brenz* geschrieben, daß er es in der CA völlig vermieden habe, auf die Prädestination einzugehen. Er fügt hinzu: „Überall rede ich so, als folge die Prädestination unserem Glauben und unseren Werken.“[8] Will man die erwähnte Stelle im Artikel 5 in Übereinstimmung mit dem Brief Melanchthons verstehen, so muß ihr Sinn der sein, einmal das Mißverständnis abzuwehren, Wort und Geist müßten notwendig zusammengehören, und zwar in der Weise, daß der Geist ohne weiteres das Wort begleite, und damit zum andern zu unterstreichen, daß es immer die freie Gnade Gottes ist, wenn er seinen Geist schenkt. Sieht man von der Äußerung Melanchthons ab, kann man die Worte natürlich prädestinatianisch verstehen. Es ist jedoch eine Frage — auf die wir gleich zurückkommen werden —, ob es überhaupt richtig ist, in diesem Zusammenhang zu sagen: entweder Prädestination oder nicht.

Während die lutherische Stellung den Schwärmern gegenüber völlig klar ist, hat es *Zwingli* bedeutend schwerer, sich von ihnen abzusetzen, weil er mit ihnen in ihrem Geistprinzip im wesentlichen einig ist.

---

[7] *Gußmann I,* 2, S. 295.

[8] Siehe BK, S. 58, Anm. 3.

Zwinglis Prädestination setzt voraus, daß auch fromme Heiden zur Kirche gehören können. Die Erwählung ist hier völlig von der kirchlichen Gemeinschaft getrennt, weshalb bei Zwingli eigentlich kein Platz für irgendein Gnadenmittel ist. Der Glaube kommt nicht aus dem Wort, sondern die Erwählten werden durch den Geist belehrt und dadurch zum Glauben geführt. Von Gott durch den Geist belehrt, können wir nun die Verkündigung verstehen, die den Glauben nicht hervorrufen kann[9]. Einen inneren Zusammenhang zwischen dem Wort und dem Glauben kennt Zwingli also nicht. Er kann nur darauf verweisen, daß aus dem Neuen Testament hervorgeht, daß die äußere Verkündigung überall dem Glauben vorausging, dessen Annahme doch allein dem Wirken des Geistes zugeschrieben werden darf[10]. Mit dieser Begründung versucht Zwingli, trotz seines besonderen Verständnisses von der Mitteilung des Geistes, an der Notwendigkeit der Verkündigung festzuhalten. Daß die Sakramente ebensowenig die Gnade bringen können, steht für ihn gleichfalls fest[11].

Gegenüber der römischen Auffassung von den Gnadenmitteln hat die lutherische Lehre vom Wort und vom Geist — auch wie sie im Artikel 5 dargestellt ist — vor allem zwei Dinge zu sagen. Zum ersten dies, daß die Verkündigung ein Gnadenmittel ist. Die beiden wichtigsten Funktionen des kirchlichen Amtes sind, das Evangelium zu verkündigen und die Sakramente darzureichen *(ministerium docendi evangelii et porrigendi sacramenta)*. Entsprechend ist klar, daß „durch das Wort und die Sakramente" sagen will: durch die *Verkündigung* und die Sakramente. In der Schrift *De captivitate babylonica* und an vielen anderen Stellen hebt Luther hervor, daß es die erste Pflicht eines Pastoren ist, das Evangelium zu verkündigen. Im Mittelalter war die Verkündigung nichts weiter als ein pädagogisches Hilfsmittel, durch das die Erkenntnis der Gnade, die allein die Sakramente vermittelten, vertieft und befestigt wurde. Bei Luther geschieht es nun, daß das *Wort* als das eigentliche Gnadenmittel herausgestellt wird; das geschieht nicht nur in dem Sinne, daß die Bedeutung der Verkündigung als Vermittlerin der Gnade unterstrichen wird, sondern auch dadurch, daß das Sakraments*wort* als das hervorgehoben wird, was das Sakrament konstituiert. Sowohl in der Verkündigung

[9] *Amica exegesis, Opera 3,* 517, zit. nach *Plitt II,* S. 177: nos putamus, fidem ex verbis hauriri non posse, sed fide magistra quae proponuntur verba intelligi. — Fides ergo magistra et interpres est verborum. Quomodo igitur ex verbis tandem fidem hauriremus, quum nonnise fide muniti ad scripturae interpretationem debeamus accedere?

[10] *Fidei ratio, Bekenntnisschr. der ref. Kirche,* S. 92: Canonice enim sive regulariter loquendo videmus apud omnes populos externam praedicationem Apostolorum et Evangelistarum sive Episcoporum praecessisse fidem, quam tamen soli spiritui ferimus acceptam.

[11] Hinsichtlich Zwinglis Sakramentslehre, siehe zu Art. 9, 10 und 13.

als auch in den Sakramenten ist das Entscheidende, ob der Mensch im Glauben die Verheißung empfängt, die das Wort der Verkündigung bzw. das Sakramentswort darreichen, denn „ein gnädigen Gott haben" kann man nur, wenn der Geist den Glauben an die Verheißung bewirkt. Deswegen gilt die Anklage, daß das Wort fehlt, nicht nur der römischen Auffassung von der Verkündigung, sondern genauso im vollen Sinne der römischen *Sakramentspraxis.* Hier wird das Sakramentswort nämlich nicht als Wort der Verheißung verstanden, gesprochen zu dem Menschen, der das Sakrament empfangen soll, in dem Christus selbst mit seinen Gaben zum Menschen kommt, sondern bloß als Konsekration, wodurch das Zeichen des Sakraments in übernatürliche Elemente verwandelt wird[12]. Auf diesem Hintergrund wird *Luthers* erbitterter Kampf gegen die sogenannten Winkelmessen leicht verständlich, denn dabei gibt es ja gerade niemanden, der das Sakramentswort als das Wort der Verheißung empfängt[13].

Die andere Sache, gegen die sich die lutherische Lehre vom Wort und vom Geist wenden muß, ist die römische Auffassung vom Charakter der Gnadenmittel. In der Frage nach dem Verhältnis der Gnadenmittel zum Heiligen Geist tritt ein neuer scharfer Gegensatz hervor. Denn die römische Sakramentslehre ist undialektisch, d.h. sie kennt nicht das „wo und wann es Gott gefällt" der CA. Hier ist der Geist wirklich an die Gnadenmittel gebunden. Das heißt nun, daß die Sakramente hier in sich selbst bestehen können, wodurch die Gefahr einer magischen Auffassung offenbar wird. Wohl ist es unrichtig zu behaupten, daß die römische Sakramentslehre Magie *ist;* das wird vermieden durch die Lehre, daß der Empfangende nicht den „Riegel vorschieben" (obicem ponere) darf, wenn das Sakrament wirksam sein soll, d.h. der Empfangende darf sich nicht in Todsünde befinden und muß die Intention haben, das Sakrament in der Weise empfangen zu wollen, wie es die Kirche geben will. Trotzdem kommt man nicht darum herum festzustellen, daß die Lehre, die Sakramente wirkten *ex opere operato,* d.h. kraft der rechten Einsetzung, leicht in die Nähe der Magie führen kann. Hier hat man ganz vergessen, durch einen Vorbehalt die Souveränität Gottes zu wahren, während *Zwingli* auf der anderen Seite in seinem Eifer, diese Souveränität zu unterstreichen, das Wort und die Sakramente zu leeren Zeichen gemacht hat. Letztlich können diese Gegensätze auf das Verständnis der Inkarnation zurückgeführt werden; von Artikel 5 aus gesehen muß sowohl Zwingli als auch Rom vorgeworfen werden, daß sie dem Ärgernis der geringen Gestalt Christi ausweichen wollen. Zwingli kann nicht im

[12] Vgl. hierzu *R. Prenters* Abhandlung: *Ord og Sakrament hos Luther, Ordet og Ånden* (Wort und Sakrament bei Luther, Das Wort und der Geist), Kopenhagen 1952, S. 127—148.

[13] Besonders: *De abroganda missa privata,* 1521.

Ernst glauben, daß Gottes Offenbarung wirklich *in* diese Welt eingeht, so daß wir *Gott selbst* in Wort und Sakrament begegnen. Rom will zwar eine wirkliche Begegnung zwischen Gott und Mensch in den Sakramenten festhalten, aber hier soll es auf einer übernatürlichen Ebene geschehen. In einem gewissen Sinne geht das Luthertum hier den Mittelweg zwischen Rom und Zwingli, aber gleichzeitig wird deutlich, daß die beiden Fronten dieselbe Sache zu verteidigen haben, nämlich die Inkarnation.

Ebenso wie es Zwingli und Rom gelungen ist, dem Ärgernis auszuweichen, ist es auch beiden möglich, das Verständnis des Heils undialektisch zu machen. Die Unterstreichung der Souveränität des Geistes führt, wie wir bei Zwingli sehen, zu einer klaren Prädestinationstheologie. Und die Betonung der Gebundenheit des Geistes an die Gnadenmittel macht diese einerseits zwar selbstwirksam, aber gerade deshalb wird es für die römische Kirche notwendig, die Rolle des Menschen in der Rechtfertigung durch eine Beschreibung des psychologischen Prozesses zu betonen. Diese Alternative: entweder Prädestination oder Betonung der Verantwortung des Menschen, läßt sich nicht vermeiden, wenn man übersieht, daß das *Wort* das eigentliche Gnadenmittel ist, denn dann ist das Kommen der Gnade zum Menschen nicht eine wirkliche Begegnung zwischen dem Gott, der in Jesus Christus Mensch wurde, und dem sündigen Menschen. Aber entweder gibt es überhaupt keine Begegnung, weil Gott in seiner ewigen Weisheit dem Menschen den Geist durch eine unvermittelte Neuschöpfung seines Inneren schenkt (Zwingli), oder diese Begegnung wird *konstruiert,* indem man sich genau ausdenkt, wie die Rollen im Heilsprozeß zwischen Gott und Mensch verteilt werden müssen (Rom). Von der lutherischen Auffassung aus gesehen vollzieht sich eine wirkliche Begegnung, weil das Kommen der Gnade darin besteht, daß Gott zum sündigen Menschen *spricht und* ihm durch seinen Geist gibt, auf sein Wort zu hören. Die Spannung zwischen Prädestination und menschlicher Verantwortung läßt sich deshalb in keiner Weise durch eine rationale Glättung auflösen, sondern es muß festgehalten werden, daß das Wort ohne den Geist nur Buchstabe ist, und daß wir ohne das äußere Wort nicht dem inkarnierten Christus begegnen.

Das Verständnis des kirchlichen Amts läßt sich nun von den jeweiligen Auffassungen über die Gnadenmittel ableiten. Artikel 5 sagt, daß das Amt von Gott eingesetzt ist (ausdrücklich nur im deutschen Text), und daß sein Sinn darin besteht, daß es das Wort zum Menschen bringen soll, damit der Mensch an dem rechtfertigenden Glauben Anteil bekommt. Erstens wird das Amt also als notwendig betrachtet. Zweitens ist das Amt durch den Zusammenhang deutlich als ein Dienst an der Gemeinde und für die Gemeinde bezeichnet. Dieser Dienst richtet sich auf den Menschen, der in der Verkündigung und in den Sakramenten durch den Geist Christus als Gabe empfängt. Diese Bestimmung vom Wesen des Amtes entspricht ganz der Auffassung *Luthers*. Die Grundgedanken waren schon klar in den Schriften von 1520 entfaltet worden, vor allem in der Schrift an den Adel und „Von der babylonischen Gefangenschaft". In der erstgenannten Schrift legte Luther den Gedanken vom allgemeinen Priestertum dar: alle Christen gehören zum geistlichen Stand, und der einzige Unterschied zwischen ihnen ist der, der aus dem Amt folgt. „Geistliche" werden wir allein durch die Taufe, das Evangelium und den Glauben. Was einen Mann zum Priester macht, ist deshalb nicht die Weihe des Bischofs, sondern das Amt, das ihm auferlegt ist. Alle sind von geistlichem Stand, aber nicht alle sind zum *Amt* geschickt und berufen. Keiner darf sich deshalb unterstehen zu tun, wozu wir alle dasselbe Recht haben, es sei denn, er ist dazu beauftragt[14]. Es wird oft hervorgehoben, daß Luther auf den Ordnungsgedanken Gewicht legte. Jedoch sollte aus dem hier Referierten hervorgehen, daß „Ordnung" mehr bedeutet als dies, daß alles ordentlich zugehen soll. Gerade das besondere *Amt* macht es möglich, am allgemeinen Priestertum festzuhalten. Es soll nämlich sichern, daß sich niemand über die anderen erhebt und sich eine selbstgemachte Autorität zulegt. Das Priestertum ist gerade allgemein und kann deshalb nur festgehalten werden, wenn der Dienst des Wortes einem von der Gemeinde ausersehenen Mann übertragen wird. Deshalb stellt Artikel 14 eine wichtige Ergänzung zu Artikel 5 dar: nur der, der recht berufen ist, darf den Dienst des Wortes ausüben, denn nur er kann im Namen der Gemeinde auftreten. Der Selbsternannte wird immer auf seine besondere Qualität pochen und sich dadurch dem allgemeinen Priestertum widersetzen. In diesem Sinne ist das Amt notwendig „um der Ordnung willen". In *De captivitate babylonica* sind die Gedanken dieselben, wobei äußerst stark hervorgehoben wird, daß das Priesteramt *Dienst des Wortes* ist, *ministerium verbi,* und daß die Verkündigung des Evangeliums deshalb die erste Pflicht des Priesters ist[15]. Damit ist deutlich, daß an der Notwendigkeit des Amtes ernstlich festgehalten wird, denn vom Dienst des *Wortes* hängt das Heil ab.

Die lutherischen Reformatoren distanzierten sich von Rom also nicht im Hinblick auf die Notwendigkeit des Amtes, sondern hinsichtlich des Wesens und der Funktion des Amtes. Von der *römisch-katholischen* Auffassung von den Gnadenmitteln aus ist der Dienst des Priesters vor allem Opferdienst, *sacerdotium*. Luther weist darauf hin, wie die Worte „solches tut zu meinem Gedächtnis" zum Ausgangspunkt für die Entfaltung des Amtsgedankens gemacht werden[16]. Hier ist in erster Linie von einem

[14] Cl. 1, 367,35ff. (WA 6,408).
[15] Cl. 1, 503,22ff. (WA 6,566).
[16] Cl. 1, 500,25ff. (WA 6,563).

Dienst für Gott die Rede, insofern das Meßopfer das Zentrum des Gottesdienstes und des Frömmigkeitslebens ist; das zeigt sich deutlich daran, daß die Messe stattfinden kann, ohne daß andere als der Priester zugegen sind. Da die Ordination ein Sakrament ist und da die Gnadenmittel *ohne weiteres* Mittel zur Eingießung des Geistes und der Gnade sind, so folgt hieraus, daß die Ordination einen *character indelebilis* vermittelt, der zur Ausübung des priesterlichen Dienstes erforderlich ist. Von der rechten Weihe des Sakramentsverwalters hängt die Gültigkeit der Gnadenmittel ab. Hier ist nun das Amt nicht nur eine Funktion der Autorität, die der ganzen Kirche (= allen Christen) gehört, sondern Glied in einer Hierarchie, auf deren Vorhandensein die Vermittlung aus Gnaden allein und unabhängig vom Christenvolk beruht. Die Berufung geschieht von Gott durch die Hierarchie, nicht durch die Gemeinde, die überhaupt kein Recht hat, auf diese Dinge Einfluß zu nehmen. Das Amt steht *über* dem Volk.

Genau dasselbe gilt für *Zwingli,* aber natürlich mit einer ganz anderen Begründung. Von seiner Lehre aus, daß der Geist unabhängig vom Wort wirkt, oder besser gesagt, in einem nur zufälligen Zusammenhang mit dem Wort, fällt es ihm schwer, das Amt gegenüber den Schwärmern zu verteidigen. Er tut das, indem er auf den Gesichtspunkt der Ordnung hinweist, aber der Priester oder der Prophet, wie Zwingli charakteristischerweise zu sagen beliebt, ist nicht in erster Linie der, durch den die Mittel der Gnade zum Menschen gelangen. Er ist der Geistbegabte, der Charismatiker, der als Wächter der Seelen sich über das Volk erhebt. Er soll allem widerstehen, was gegen Gott ist, und alles aufbauen, was Gott will. In diesem Gedanken haben wir die Grundlage für die politische Aktivität Zwinglis. In der *fidei ratio* weist er denn auch darauf hin, daß „die Propheten" die Obrigkeit unterstützen[17]. Zwingli jedoch hielt an der Theorie vom allgemeinen Priestertum fest. So soll der Pfarrer von der Gemeinde gewählt werden, aber mit Hilfe von Sachkundigen, weswegen die Obrigkeit praktisch die Wahl übertragen bekommt. Als der, der auserwählt ist zu predigen, muß der Pfarrer eifrig die Schrift studieren, am besten in den Ursprachen, aber gerade hierdurch wird er der Sachkundige, der Gottes Wort kennt und deshalb auch in der Gemeinde raten muß. So erhält das Amt trotz allem einen hervorragenden Platz in der zwinglischen Gemeinde, obwohl die eigentliche Grundlage durch seine besondere Lehre von der Gnadenvermittlung fortgefallen zu sein scheint[18].

Im Zusammenhang mit Artikel 5 geht es in erster Linie um die rein grundsätzliche Stellung des Amtes. Die Behandlung der Artikel 9—13,

[17] *Bekenntnisschr. der ref. Kirche,* S. 92,12ff.

[18] Zu Zwinglis Amtsauffassung, siehe *R. Staehelin: Huldreich Zwingli II,* 1897, S. 95ff.

die direkt von den Amtsfunktionen des Pfarrers handeln, soll dann vertiefen und präzisieren. Schließlich wird Artikel 14 Anlaß geben zu einer erneuten Behandlung des Amtes, aber von einem etwas anderen Gesichtspunkt aus.

6. Der neue Gehorsam

Sodann lehren sie: Jener Glaube muß gute Früchte hervorbringen; man muß die von Gott gebotenen guten Werke[1] tun, weil Gott es will, nicht um unser Vertrauen darauf zu setzen, daß wir durch diese Werke die Rechtfertigung vor Gott[2] verdienen. Denn die Vergebung der Sünden und die Rechtfertigung wird mit dem Glauben[3] ergriffen, wie es auch das Wort Christi bezeugt: „Wenn ihr dies alles getan habt, dann sagt: Wir sind unnütze Knechte." Das lehren auch die alten Kirchenschriftsteller[4]. Ambrosius nämlich sagt: „Es ist von Gott bestimmt worden, daß, wer an Christus glaubt, gerettet ist ohne Werk, durch den Glauben allein; er empfängt ohne eigenes Zutun die Vergebung der Sünden."

[1] DT: „. . . allerlei, so Gott geboten hat".
[2] DT: „Gnad".
[3] DT: „Glauben an Christus".
[4] DT: „die Väter".

Nachdem die Werke durch die Rechtfertigung abgelehnt worden sind, soll ihnen nun der rechte Platz zugewiesen werden. *Muß (debeat — oporteat):* Hierin scheint der Gedanke einer Verpflichtung zu liegen, die den Glaubenden auferlegt ist; das braucht jedoch nicht zu bedeuten, daß der lutherische Gedanke von den Werken als der unmittelbaren Folge des Glaubens aufgegeben wird. Entscheidend ist das Motiv: *weil Gott es will.* Gute Werke sind die Werke, die Gottes Gebot fordert: *von Gott geboten.* Dann werden noch einmal die Werke abgelehnt, die als Verdienste im Hinblick auf die Rechtfertigung vor Gott verstanden werden. Vertrauen auf ihren verdienstvollen Charakter ist nach Artikel 4 illusorisch und deshalb natürlich auch ein falsches Handlungsmotiv. Wieder wird die Rechtfertigung aus Glauben festgehalten. Lk. 17,10 scheint eine etwas unvollständige Schriftbezeugung zu sein, soll aber natürlich vor allem die negative Seite unterstreichen: die Ablehnung von Verdiensten. In den bisherigen Artikeln haben die Bekenner ihre Lehre nur auf die Bibel und die altkirchliche Orthodoxie gestützt, sieht man von dem unbestimmten Hinweis auf die *scriptores ecclesiastici* in Artikel 1 ab. Hier erscheint der erste direkte Gebrauch des „Väterbeweises". Nicht *Ambrosius,* sondern *Ambrosiaster* wird zitiert (siehe BK, S. 60 Anm. 4). Das Zitat ist offensichtlich außerordentlich brauchbar. Aus seinem Zusammenhang gerissen und in den Zusammenhang der CA gestellt, sagt es genau dasselbe wie Artikel 4.

Kommentar

Die Frage nach dem Verhältnis zwischen Glaube und Werken hängt so eng zusammen mit der Lehre von der Rechtfertigung durch den Glauben allein, daß ihre Beantwortung nicht zweifelhaft sein kann, wenn man die lutherische Rechtfertigungslehre verstanden hat. Ja, man kann sagen: sobald dieses Verhältnis überhaupt ein Problem wird, so ist das ein Zeichen dafür, daß man nicht verstanden hat, was Luther unter Glaube versteht. Wenn Glaubensgerechtigkeit heißt, Gott die Ehre zu geben, alles von seiner Barmherzigkeit in Christus empfangen zu wollen, dann kann die Frage, was ich tun soll, im Verhältnis zu Gott niemals auftauchen. Dort kann allein Christus etwas ausrichten, nicht nur am Anfang, sondern im ganzen Christenleben. Artikel 6 soll zwei Dinge feststellen: erstens, daß die lutherische Rechtfertigungslehre Werke nicht überflüssig macht, wie die Gegner behaupteten. Zweitens soll der Artikel zeigen: auch wenn an der Notwendigkeit von Werken festgehalten wird, so erhalten sie doch eine ganz andere Motivierung.

Wer weiß, wie *Luther* von diesen Dingen redet, wird sich wohl über ein einzelnes Wort in Artikel 6 wundern: daß der Glaube gute Früchte hervorbringen *muß* (debeat). Auch wenn man sicherlich dieser Formulierung keine allzu große Bedeutung beimessen darf, wird es kaum falsch sein, hierin ein schwaches Zeugnis von dem Unterschied zwischen Luther und Melanchthon zu sehen, der in den Jahren nach 1530 immer deutlicher werden sollte. Sowohl in den *Schwabacher* als auch in den *Marburger Artikeln* ist der Zusammenhang zwischen dem Glauben und seinen Früchten, den Werken, als eine organische Verbindung verstanden, als etwas Selbstverständliches. Gerade weil der Glaube nicht in mehr oder weniger geglückten Gedanken des Menschen von Gott besteht, sondern die Gabe des Heiligen Geistes durch das Wort ist, kann es nicht anders sein, als daß er Frucht bringt[1]. Aber mit dem Heiligen Geist folgt auch ein neues Leben im Gehorsam, denn der Heilige Geist läßt den Menschen nicht müßig einhergehen, wie Luther sagt. Deshalb ist es unmöglich, daß dem Glauben keine Werke folgen. Man kommt nicht um die Feststellung herum, daß die CA hier die lutherische Lehre schlechter zum Ausdruck bringt als ihre Vorgänger.

---

[1] Oft illustriert Luther seine Auffassung dadurch, daß er sie gerade ausdrücklich in Gegensatz stellt zu jedem „soll“. Siehe z.B. WA 57, *Gal.* 105,24ff.: Sic tria et septem non debent esse decem, sed sunt decem ... Ita iustus non debet bene vivere et bene facere, sed bene vivit et bene facit.

Hinsichtlich des Ortes der Werke im Christenleben befindet sich die CA jedoch in völliger Übereinstimmung mit Luther: die Werke werden als *Früchte* der Rechtfertigung aufgefaßt, d.h. sie sind eine Folge der Rechtfertigung, nicht ein Glied in ihr. Es ist verständlich, daß diese Auffassung von der Funktion der Werke im *Tridentinum*[2] ausdrücklich verdammt wird, denn damit fällt alle Rede von der Vermehrung der Rechtfertigung durch Werke, wobei der Mensch mit der Gnade zusammenarbeitet, fort. Aber die Differenz zur römischen Kirche gilt in gleichem Maße der Art der Werke. Die guten Werke, die Folge der Rechtfertigung sind, sind die, die *von Gott geboten* sind. Den Gegensatz hierzu stellen die selbsterfundenen Werke dar, durch welche der Mensch Gott zu gefallen versucht[3]. Schon das Verständnis der Funktion der Werke bedeutet nämlich, daß sie nicht durch den Wunsch, bei Gott etwas zu erreichen, motiviert werden können. Im Glauben an Christus ist der Mensch mit ihm vereinigt. Die Werke geschehen dann aufgrund des Willens Gottes, den zu tun der Christ frei ist, gerade weil er im Glauben alles hat. Daß die Werke verdienstvoll sind, ist deshalb undenkbar. Selbst wenn es nicht direkt gesagt wird, so bedeutet dies, daß der neue Gehorsam nicht Gott, sondern den Nächsten zum Gegenstand hat. „Sih also fleusset auß dem glauben die lieb vn lust zu gott / vnd auß der lieb / ein frey / willig / frolich leben dem nehsten zu diene vmbsonst."[4] Diese Worte aus Luthers Schrift *Von der Freiheit eines Christenmenschen* sagen kurz und bündig, worum es sich handelt.

Die *Confutatio* erkennt das Grundprinzip in Artikel 6 an, protestiert aber gegen die ständige Rede vom Glauben im Zusammenhang mit der Rechtfertigung, die zur Gnade und Liebe gehöre. Das Wort Christi von den unnützen Knechten soll uns den Confutatoren zufolge lehren, daß unsere Werke verglichen mit dem göttlichen Lohn nichts sind. Denn Glaube und Werke sind Gaben Gottes, und denen, die sie besitzen, wird das ewige Leben durch Gottes Barmherzigkeit dazugegeben. Viel besser kann es von römischer Seite kaum gesagt werden. Aber *Melanchthon* protestiert trotzdem heftig in der *Apologie*[5]. Die Lehre von dem durch die Liebe geformten Glauben bedeutete für die Reformatoren nicht weniger als eine Zerstörung des Evangeliums von der Vergebung der Sünden. Ist die Liebe entscheidend, dann werden die Gedanken des Menschen zu den Werken hingeführt und fort von der Abhängigkeit von der Barmherzigkeit Gottes, die allein erlösen kann. „Der Glaube allein" soll gerade hervorheben, daß es kein anderes Leben in Liebe gibt als das, das Gott schenkt. Aus der Abhängigkeit von Gottes Barm-

---

[2] *Sessio VI*, canon 24.

[3] Siehe hierzu weiter Artikel 20, wo eine Reihe von diesen „nutzlosen" Werken aufgezählt wird.

[4] Cl. 2, 25,17ff. (WA 7,36).

[5] Apol. IV, 107ff.

herzigkeit entspringt dann die Liebe, ohne die der Glaube kein Glaube ist, sondern nur ein kraftloser Gedanke.

Da sowohl die Confutatio als auch Melanchthon hier wiederum auf den Begriff *fides caritate formata* eingehen, und da dieser Begriff für das Verständnis der reformatorischen Auffassung vom Verhältnis zwischen Glaube und Liebe von wesentlicher Bedeutung ist, ist es angebracht, ihn näher zu untersuchen. Nehmen wir als Beispiel die Gestalt, die bisher in der römischen Kirche als die klassische galt: die bei *Thomas von Aquin.* Der Glaube ist in sich selbst ein Akt des Intellektes, in welchem der Intellekt, von Gott bewegt, die Dogmen der Kirche als offenbarte Wahrheiten anerkennt. In dieser Hinsicht besteht zwischen der *fides informis* und der *fides caritate formata* kein Unterschied. Der Unterschied liegt in der Willensbestimmtheit. Die *fides informis* ist intellektuell gesehen genauso vollkommen wie die *fides formata,* aber sie ist trotzdem ein toter Glaube, weil der Wille nicht auf Gott gerichtet ist, sondern nur beim Glaubensakt dabei ist, sofern sein Beistand zur Annahme der Wahrheiten der Offenbarung erforderlich ist. Was den Willen vollkommen macht, ist die Liebe. Der Glaube ist die Materie, die Liebe die Form, die dem Glauben die rechte Gestalt geben soll. Als Akt des Intellekts richtet sich der Glaube auf Gott als der ersten Wahrheit, *prima veritas,* aber der Willensakt richtet sich, geführt durch die Liebe, auf Gott selbst. Deshalb ist die Liebe das Entscheidende im Gottesverhältnis. Gewiß muß der Glaube zuerst da sein, denn der Wille kann sich erst auf das Gute richten, wenn der Intellekt es ihm als ein Gutes präsentiert hat. Indem die Liebe den Glauben formt, wird nicht der Glaube selbst verändert, sondern sein Subjekt, der Mensch, der nun durch die Eingießung der Liebe eine neue Qualität erhält und zu übernatürlichem Leben erhoben wird.

Für Thomas besteht kein Zweifel daran, daß nur die *fides formata* rechtfertigt. Die Liebe, von der hier die Rede ist, liegt völlig außerhalb der Möglichkeiten des natürlichen Menschen. Sie ist ganz und gar Gabe Gottes. Aber wenn sie der Mensch bekommen hat, vermag er wirklich Gott zu lieben und dadurch das für die Seligkeit notwendige Verdienst zu erwerben[6]. Der Hintergrund für diese Lehre ist die Überzeugung, daß Gott nur mit Heiligen zu tun haben kann; erst wenn wir durch die eingegossene Liebe der Natur Gottes teilhaftig sind, können wir mit ihm vereint werden. In diesem Zusammenhang ist *Luthers* „durch Glauben allein" eine Sinnlosigkeit, und das „gerecht und Sünder zugleich" ein Hohn auf die Majestät Gottes.

Wir wollen nun sehen, was *Luther* hierzu zu sagen hat. Mit der *fides informis* wird er schnell fertig. In der Behauptung, daß der Glaube, der Gabe des Heiligen Geistes ist, unwirksam sein kann und sogar in Tod-

---

[6] Zu *Thomas'* Glaubensbegriff, siehe *Summa Theologiae II—II, q. 1—6.*

sünde bestehen kann, sieht Luther nichts anderes als ein Blendwerk des Satans. Wo Gott nahe ist, und das ist er im Glauben, dort geschieht etwas. Die *fides informis* ist deshalb nichts anderes als ein eingebildeter Glaube[7]. Aber auch für die *fides formata* hat er nicht das Geringste übrig. Wenn der Glaube erst taugt, sobald die Liebe hinzukommt, dann verläßt der Mensch sofort den Glauben an Christus und denkt: wenn der Glaube nicht rechtfertigt, ist er wertlos, und deshalb gilt es, auf die Liebe Gewicht zu legen[8]. In der Behauptung, daß die Liebe für die Rechtfertigung von Bedeutung sei, sieht Luther die Einführung des Gesetzes in die Rechtfertigungslehre, wodurch Christus beiseite geschoben wird. Christus ist nicht mein Werk, sagt er, und will damit zum Ausdruck bringen, daß nur Christus die Sünde fortnehmen kann — und nicht etwas, was wir haben, ob es nun von Gott eingegossen oder selbstgemacht ist[9]. Das Werk Christi kann man jedoch nicht durch Liebe ergreifen, sondern nur durch Glauben. In Wirklichkeit ist hier von zwei sehr verschiedenen Arten von Glauben und zwei sehr verschiedenen Arten von Liebe die Rede. In der *fides informis* kann Luther überhaupt nichts Wertvolles sehen. Aber daß ein solcher Glaube „geformt" wird von der Liebe im Sinne einer neuen übernatürlichen Qualität, bedeutet für Luther lediglich, daß das, was vorher ein harmloses und nutzloses Unternehmen war, zum Hohn auf Gott wird. Darin sieht Luther nämlich eine Verleugnung der Barmherzigkeit Gottes den *Sündern* gegenüber. Die *fides caritate formata* ist für ihn bloß ein „historischer" Glaube, eine *fides historica,* die ihr Ziel durch Gesetzerfüllung zu erreichen sucht und deshalb der Ausdruck einer Verachtung Christi ist. Wenn von der Liebe im Zusammenhang mit dem Glauben die Rede sein soll, so ist das für Luther nicht eine *caritas,* die Gott als ihr „höchstes Gut" *(summum bonum)* sucht, sondern dann ist es die Liebe Gottes, die im Kreuz Christi offenbart ist und die durch den Glauben im Leben des Christen wirksam wird als eine Liebe, die Gott und den Nächsten liebt, ohne dabei etwas erlangen zu wollen. Hier wird deutlich, wie verschieden die Gnade Gottes verstanden wird. Bei Thomas ist sie eine Kraft, durch welche die menschlichen Fähigkeiten gestärkt werden, so daß sich der Mensch zu Gott erheben kann. Für Luther ist die Gnade dies, daß Gott in seiner Barmherzigkeit gegenwärtig ist als der, der für den Sünder kämpft, welcher nichts anderes hat, woran er sich halten kann, als die fremde Gerechtigkeit Christi.

Es sollte nun klar sein, daß der eigentliche Gegensatz sich auf die Auffassung vom Gottesverhältnis selbst bezieht. Der Vorwurf der „Werkgerechtigkeit", den Luther gegen die Theologie seiner Zeit richtet, trifft deshalb nicht nur eine Auffassung, die dem Menschen die Fähigkeit zusprechen will, gute Werke durch eigene Kraft zu vollbringen, sondern er

[7] WA 40,I, 421 f. (Großer Galaterbriefkommentar).

[8] WA 40,I, 239,18ff.

[9] WA 40,I, 240,29ff.

trifft genauso voll den Thomismus, der nicht einen Augenblick vergißt, daß die Verdienste des Menschen Gaben Gottes sind[10]. Denn auch wenn hier alles unter dem Vorzeichen der Gnade gesehen wird, so ist es doch für den Thomismus eine unaufgebbare Voraussetzung, daß der Mensch *in sich selbst* zum Leben würdig werden muß. Deshalb wäre es von diesen Voraussetzungen aus völlig ungerechtfertigt zu sagen, daß *der Glaube* die Erfüllung des Gesetzes ist. Der Glaube ist nur die notwendige Voraussetzung. Das Gesetz wird aber erfüllt durch Werke. Jedoch genauso wie der Glaube nur die Voraussetzung ist, so sind Christus und sein Werk, wie notwendig sie auch sind, auch nur Voraussetzung. Man könnte hier fast Luthers Formulierung gebrauchen: Christus ist nicht mein Werk, aber in einem ganz anderen Sinn. *Gerade weil* Christus nicht mein Werk ist, sondern nur die absolut notwendige Voraussetzung für mein Werk, muß etwas hinzugefügt werden; es muß erklärt werden, wie *mein* Werk auf der Basis seines Werkes vollbracht werden kann — durch die Gnade Gottes. Die Werke haben so ihren Platz in der Rechtfertigung — allein aus Gnaden — bewahrt. Aber damit ist nun das eingetreten, was die Rede vom Glauben allein in der lutherischen Rechtfertigungslehre verhindern soll: die Gerechtigkeit ist nicht mehr mit der Gerechtigkeit Christi identisch. Damit wird klar, daß das Motiv für die Werke nicht das Wohl des Nächsten ist, sondern die Vermehrung der Rechtfertigung. „Die Gnade allein“ bedeutet hier: allein durch die eingegossene Gnade vermag der Mensch das Gesetz zu erfüllen und damit sich zu Gott zu erheben. Bei Luther bedeutet es: in Christus — der durch den Glauben ergriffen wird — *ist* das Gesetz erfüllt, und deshalb ist der Mensch frei, den Nächsten zu lieben, ohne an sich selbst und seine eigene Gesetzeserfüllung zu denken. Worum es hier geht, kann kaum klarer gesagt werden, als es Luther selbst in seiner berühmten *Vorrede zum Römerbrief* gesagt hat: „Glaube ist nicht der menschliche wahn und trawm, den etliche fur glauben halten. Und wenn sie sehen, das keine besserung des Lebens noch gute werck folgen, und doch vom glauben viel hören und reden können, fallen sie in den irthumb, und sprechen, Der Glaube sey nicht gnug, Man müsse werck thun, sol man frum und selig werden. Das macht wenn sie das Euangelium hören, so fallen sie daher, und machen inen aus eigen krefften einen Gedanken, im hertzen, der spricht, Ich gleube, das halten sie denn fur einen rechten glauben. Aber wie es ein menschlich geticht und gedancken ist, den des hertzen grund nimmer erferet, Also thut er auch nichts, und folget keine besserung her nach.

ABer Glaube ist ein göttlich werck in uns, das uns wandelt und new gebirt aus Gott, Johan. i. Und tödtet den alten Adam, machet uns gantz

[10] Zum Begriff *meritum* siehe unter Artikel 20.

ander Menschen von hertzen, mut, sinn, und allen krefften, und bringt den heiligen Geist mit sich. O es ist ein lebendig ding umb den glauben, das unmüglich ist, das er nicht on unterlas solte guts wircken. Er fraget auch nicht, ob gute werck zu thun sind, sondern ehe man fraget, hat er sie gethan, und ist imer im thun. Wer aber nicht solche werck thut, der ist ein glaublöser Mensch, tappet und sihet umb sich nach dem glauben und guten wercken, und weis weder was glaube oder gute werck sind, weschet und schwatzet doch viel wort vom glauben und guten wercken.

GLaube ist ein lebendige, erwegene zuuersicht auff Gottes gnade, so gewis, das er tausent mal drüber stürbe. Und solche zuuersicht und erkentnis göttlicher gnade, machet frölich, trotzig und lüstig gegen Gott und alle Creaturn, welchs der heilige thut im glauben. Da her der Mensch on zwang willig und lüstig wird jederman guts zu thun, jederman zu dienen, allerley zu leiden, Gott zu liebe und zu lob, der im solche gnade erzeigt hat. Also, das unmüglich ist, werck vom glauben zu scheiden, Ja so unmüglich, als brennen und leuchten, vom fewr mag geschieden werden."[11]

[11] WADB 7, 9,30—11,23.

7. Die Kirche

Sodann lehren sie: Es gibt *eine* heilige Kirche, die immer bleiben wird. Die Kirche aber ist die Versammlung der Heiligen, in der das Evangelium rein gelehrt wird und die Sakramente recht verwaltet werden[1]. Und zur wahren Einheit der Kirche ist es genug, daß man übereinstimme in der Lehre des Evangeliums[2] und in der Verwaltung der Sakramente[3]. Es ist nicht notwendig, daß die menschlichen Traditionen und die Riten und die Zeremonien, welche von Menschen eingeführt wurden, sich überall gleichen; wie Paulus sagt: *ein* Glaube, *eine* Taufe, *ein* Gott und Vater aller usw.

[1] DT: „bei welchen das Evangelium rein gepredigt und die heiligen Sakrament lauts des Evangelii gereicht werden".

[2] DT: „da einträchtiglich nach reinem Verstand das Evangelium gepredigt (wird)".

[3] DT: „und die Sakrament dem gottlichen Wort gemäß gereicht werden".

Der Artikel enthält drei Aussagen: 1. Das Bestehen *einer* heiligen Kirche. 2. Was *ecclesia* bedeutet. 3. Worin die Einheit der Kirche besteht. *Eine heilige Kirche (una sancta ecclesia):* Wie der letzte Teil des Artikels zeigt, ist *una* hier stark betont. Die CA soll keine andere Kirche repräsentieren als die eine heilige Kirche. *Die immer bleiben wird:* Diese

Kirche wird immer bleiben, d.h., solange die Erde besteht. Dann wird gesagt, was *Kirche* ist: *Versammlung der Heiligen.* Der Ausdruck läßt einen an das *communio sanctorum* des *Apostolicums* im lutherischen Sinne denken. Der Gebrauch des Wortes *congregatio* soll wohl die Mehrdeutigkeit vermeiden, die der Ausdruck *communio* veranlassen konnte (siehe hierzu BK, S. 61, Anm. 3). Damit klar wird, daß diese Versammlung der Heiligen nicht jede Versammlung ist, der es einfällt, sich so zu nennen, ist sie näher durch den Relativsatz bestimmt: *in der das Evangelium usw.* Die Reinheit der Verkündigung und die rechte Verwaltung der Sakramente ist die Grundlage dieser *congregatio,* vgl. Artikel 5. Der Rest des Artikels handelt von dem, was zur Einheit der Kirche erforderlich ist: nämlich das, was zur Definition der Kirche gehört. Wenn darauf betont wird, daß Übereinstimmung in Zeremonien nicht notwendig ist, so liegt darin deutlich ein Interesse, zu unterstreichen, daß die Evangelischen sich nicht außerhalb der einen Kirche gestellt haben, indem sie Formen und Bräuche geändert haben. *Menschliche Traditionen:* alles, was über Verkündigung und Sakrament hinausgeht: Kirchenverfassung, Gottesdienstordnung usw. (vgl. Artikel 15 und 26).

Kommentar

Die beiden Artikel der CA von der Kirche geben eine klare Darstellung des Kirchenbegriffs, zu dem *Luther* in den Jahren seit 1518 gelangt war. Seine Grundlage findet sich jedoch schon weit früher, denn sie liegt in der Rechtfertigungslehre[1]. Aber erst die Diskussion über die göttliche Autorität des Papstes, die aus dem Ablaßstreit hervorging, veranlaßte Luther, die Konsequenzen aus der Lehre von der Rechtfertigung zu ziehen, die zu einem neuen Verständnis vom Wesen der Kirche führen mußten. Diese Diskussion führte Luther bald zu der Behauptung, daß die Kirche weder an Zeit, Ort noch Personen gebunden ist und deshalb auch nicht an Rom. Die Kirche ist nicht die auf dem Römischen Stuhl ruhende Rechtsinstitution, sondern Versammlung der Gläubigen[2]. Die erste klare Darstellung aller Grundzüge in Luthers Kirchenbegriff findet sich in der Schrift *Von dem Papsttum zu Rom* (1520). Die Schrift wendet sich dagegen, daß die Stellung des Papstes als Haupt der Kirche eine göttliche Ordnung sei. Wenn die Schrift von der Christenheit spricht, sagt Luther, so ist damit die Versammlung aller Gläubigen auf Erden gemeint. Es handelt sich nicht um eine leibliche, sondern eine geistliche Versammlung, deren Einheit weder von Ort noch Zeit abhängt. Christus

---

[1] Siehe Karl Holl: *Die Entstehung von Luthers Kirchenbegriff,* Gesammelte Aufsätze zur Kirchengeschichte I, Luther, 2. und 3. Aufl. 1923, S. 288—325.

[2] Vgl. zum Folgenden Cl. 1, 331—339 (WA 6,292—301).

sagt: „Mein Reich ist nicht von dieser Welt". Daraus geht klar hervor, daß die Kirche nicht an Rom gebunden ist, sondern daß sie sich dort findet, wo der Glaube ist[3]. Niemand soll meinen, daß leibliche und geistliche Einigkeit identisch sind. Zur römischen Kirche zu gehören, macht niemanden zu einem Christen, genauso wenig, wie man dadurch ein Ketzer wird, daß man nicht zu ihr gehört. Ketzer wird man allein dadurch, daß man nicht den rechten Glauben hat[4]. Die ganze Christenheit hat also auf Erden kein anderes Haupt als Christus selbst. Die Kirche kann genauso wenig zu den weltlichen Gemeinschaften gezählt werden wie der Glaube zu den zeitlichen Gütern. Wie die weltlichen Gemeinschaften ein leibliches, weltliches Oberhaupt haben, so hat die Kirche ein geistliches. Also steht es fest, daß „die naturlich / eygentlich / rechte / wesentliche Christenheit stehe ym geiste / unnd in keinem eusserlichenn ding"[5].

Luther erklärt nun, daß dies die einzige Weise ist, in der die Schrift von der Christenheit zu reden weiß. Das Wort Christenheit vom geistlichen Stand zu gebrauchen, ist ein Mißbrauch, und es steht nicht ein einziger Buchstabe in der Schrift davon, daß diese Kirche von Gott verordnet ist. Sie gründet sich auf menschliche Gesetze, und diese beiden Kirchen müssen mit zwei verschiedenen Namen benannt werden. Die erste nennen wir eine geistliche, innere Christenheit, die zweite eine leibliche, äußere. Aber Luther fügt hinzu, dies bedeutet nicht, daß er die beiden „Kirchen" voneinander trennen wolle; sie gehören zusammen wie Leib und Seele[6]. Obwohl die äußere Kirche von Bischöfen, vom Papst usw. geleitet wird, kann die eigentliche Kirche kein Haupt auf Erden haben, sondern sie wird allein von Christus im Himmel regiert[7]. Folglich können das Papsttum und die Bischöfe auch nicht Kennzeichen der Kirche sein, denn sie leiten nur die äußere Kirche nach menschlichen Gesetzen. Die Kennzeichen sind dagegen die Taufe, das Abendmahl und das Evangelium, denn wo sie sind, wird niemand daran zweifeln, daß dort auch Heilige sind, wenn es sich auch um lauter Kinder in der Wiege handelt![8]

Es entspricht ganz der Auffassung Luthers, wenn die CA zunächst feststellt: es gibt *eine* heilige Kirche, die — kraft der Gnadenmittel —

---

[3] „... das reich gottis ... ist nit zu Rom / auch nit an Rom gebunden / wider hie nach da / sondern / wo da inwendig der glaub ist ...", Cl. 1, 331,36ff.

[4] Cl. 1, 332,20—333,11.

[5] Cl. 1, 334,21ff.

[6] Cl. 1, 334,28—335,23.

[7] Cl. 1, 336,11ff.

[8] Cl. 1, 339,16ff.: „Die zeichenn / da bey man eußerlich mercken kan / wo die selb kirch in der Welt ist / sein die tauff / sacrament und das Euangelium / unnd nit Rom / diss odder der ort. Dan wo die tauff und Euangelium ist / da sol niemant zweyffeln es sein heyligen da / und soltens gleich eytel kind in der wigen sein."

„perpetuo“ bestehen wird. In den *Schwabacher Artikeln* heißt es statt dessen: „bis an der Welt Ende“. Das ist wohl auch hier gemeint. Aus der folgenden Definition der Kirche: *die Versammlung der Heiligen,* geht hervor, daß hier das gemeint ist, was Luther die geistliche, innere Christenheit nannte, die Kirche, die als Werk des Heiligen Geistes Gegenstand des Glaubens ist[9]. Jedoch bedeutet dies nicht, daß hier von der reinen „Geistigkeit“ die Rede ist. Denn die Kirche ist die Versammlung der Heiligen, *„in der das Evangelium rein gelehrt wird und die Sakramente recht verwaltet werden“*. Mit diesem Zusatz wird der schwärmerische Kirchenbegriff zurückgewiesen, der die Kirche bloß als eine Gemeinschaft versteht. Nur im Zusammenhang mit Wort und Sakrament wird sie als Kirche qualifiziert, nicht durch die Eigenschaften der Mitglieder. Gerade weil der Glaube der Weg zum Heil ist, ist die Kirche an die Gnadenmittel gebunden. Denn Glaube bedeutet ja nach lutherischer Auffassung, daß der Mensch sich ganz auf das Wort und die Sakramente verläßt (Artikel 5). Wenn man versucht, die Kirche als *congregatio sanctorum* von ihren Kennzeichen Wort und Sakrament zu trennen, so zeigt das, daß man einen ganz anderen Glaubensbegriff hat und damit eine ganz andere Rechtfertigungslehre als die Reformatoren. Denn der Glaube muß dann unweigerlich als eine in sich selbst ruhende Qualität verstanden werden, während es für die Reformatoren zum Wesen des Glaubens — und damit der Versammlung der Gläubigen — gehört, an äußere Kennzeichen gebunden zu sein. Der Glaube ist Gabe des Geistes und deshalb verborgen, und folglich kann man auch nicht wissen, wer wirklich zur Kirche gehört, aber der Glaube ist an das Wort gebunden, das man hören kann, und an die Zeichen, die man sehen kann.

Es geht aus Artikel 8 hervor, daß die CA wie Luther damit rechnet, daß die äußere Kirche, d.h. die „Versammlung“, die sich der Gnadenmittel bedient, umfassender sein kann als die „Gemeinde der Heiligen“. Schon der Umstand, daß die Kirche an die Gnadenmittel gebunden ist, macht übrigens diese Voraussetzung notwendig. Denn während der Glaube verborgen ist, ist der Gebrauch der Gnadenmittel sichtbar für alle; es muß nun mit der Möglichkeit gerechnet werden, daß der Gebrauch der Gnadenmittel nicht garantiert, daß der Glaube zur Stelle ist, obwohl sich der Glaube nur dort findet, wo die Gnadenmittel gebraucht werden. Mit anderen Worten: die Gemeinde der Heiligen gibt es überhaupt nicht außerhalb des Kreises derer, die um die Gnadenmittel versammelt sind, aber sie braucht nicht sie alle zu umfassen. Die Kirche als

---

[9] Vgl. *Luthers* Brief an Albrecht von Preußen aus dem Jahr 1523, WAB 3, 210, 1 ff., der seine Auffassung deutlich zum Ausdruck bringt: Ecclesia est res in Spiritu et sancta, sicut dicimus: „Credo ecclesiam sanctam catholicam.“ Quod autem creditur, nec videri nec sentiri potest, Heb. 11 [v. 1].

congregatio sanctorum und als äußere Kirche ist also organisch verbunden mit Wort und Sakrament in der Ordnung Christi[10]. Auch für die CA gilt deshalb der Satz: *extra ecclesiam nulla salus,* aber zweifellos in einem ganz anderen Sinne als bei Cyprian; nicht aufgrund der Sukzession der Bischöfe, sondern aufgrund der Verkündigung und der Sakramente. Auch der hierarchische Kirchenbegriff ist mit der Definition der Kirche in der CA zurückgewiesen. Lebensbedingung für die Kirche ist allein das Vorhandensein der Mittel, durch die der Heilige Geist den rechtfertigenden Glauben schafft.

Nichts zeigt deutlicher die doppelte Front der lutherischen Reformation gegen die Schwärmer und gegen Rom als gerade der Kirchenbegriff. Trotz der tiefen Kluft, die zwischen dem schwärmerischen und dem römischen Kirchenbegriff besteht, gibt es viel, was sie in gemeinsamem Gegensatz zum lutherischen Kirchenbegriff verbindet. Auf beiden Seiten möchte man in der einen oder anderen Weise die Übernatürlichkeit der Kirche einleuchtend machen; auf der einen Seite durch einen empirischen Geistbesitz, der die Gemeinde von der Welt trennt, auf der anderen Seite durch eine Hierarchie, die durch ihre göttliche Autorität zu sichern vermag, daß der Heilige Geist durch die Kirche spricht. Von lutherischer Seite aus gesehen ist der Fehler auf beiden Seiten derselbe, nämlich mangelnder Glaube an die Inkarnation. Sowohl die Schwärmer als auch Rom leugnen, daß Gott, so wie er Mensch wurde in Christus, so auch jetzt unter der Gestalt menschlicher Zeichen erscheint. Die Schwärmer leugnen dies, weil sie die Zeichen gerade aufgrund ihrer Menschlichkeit verachten. Die römische Kirche, weil sie die Wirksamkeit dieser Zeichen vom Mitwirken der Hierarchie abhängig macht, d.h. sie leugnet das rein menschliche Wesen der Zeichen. Bei den Schwärmern wird die Kirche dann die reine Geistigkeit, d.h. reiner Subjektivismus. Bei der römischen Kirche wird die Objektivität erst im Verständnis der Kirche als einer äußerlich rechtlichen Institution gesichert. Die Subjektivität wird dann hinzugefügt in Form der Lehre vom Zusammenarbeiten des Menschen mit der Gnade; deshalb ist es nötig, das Heil als einen psychologischen Prozeß zu beschreiben. Die Definition der Kirche in der CA macht Subjektivismus in dem einen oder anderen Sinn unmöglich. Man kann nicht von der Kirche als der Versammlung der Heiligen sprechen und danach von Wort und Sakramenten, so wenig wie man das Umgekehrte tun kann. Die Kirche ist die Versammlung von Heiligen, die in jeder Hinsicht allein das Werk des Heiligen Geistes ist durch Verkündigung und Sakramente, und wo Verkündigung und Sakramente

[10] Es gibt jedoch Grenzfälle, wo es sich anders verhält. Z.B. kann der Ausschluß von den Sakramenten einen Menschen nicht aus der eigentlichen Kirche ausstoßen, wenn er den rechten Glauben hat. Siehe z.B. *Luthers Sermo de virtute excommunicationis,* 1518, WA 1, 639ff.

sind, dort ist auch eine Versammlung von Heiligen. Die beiden Glieder in der Definition lassen sich weder zeitlich noch logisch trennen.

Die Definition der Kirche als Versammlung der Heiligen wird heftig in der *Confutatio* kritisiert, die behauptet, daß dadurch die Bösen aus der Kirche ausgeschlossen werden. Man versteht mit anderen Worten den Kirchenbegriff der CA als schwärmerisch. In der *Apologie* antwortet *Melanchthon* darauf mit dem Hinweis auf Artikel 8, der deutlich zeigt, daß dies nicht der Sinn ist. Aber, sagt er weiter, die Kirche als Leib Christi ist keine Institution, denn zum Leib Christi gehören die Gottlosen nicht, sondern nur die *„societas fidei et Spiritus sancti in cordibus"*. Die Worte „die Versammlung der Heiligen" sind gerade die Erklärung dafür, was die heilige katholische Kirche ist, die wir im Credo bekennen[11]. Katholisch ist die Kirche, weil sie Menschen, verstreut über die ganze Erde, umfaßt. Die Bösen sind nur dem Namen nach in der Kirche. Deshalb muß man, wenn man die Kirche definieren will, sagen, was sie dem Namen nach *und* in Wirklichkeit ist, *nomine et re,* denn wenn man sie lediglich nach ihrer äußeren Gestalt definiere, würden die Menschen nicht verstehen, daß das Reich Christi *iustitia cordis* und *donatio Spiritus sancti* ist. Dann wäre aller Unterschied zwischen dem *populus legis,* Israel, und der Kirche aufgehoben. Das für die Kirche Charakteristische ist gerade, daß Kirche und Volk in ihr nicht wie in Israel zusammenfallen. Vielmehr zieht sich durch die äußere Kirche eine scharfe Grenze: zwischen dem Reich Christi, das mit der *congregatio sanctorum* identisch ist, und dem Reich des Teufels, dem die Gottlosen angehören. Gewiß wird das erst offenbar werden, wenn das Reich offenbar wird; aber deswegen besteht diese Grenze genauso auch jetzt schon, während das Reich unter dem Kreuz ist und deshalb verborgen[12]. Wenn Melanchthon sich in der Apologie gegen römische Theologen wendet, so will er also vor allem unterstreichen, daß die Kirche in ihrem Verhältnis zum Einzelnen gesehen werden muß.

Nach der Definition der Kirche folgt nun eine Darstellung dessen, was zur Einheit der Kirche erforderlich ist. Nur über das, was die Gnadenmittel angeht, *muß* Einigkeit bestehen, alles andere ist frei. Natürlich stößt sich die *Confutatio* hieran: wenn an spezielle Riten, d.h. an die verschiedenen lokalen Liturgien, gedacht ist, ist die CA zu loben, aber wenn die für die gesamte Kirche gemeinsamen Riten gemeint sind, muß das in hohem Maße verworfen werden, denn diese müssen von allen eingehalten werden, und man muß vermuten, daß sie von den Aposteln stammen. *Melanchthon* antwortet darauf unbeirrt: Worauf wollen unsere Gegner, fragt er, mit dieser Scheidung zwischen universellen und partikularen

[11] Dieses Verständnis der *communio sanctorum* entspricht Luthers gewöhnlicher Auslegung des Apostolikums. Siehe näher die Hinweise in BK, S. 61, Anm. 3.

[12] Das Referat der Hauptgedanken in *Apol. VII, 1—22.*

Riten hinaus? Wir sprechen doch von der wahren, geistlichen Einheit, ohne welche der Glaube im Herzen nicht existieren kann, und ohne welche es Gerechtigkeit vor Gott nicht geben kann. Aber die Gerechtigkeit des Glaubens hängt nicht von Riten ab, ob sie nun universell oder partikular sind[13]. Es geht darum festzustellen, was zum Heil notwendig ist. Aber ist erst gesagt, daß die menschlichen Traditionen nicht notwendig sind, mag man sie gerne um des Friedens willen bewahren[14]. Dann behandelt Melanchthon einige Stellen im Neuen Testament, um zu zeigen, wie die Apostel, auf die die Gegner hinweisen, gerade jede Neigung bekämpften, Gesetze und Zeremonien zu notwendigen Dingen zu machen; weiter gibt er eine Reihe von Beispielen, wie kirchliche Bräuche sich im Laufe der Zeit geändert haben, was sehr verwerflich sein müßte, wenn Bräuche aufgrund der Autorität von Aposteln eingehalten werden müßten[15]. Er schließt mit der Frage: was nützt es überhaupt zu diskutieren, wenn die Gegner weder verstehen, was Gerechtigkeit des Glaubens ist, noch, was das Reich Christi ist?[16]

Melanchthons Ausführungen sind also deutlich genug. Er sagt, daß die CA von der *geistlichen* Einheit spricht. Deshalb geht er auch nicht auf die Einwände der Confutatoren ein, die einer äußeren, aufweisbaren Einheit gelten. Das einzige, was die Existenz der geistlichen Einheit bedingt, sind die Verkündigung und die Sakramente. *Alles* andere wird als menschliche Überlieferung verstanden, die verschieden sein kann, ohne die Kirche zu bedrohen. Mit diesem Standpunkt kann sich Melanchthon gegen den *Kirchenbegriff* seiner Gegner wenden, ohne die Möglichkeit zu leugnen, daß *die Kirche* auch unter ihnen zu finden ist: *una sancta ecclesia*. Mit anderen Worten: der verfehlte Kirchenbegriff der Gegner, der dazu führt, daß sie falsche Bedingungen für die Einheit der Kirche aufstellen, verleitet Melanchthon nicht dazu, ihnen auf diesem Wege zu folgen. Er hält an dem fest, was in Artikel 7 formuliert ist, und weigert sich deshalb, die Kirche konfessionalistisch zu verstehen! Es kann kein Zweifel daran bestehen, daß *„consentire de doctrina evangelii"* die Verkündigung meint, nicht die „richtige Dogmatik" oder dergleichen. Das bedeutet, daß die CA noch nicht die Konsequenzen aus der Kirchenspaltung gezogen hat, die die lutherische Orthodoxie zog, nämlich daß reine Lehre im Sinne einer richtigen Theologie das Kriterium für die wahre Kirche sei. Die CA ist also als vorkonfessionalistisch zu bezeichnen insofern, als die CA all das, was im Begriff Konfession (im Sinne einer gegenüber anderen abgegrenzten Kirchengemeinschaft) liegt, gar nicht im Blick hat. Später sollte es anders werden, aber noch hat der Protest gegen den römischen Kirchenbegriff nicht dazu geführt, daß man die Hier-

---

[13] VII, 30—32.
[14] VII, 33—34.
[15] VII, 35—44.
[16] VII, 30—32.

archie als Garant der wahren Kirche durch irgend etwas zu ersetzen versuchte. Es wird daran festgehalten, daß die Kirche allein durch die Handlungen Gottes lebt, in denen Gott durch seinen Geist Kirche schafft.

So wenig wie die CA dem Konfessionalismus Raum gibt, läßt sie sich auf die Frage nach der wahren Kirche ein, die sich mit dem Bischofsamt stellt. Auch das wird durch die Bestimmung dessen ausgeschlossen, was zur Einheit der Kirche gehört. Mit anderen Worten: es gibt nur ein notwendiges Amt in der Kirche, nämlich den Dienst des Wortes. Das Bischofsamt kann von der CA aus gesehen niemals das Fundament der Kirche werden, so wenig seine Beseitigung der Kirche etwas *Wesentliches* nehmen kann. Auch ohne dieses Amt kann die Kirche rechte Kirche sein. Es muß zu den *traditiones humanae* gerechnet werden, die so weit wie möglich bewahrt werden, ohne deshalb notwendig zu sein[17].

Während Luthers Lehre von der Kirche im wesentlichen unverändert blieb, unterzog sich *Melanchthons* Lehre später Wandlungen, die Luther kaum gutgeheißen hätte. In der CA fehlt bekanntlich die Lehre vom allgemeinen Priestertum, die für Luthers Kirchenauffassung konstitutiv war, aber die beiden Artikel von der Kirche widersprechen ihr in keiner Weise. Liest man dagegen, was Melanchthon z. B. in der letzten Ausgabe der *Loci* von 1559 über die Kirche zu sagen hat, so wird einem klar, daß er für diesen Gedanken keinen Platz hat. Obwohl gewisse Grundzüge im Kirchenbegriff der CA bewahrt werden, ist hier die ganze Grundlage für die geistliche Kircheninstitution der Orthodoxie zur Stelle. Melanchthon vergleicht die Kirche mit einer Lehrversammlung, einem *„coetus scholasticus"*, und betont, daß ein Unterschied besteht zwischen „Lehrern" *(docentes)* und „Zuhörern" *(auditores)*[18]. Die Definition der Kirche lautet so: „Die *sichtbare* Kirche ist eine Versammlung *(coetus)* derer, die sich zum Evangelium Christi bekennen *(amplectentium)* und die Sakramente recht gebrauchen, in welcher (Versammlung) Gott wirksam ist durch das Amt des Evangeliums und viele zum ewigen Leben erweckt, aber in welcher es viele gibt, die nicht wiedergeboren sind, die aber mit der wahren Lehre übereinstimmen."[19] Hier ist „Christi Evangelium" identisch geworden mit der rechten Theologie, die von den Pastoren verwaltet wird. Dadurch steht das Amt nicht mehr nur im Dienst des Wortes, sondern droht eine neue Rechtsinstanz zu werden, die über der Gemeinde steht.

Die CA zieht, wie in der Lehre vom Amt, keine festen Grenzen für die kirchliche Organisation. Sowohl volkskirchliche als auch freikirchliche Ordnungen können gleich gut (rein prinzipiell) von dieser Kirchenauffassung aus begründet werden. Man vermeidet sorgsam,

[17] Siehe weiter über das Bischofsamt unter Artikel 14, S. 127ff.

[18] *Werke II*, 2, S. 480,28ff.

[19] a.a.O. S. 476,12—17.

solche Dinge, die nach der Auffasssung der Reformatoren zu den „menschlichen Traditionen“ gehören, für bindend zu erklären. Es genügt, über das Evangelium und die Verwaltung der Sakramente einig zu sein, denn daran ist der Glaube, der allein rechtfertigt, gebunden. Diesen Zusammenhang zwischen Wort und Glaube will man auch hier hervorheben. Deshalb enthält der Kirchenbegriff notwendigerweise diese beiden Seiten. Niemand darf vom Glauben reden, abgesehen von der Ordnung Christi in Wort und Sakrament, denn nur hier gibt es den Glauben, der nicht auf sich selbst sieht, sondern allein auf Christus. Auf der anderen Seite darf niemand vergessen, daß die Ordnung Christi nicht als solche zum Heil führt, sondern nur, indem sie den Glauben im Herzen des einzelnen schafft.

8. Was ist die Kirche?

Obwohl die Kirche eigentlich die Versammlung der Heiligen und wahrhaft Glaubenden ist, so darf man doch, da in diesem Leben viele Heuchler und Schlechte darunter gemischt sind, die Sakramente gebrauchen, auch wenn sie von Schlechten verwaltet werden, nach dem Worte Christi: „Es sitzen die Schriftgelehrten und Pharisäer auf dem Stuhle Moses usw.“ Die Sakramente und das Wort sind wirksam wegen der Anordnung und des Befehles Christi, auch wenn sie durch Schlechte gespendet werden[1].

Sie verurteilen die Donatisten und ihresgleichen, welche sagten, man dürfe in der Kirche den Dienst der Schlechten nicht hinnehmen, und meinten, der Dienst der Schlechten sei unnütz und wirkungslos[2].

---

[1] DT etwas anders, ohne im Übrigen den Sinn zu ändern. Er spricht von falschen Christen und Heuchlern und fügt hinzu „offentliche Sünder“. Die Begründung für die Wirksamkeit der Sakramente, die Einsetzung Christi, fehlt.

[2] DT nennt nur die Donatisten und andere, die etwas anderes meinen als Artikel 8, ohne die donatistische Auffassung zu referieren.

Der Artikel will es unmöglich machen, den Evangelischen Donatismus vorzuwerfen. Die Verhandlungen auf dem Reichstag zeigten, daß die Furcht vor einer solchen Anklage nicht unbegründet war (siehe Artikel 7). *Eigentlich:* Nach ihrem Wesen ist die Kirche das, was im vorhergehenden Artikel beschrieben wurde. Die hier hinzugefügte Bezeichnung (Versammlung) der *wahrhaft Glaubenden* enthält nichts Neues, denn nach Artikel 4 und 5 kann *heilig,* wie es hier gebraucht wird, überhaupt nichts anderes bedeuten als *wahrhaft glaubend.* Das Zugeständnis, das schon der erste Satz ankündigt *(obwohl),* soll die Definition der Kirche nicht abschwächen, sondern beschreibt die Bedingungen der Kirche in der Welt. Wohl konstituieren die Gnadenmittel die Kirche, indem der Heilige Geist durch sie den Glauben schafft, aber sie stecken keine deutlichen Grenzen der Kirche unter Menschen ab, weshalb die Möglichkeit unbestreitbar ist, daß *Heuchler und Schlechte* in der Kirche sind. Die Effektivität der Gnadenmittel kann ja nicht von der geistigen Qualität dessen abhängen, der sie verwaltet: *so darf man doch ... die Sakramente gebrauchen, auch wenn sie von Schlechten verwaltet werden.* Nach einem Hinweis auf Mt. 23,2 wird diese Auffassung näher begründet, indem das genannt wird, was die Wirksamkeit der Gnadenmittel konstituiert: *sind wirksam wegen der Anordnung und des Befehles Christi.* Wo die Gnadenmittel — wo und wann es Gott gefällt — wirksam sind, dort sind sie es allein kraft des Befehls Christi. Dadurch ist aller Zweifel an ihrem Wert ausgeschlossen, der auf Zweifel an der Würdigkeit des Priesters beruhen mag.

Die Verurteilung von *Donatisten und ihresgleichen* ist selbstverständlich, da ja der ganze Artikel das donatistische Problem behandelt.

Kommentar

Der Inhalt dieses Artikels folgt unmittelbar aus dem vorhergehenden. Da der Glaube als Gabe des Heiligen Geistes verborgen, aber andererseits an die Gnadenmittel gebunden ist, ist notwendigerweise mit der Möglichkeit zu rechnen, daß es Pastoren gibt, die selbst nicht zur eigentlichen Kirche gehören. Deshalb muß betont werden, daß die Wirksamkeit der Gnadenmittel von den persönlichen Qualitäten des Pfarrers unabhängig ist, denn sonst könnte man ja nie wissen, ob die Kirche überhaupt existiert. Dann wäre die Kirche nicht ausschließlich an die freie Gnade Gottes gebunden, der Glaube allein nicht an das Kommen Christi in Wort und Sakrament. Nur eins bedingt die Wirksamkeit der Gnadenmittel: die Ordnung und der Befehl Christi. Die *Confutatio* erkennt den Artikel vorbehaltlos an. In der *Apologie* bedarf es deshalb nicht vieler Worte, sondern *Melanchthon* begnügt sich mit einer Vertiefung: indem die Pfarrer die Gnadenmittel austeilen, repräsentieren sie die Person Christi aufgrund der Berufung durch die Kirche, nicht aufgrund ihrer eigenen Person, denn Christus sagt: „wer euch hört, der hört mich" (Lk. 10,16). Hier stehen die Reformatoren zusammen mit der Papstkirche gegen die Schwärmer, die alle „Donatisten" waren.

Jedoch begründen die Reformatoren ihre Auffassung ganz anders als die römische Kirche. Daß die Gnadenmittel allein vom Befehl Christi abhängen, bedeutet, daß ihre Wirksamkeit ebenso wenig an die rituelle Würdigkeit des Priesters gebunden sein kann wie an seine religiöse, persönliche. Die göttliche Autorität der Kirche besteht allein im Gotteswort. Die Reformatoren können sehr eindringlich davon sprechen, wie der

Pfarrer im Namen Christi handelt, aber diese Funktion beruht nicht wie in der römischen Kirche darauf, daß die Ordination einen *character indelebilis* mitgeteilt hat, der den Priester für sein Amt qualifiziert. Sie beruht vielmehr darauf, daß es ihm übertragen ist, in der Gemeinde mit dem Wort zu dienen, dessen Wirksamkeit sicher ist, weil es *Gottes* Wort ist, und aus keinem anderen Grund.

Mehr umfaßt der Artikel 8 nicht, aber wenn die Kirche als die Versammlung der Heiligen und wahrhaft Glaubenden bestimmt wird, so wird eben damit offenbar vor dem Versuch gewarnt, die Grenze zwischen dem Reich Christi und dem Reich des Teufels sichtbar zu machen. Es muß jedoch erwähnt werden, daß *Luther* sich auch an einer Stelle mit dem Problem befaßt hat, nämlich in der Schrift *Deutsche Messe* von 1526. Er sagt hier, daß es drei Arten gibt, Gottesdienst zu halten. Die beiden ersten sind öffentlich, nämlich die lateinische bzw. die deutsche Messe. Aber es gibt eine dritte Weise, die nach evangelischer Ordnung die rechte ist. Diese sollte nicht öffentlich sein, sondern diejenigen, die wirklich Christen sein wollen, sollten sich in einem Haus zu gemeinsamem Gebet und Empfang der Sakramente versammeln. Hier würde man auch eine strenge Kirchenzucht ausüben können, Katechismus lehren können, den Christen Almosen auferlegen können usw. Das ließe sich schnell einrichten, meint Luther, wenn man nur die rechten Leute dazu hätte; aber die hat Luther nicht, und deshalb will er sich vorläufig der beiden anderen Formen von Gottesdienst annehmen[1]. Diese Überlegungen zeigen, daß Luther sich nicht ohne weiteres mit volkskirchlichen Verhältnissen abgefunden hat. Die Entwicklung der kirchlichen Verhältnisse in Kursachsen nahm aber — nach den Visitationen — einen ganz anderen Weg, als er sich anscheinend vorgestellt hatte. Als Kirchenorganisator hat Luther keinen großen Einfluß ausüben können[2].

[1] Cl. 3, 296,37—297,25 (WA 19, 75).

[2] Zur Kirchenzucht siehe unter den Artikeln von Beichte und Buße.

9. Die Taufe

Von der Taufe lehren sie: Sie ist notwendig zum Heil; durch die Taufe wird die Gnade Gottes dargeboten; die Kinder müssen getauft werden, sie werden durch die Taufe Gott dargeboten und in die Gnade Gottes aufgenommen[1].

Sie verurteilen die Wiedertäufer, welche die Kindertaufe verwerfen und behaupten, die Kinder würden ohne die Taufe gerettet[2].

[1] DT: „Gott ... gefällig werden". *Recipiuntur in gratiam Dei:* Hier ist von einer göttlichen Handlung die Rede, einem Übergang von der Verdammung zur Gnade.

[2] DT mehr summarisch: „welche lehren, daß die Kindertauf nicht recht sei".

Der Artikel enthält drei Aussagen: 1. Die Taufe ist *notwendig zum Heil:* es gibt keine anderen Wege zur Gnade Gottes als den von Christus befohlenen, nämlich die Taufe. 2. *Durch die Taufe wird die Gnade Gottes dargeboten:* hierdurch wird der Charakter der Taufe als Gnadenmittel festgehalten. Die Taufe ist nicht nur ein äußeres Zeichen, sondern sie bringt die Gnade. 3. Es wird deshalb festgestellt: *die Kinder müssen getauft werden.* Hiermit distanziert man sich von den im zweiten Abschnitt verurteilten Wiedertäufern. Der hinzugefügte Relativsatz muß im selben Zusammenhang gesehen werden. Er soll bestätigen, daß (2.) auch den kleinen Kindern gilt.

Die Verwerfung der Wiedertäufer wendet sich gegen die Ablehnung von (3.) im allgemeinen und (1.) im Hinblick auf die Kinder.

Kommentar

Artikel 9 ist noch mehr als die übrige CA von einer Zurückhaltung in der Polemik gegen Rom geprägt. Wenn die *Confutatio* den Artikel akzeptiert und *Melanchthon* in der *Apologie* sich auf diese Anerkennung beruft, so kann das nicht daran liegen, daß die beiden Seiten die ernsthaften Divergenzen übersehen haben, zu denen ein anders formulierter Artikel von der Taufe hätte führen können. Was Melanchthon betrifft, so läßt es sich am leichtesten verstehen: er will mit Artikel 9 unterstreichen, daß die Lutherischen nichts mit den Wiedertäufern zu schaffen haben. In dieser Distanzierung können sich die Päpstlichen mit ihm einig erklären. Dagegen kann man wohl fragen, ob nicht die Confutatoren Anlaß gehabt hätten, etwas näher in Erfahrung zu bringen, was „notwendig zum Heil" bedeutet. Genauso hätte es nahegelegen zu fragen, was das für eine Gnade ist, an der die Taufe Anteil gibt. Nun sind diese Fragen nicht gestellt worden, aber wir können sie trotzdem nicht unberücksichtigt lassen, wenn wir erfahren wollen, wo in der Lehre von der Taufe die Unterschiede zwischen den Reformatoren und der damaligen römischen Lehre liegen.

Sieht man auf die *Schwabacher* und *Marburger Artikel,* so wird deutlich, daß Artikel 9 eine vollständige Neubildung ist. Artikel 9 in den Schwabacher Artikeln hebt hervor, daß die Taufe aus zwei Stücken besteht, dem Wasser und dem Wort Gottes. Die CA ist dagegen in so vagen Wendungen gehalten, daß überhaupt nicht klar wird, worin das Wesen der Taufe besteht. Es mag eigenartig erscheinen, daß überhaupt nicht vom Glauben die Rede ist; wäre es geschehen, so wäre die Beurteilung durch die Confutatio sicher anders ausgefallen. Vielleicht ist diese Vorsicht dadurch veranlaßt, daß *Eck*[1] in seinen *404 Artikeln* gerade die Rede

---

[1] *Eck,* Artikel 215 und 227, *Gußmann II,* S. 128 und 130.

vom Glauben im Zusammenhang mit der Taufe verketzert hat. Eck nennt zwei Sätze von Luther: daß die Taufe in sich selbst nichts nützt, sondern nur der Glaube an das Verheißungswort, an das die Taufe gebunden ist, und daß die Taufe dem Kind nichts nützt, wenn es nicht seinen eigenen Glauben hat. Auch in der *Apologie* sagt Melanchthon überhaupt nichts vom Verhältnis zwischen Taufe und Glaube. Jedoch spricht er indirekt von dem Glauben, der auf die Taufe folgt, indem er den Umstand, daß unter den Lutheranern keine Baptisten aufgetreten sind, erwähnt als ein Zeichen dafür, wie rein und sorgfältig das Evangelium gelehrt wird. Im übrigen hebt er als das Konstitutive in der Taufe die Verheißung des Heils hervor, die auch die Kinder betrifft. Da man sie jedoch nur zusammen mit dem Wort und den Sakramenten hat, ist es notwendig, die Kinder zu taufen, damit sie an ihr Anteil bekommen. Erst in Artikel 13 wird die Bedeutung des Glaubens für den Gebrauch der Sakramente erörtert.

Luther legte seine Lehre von der Taufe zum ersten Mal dar in dem *Sermon von dem heiligen, hochwürdigen Sakrament der Taufe* (1519)[2]. Das Zeichen der Taufe, heißt es hier, ist dies, daß der Mensch ins Wasser getaucht und wieder emporgehoben wird. Deswegen meint Luther, daß man eigentlich der alten Sitte folgen sollte, nach der der Täufling eingetaucht und nicht übergossen wird. Die *Bedeutung* der Taufe ist der Tod der Sünde und die Auferstehung des neuen Menschen in der Gnade Gottes. Dies geschieht nicht vollkommen, bevor der leibliche Tod eintritt, weshalb das ganze Leben eine geistliche Taufe ohne Unterlaß bis zum Tode ist. Sakramental ist der Mensch rein und unschuldig durch die Taufhandlung selbst, aber noch bleibt das Werk des Sakramentes, das die Auferstehung am Jüngsten Tag ist. Schon jetzt hat Gott sich mit dem Menschen verbunden und begonnen, ihn neu zu schaffen. Das geschieht, indem er das ganze Leben hindurch den Menschen durch viele Werke und Leiden übt. Aufgrund dieses neuschaffenden Werkes rechnet Gott die Sünde nicht an, die noch nicht beseitigt ist. Das dritte Stück im Sakrament schließlich ist der *Glaube* daran, daß die Taufe dies alles wirklich tut und uns mit Gott verbindet; erst der Glaube ist das Allernotwendigste, denn er ist der Grund allen Trostes. Ohne den Glauben muß der Mensch in der Sünde verzweifeln. Aber durch den Glauben versteht der Mensch, daß unsere Unschuld in der Taufe allein von der Barmherzigkeit Gottes abhängt. Von hier aus wird verständlich, daß auch die *Buße* ihren Grund in der Taufe hat. Durch die Buße teilt Gott wiederum die Vergebung zu, die er in der Taufe versprach, d.h. daß die Taufe wieder wirksam ist. Nicht durch satisfaktorische Werke, sondern dadurch, daß er sich an seine Taufe hält, wird der Mensch wieder an den

[2] Cl. 1, 185—195 (WA 2, 727—737).

Ort gestellt, den Gott ihm in seiner Barmherzigkeit versprochen hat. „Glaubst du, so hast du. Zweifelst du, so bist du verloren.“[3]

Wenn es Luther so sehr daran lag, die Bedeutung des Glaubens im Zusammenhang mit der Taufe hervorzuheben, so liegt das natürlich an seiner Auseinandersetzung mit der römischen Lehre von dem Wirken des Sakraments *ex opere operato*. Aber man könnte genauso gut sagen, daß es an seinem Eifer lag hervorzuheben, daß die Taufe ganz und gar Gottes Werk ist. Die Betonung des Glaubens bedeutet nicht, daß sich Luther mitten zwischen einer römischen und einer baptistischen Auffassung von der Taufe befindet. Die Betonung des Glaubens ist vielmehr notwendig, gerade weil die Taufe nicht das Werk des Menschen ist, sondern das Werk Gottes. An diesem wie an anderen Punkten stellt der Abschnitt über die Taufe in *De captivitate babylonica* eine ausgezeichnete Ergänzung zu dem Sermon dar[4]. Hier vollzieht Luther eine etwas andere Einteilung der „Stücke“ in der Taufe. Das erste, was betrachtet werden muß, ist die göttliche Verheißung, die an die Taufe gebunden ist und von der unser ganzes Heil abhängt. Deswegen sollten wir den Glauben an die Verheißung üben, denn ohne den Glauben nützt die Taufe nichts. Es geht darum, Gott auf sein Wort zu glauben. Deshalb kann keine Sünde den Getauften verurteilen außer dem Unglauben, der sich weigert, darauf zu vertrauen, daß Gott wahr gesprochen hat. Der Glaube ist also nicht verstanden als eine Bedingung für die Gültigkeit des Sakraments, sondern als das Vertrauen auf die Verheißung Gottes, das sich gerade auf die Kraft der Taufe verläßt, weil sie Gottes eigenes Werk ist. Deshalb wendet sich Luther zornig dagegen, daß man die Buße als einen Ersatz für die Taufe betrachtet, wie es die römische Kirche tue, denn dadurch wird die Buße im Grunde eine Art zweite Taufe. Die Sünde kann die Taufe nicht beseitigen, und deshalb ist Buße tun nichts anderes, als zu seiner Taufe zurückzukehren, d. h. das Verheißungswort wieder im Glauben zu hören.

Das zweite, was nach *De captivitate babylonica* zur Taufe gehört, ist das Zeichen, die sakramentale Handlung selbst. Hier wendet sich Luther gegen das Zentrale in der mittelalterlichen Auffassung, nämlich die Behauptung, die Sakramente seien *efficacia signa gratiae,* d.h. sie wirkten im Gegensatz zu den Sakramenten des alten Bundes kraft der Ausführung der Handlung selbst *(ex opere operato)*, wenn nur nicht „der Riegel“ vorgeschoben wird (durch Todsünde). *Luther* leugnet, daß ein Unterschied zwischen dem alten und dem neuen Bund bestehen soll; vielmehr ist in beiden Fällen das Verheißungswort das Entscheidende, und dies fordert Glauben, nicht Werk. *„Non sacramentum, sed fides sacramenti iustificat“*[5].

---

[3] Cl. 1, 192,1f.

[4] Cl. 1, 459—478 (WA 6, 526—543).

[5] Cl. 1, 466,26f.

Der Glaube an das Verheißungswort ist es, der das erfüllt, was die Taufe bezeichnet. *„Sacramenta non implentur dum fiunt, sed dum creduntur"*[6]. Zu behaupten, daß das Sakrament in sich selbst rechtfertigende Wirkung hat, heißt, es zu einem Werk zu machen. „Denn wenn mir das Sakrament die Gnade gibt, weil ich es empfange, so erlange ich in Wirklichkeit die Gnade durch mein Werk, nicht durch den Glauben ..."[7]. Danach wendet sich Luther der Frage zu, was die Taufe bezeichnet, nämlich Tod und Auferstehung. Die Gedanken hierüber entsprechen ganz denen im Sermon von 1519.

Diese Auffassung der Taufe könnte als eine Spiritualisierung des Sakraments erscheinen, und so ist es denn auch oft genug verstanden worden. Jedoch muß man Luthers Position von der polemischen Situation aus verstehen. Es ging darum, sich mit dem mittelalterlichen Sakramentsverständnis auseinanderzusetzen. Betrachtet man die Einzelheiten dieser Auseinandersetzung näher, so wird auch das Entscheidende in Luthers eigener Auffassung von der Taufe hervortreten.

1. In Luthers Betonung des Sakramentswortes als *Verheißungswort* liegt ein ganz anderes Verständnis dieses Wortes, als es das Mittelalter hatte. Das Sakramentswort ist nicht mehr lediglich als Konsekrationswort verstanden (im Sprachgebrauch des Mittelalters: als Form des Sakraments), sondern es ist mit dem gnädigen Wort Gottes identisch, mit dem Wort von Christus, d.h. mit dem Evangelium. Wenn das Wort der Verheißung das Entscheidende im Sakrament ist, so ergibt sich daraus, daß der Glaube notwendig ist. Wenn die Gnade, die das Sakrament schenkt, ein Wort von Gott ist, in dem er sich mit dem Menschen verbindet, kann diese Gnade nur im Glauben empfangen werden. Alles Reden von einer Wirkung des Sakraments *ex opere operato* ist damit ausgeschlossen.

2. Dies bedeutet nicht, wie es oft verstanden worden ist, daß Luther einem massiven Sakramentalismus ein mehr „geistiges" Verständnis der Taufe entgegensetzt, oder anders gesagt, daß er dem „objektiven" Verständnis der Scholastik eine mehr persönlich-subjektive Auffassung entgegenstellt. Der Gegensatz, um den es hier geht, ist nicht der Gegensatz zwischen geistig und materiell, sondern der Gegensatz zwischen der Gerechtigkeit des Glaubens und der Gerechtigkeit der Werke. Wo der Glaube nicht das Entscheidende ist, werden es sogleich die Werke. Gewiß unterstreicht die Lehre vom Wirken des Sakraments *ex opere operato* in hohem Maße die *Gnade;* aber es handelt sich hier um eine ganz andere Gnade. Dies ist nicht die Gnade, die darin besteht, daß Gott selbst sich in seiner Zusage mit dem Menschen verbindet, sondern dies ist eine Gnade, durch welche der Mensch befähigt wird, seine Seligkeit zu verdienen, und damit eine Gnade, die die Rechtfertigung unter das Vor-

---

[6] Cl. 1, 467, 11 f.

[7] Cl. 1, 467, 22 ff.

zeichen des Gesetzes und der Werke stellt. Deshalb sieht Luther die Rechtfertigungslehre selbst bedroht von dem Verständnis der Sakramente als *signa efficacia*. Nur durch den unauflöslichen Zusammenhang zwischen Wort und Glaube ist es möglich festzuhalten, daß die Taufe Gottes eigenes Werk ist.

3. Daß Luthers Auffassung von der Taufe nicht spiritualistisch ist, zeigt sich nun deutlich an dem, was er vom *Zeichen* zu sagen hat, von der Taufhandlung selbst. Er warnt davor, zwischen etwas Innerem, das Gott zugerechnet wird, und etwas Äußerem, das dem Menschen zugerechnet wird, zu unterscheiden; d. h. jede Scheidung von Wort und Zeichen ist verkehrt. Beide Teile müssen Gott zugerechnet werden. Gott selbst tauft — mit dem Pfarrer als Werkzeug — mit eigenen Händen, und er selbst verspricht durch die Stimme eines Menschen die Vergebung der Sünden[8]. Als Gottes eigenes Werk kann das Zeichen niemals ungültig werden, auch wenn sich der Mensch von ihm abwendet[9]. Das bedeutet weiter, daß das Zeichen nicht nur ein „Symbol" für eine innere, davon unabhängige Wirklichkeit ist: „Diesen Tod und diese Auferstehung nennen wir eine neue Schöpfung, Wiedergeburt und eine geistliche Geburt, die nicht nur allegorisch zu verstehen ist, vom Tod der Sünde und dem Leben der Gnade, wie viele es gewöhnlich verstehen, sondern von dem wirklichen Tod und der wirklichen Auferstehung"[10]. Das Zeichen ist Werk Gottes, weil er durch es seine Neuschöpfung des Menschen beginnt. Das Zeichen wird also keineswegs als unwesentlich beiseite geschoben, sondern auch das Zeichen hat einen ganz anderen Ort erhalten als im mittelalterlichen Sakramentsverständnis, wo es als Materie des Sakraments verstanden wird.

4. Dies führt uns zum letzten Punkt in Luthers Gegensatz zur Tauflehre der Scholastik. Weil er Wort und Zeichen als zwei Seiten derselben Gotteshandlung versteht, muß sich Luther, wie oben angedeutet, gegen die Rede von der Buße als einer Art Ersatz für die Taufe wenden. In *De captivitate babylonica* sagt er: „Gleichzeitig siehst du, wie gefährlich, ja falsch es ist zu meinen, die Buße sei eine zweite Rettungsplanke nach dem Schiffbruch"[11]. Man muß sich vor denen hüten, die die Kraft der Taufe gering machen, indem sie sagen, durch die Taufe werde die Gnade eingegossen, aber später werde sie durch die Sünde „ausgegossen"[12]. In der scholastischen Lehre ist die Taufe nur das erste Glied in einem System von sakramentalen Handlungen, von denen jede ihren Platz in der quantitativen Zuteilung der „Gnade" hat. Dadurch wird die Bedeutung der Taufe in ganz außerordentlicher Weise begrenzt. Sie ist unentbehrlich, weil sie das *erste* Glied ist und sein muß, aber nach der ersten auf die

[8] Cl. 1, 464,13ff.
[9] Cl. 1, 469,19ff.
[10] Cl. 1, 468,11ff.
[11] Cl. 1, 463,1f. Vgl. 460,14ff.
[12] Cl. 1, 469,10ff.

Taufe folgenden Todsünde übernimmt das Bußsakrament die Funktion der Taufe. Im Gegensatz dazu umfaßt die Taufe für Luther das ganze Leben des Christen. Was Gott in der Taufe begonnen hat, ist erst mit dem leiblichen Tod und der Auferstehung vollendet. Die Taufe ist also radikal eschatologisch verstanden. In der Taufe ist der Mensch durch die gnädige Zusage Gottes ganz rein und unschuldig in dem Sinne, daß die Sünde nicht angerechnet wird, aber noch nicht beseitigt ist. Im Glauben hat man dies alles, aber noch sind wir im Fleisch. Deshalb müssen wir immer getauft werden durch den Glauben bis zum Tod.

Luthers Tauflehre zeigt klar, wie er die fortgesetzte Rechtfertigung versteht, das, was man Heiligung zu nennen pflegt. Es handelt sich nicht um einen empirisch konstatierbaren Fortschritt in ethischer Hinsicht, sondern um den ständigen Tod und die ständige Auferstehung mit Christus im Glauben bis zum leiblichen Tod. Weil Luther es ablehnt, die Gnade als eine Kraft zu verstehen, die die Natur allmählich reinigt und erhebt, kann er die fortgesetzte Rechtfertigung nicht anders verstehen. Dadurch wird die Erneuerung gerade zu einer wirklichen Erneuerung: „Der Sünder muß also nicht so sehr abgewaschen werden als sterben, damit er völlig erneuert werde zu einer anderen Kreatur und damit er dem Tode und der Auferstehung Christi entspreche, mit dem zusammen er durch die Taufe stirbt und aufersteht“[13].

Während die Schriften von 1519 und 1520 vom Gegensatz zur Scholastik bestimmt sind, ist die Tauflehre der *Katechismen* in höherem Maße vom Verhältnis zu den in der Zwischenzeit aufgetauchten Wiedertäufern bestimmt. Das bewirkt eine Akzentverschiebung, aber keine wirkliche Änderung. Für *die Wiedertäufer* war der Heilige Geist nicht an die Sakramente gebunden, aber trotzdem hielten sie auf Grund ihres Biblizismus an der Notwendigkeit der Taufe fest. Die Kindertaufe lehnten sie entschieden ab. Die Taufe sollte erst vorgenommen werden, wenn die rechten — von Wort und Sakramenten unabhängigen — subjektiven Bedingungen zur Stelle waren. Sie wurde als Geisttaufe aufgefaßt und war so vor allem Kennzeichen der Zugehörigkeit zu der wahren Kirche der Geistbegabten, deswegen war die Kindertaufe ungültig[14]. Das zwang Luther, etwas anders von der Taufe zu reden.

Es geht teils um den Begriff „äußerlich Ding“, teils um das Verhältnis zwischen Glaube und Hoffnung. Gegenüber dem Spiritualismus der Wiedertäufer mußte Luther stärker als früher das Zeichen betonen. Das tut er im *Großen Katechismus* an folgenden Punkten: 1. Die Taufe geschieht auf Gottes Gebot und Befehl. 2. Es wird im Namen Gottes getauft, was bedeutet, daß die Taufe Gottes eigenes Werk ist. 3. Wohl ist das Äußere der Taufe, das Wasser, nur ein geringes Ding, aber das Ent-

[13] Cl. 1, 468,31 ff.

[14] Siehe z.B.. *G. H. Williams*, The radical Reformation, 1962.

scheidende ist, daß es mit Gottes Wort verbunden ist und durch es geheiligt ist, das in der Taufe vom Wasser weder getrennt werden kann noch darf. 4. Deshalb ist es falsch, wie es die Wiedertäufer tun, die den Glauben von dem „Ding" trennen. Der Glaube muß etwas haben, an das er sich halten kann, und dies darf und soll etwas Äußeres sein, das mit den Sinnen erfaßt werden kann, genauso wie ja das ganze Evangelium eine äußere, hörbare Predigt ist. „Summa, was Gott in uns tuet und wirket, will er durch solch äußerliche Ordnung wirken"[15]. Hiermit meint Luther die Polemik gegen das „äußerlich Ding" zurückgewiesen zu haben, aber außerdem ist es nötig, etwas vom Verhältnis des Glaubens zur Taufe zu sagen. Er hält daran fest, daß die Taufe ohne den Glauben nichts nützt, aber er betont gleichzeitig, daß die Taufe unabhängig vom Glauben feststeht: „denn mein Glaube machet nicht die Taufe, sondern empfähet die Taufe"[16]. Die Taufe wird nicht weniger eine rechte Taufe, weil sie nicht recht empfangen wird, denn sie ist Ordnung Gottes, die nicht durch Menschen verändert werden kann. Es wäre dasselbe, wie wenn man schließen würde: Christus ist nichts, weil ich nicht glaube[17]. Wenn Luther auf den Glauben Gewicht legt, so geschieht das also, um die Taufe als Werk Gottes hervorzuheben.

Von all dem findet sich nicht viel in der CA. Wir hören nichts Näheres davon, was es bedeutet, daß die Taufe zur Seligkeit notwendig ist. Von Luthers Taufauffassung aus wäre es nicht schwierig zu erklären: in der Verheißung der Taufe wird die Vergebung der Sünden zugesprochen, indem Gott sich mit dem Menschen verbindet im Kampf gegen die Sünde, die erst durch den Tod ganz überwunden sein wird. Die Taufe ist also das Sakrament der Rechtfertigung, ohne welches der Mensch in der Gewalt der Sünde und des Teufels ist[18]. Von hier aus ist es ohne weiteres deutlich, was das für eine Gnade ist, die die Taufe mit sich bringt. Es ist nicht eine habituelle Gnade, sondern Gottes Barmherzigkeit über den Sünder, durch welche dessen Leben neu wird.

Als letzten Punkt behandelt Artikel 9 die Notwendigkeit der Kindertaufe. Es ist bekannt, wie Luther als Folge seiner Auffassung vom Ver-

[15] BK, S. 697,(30). [16] BK, S. 701,(53). [17] BK, S. 703,(58).

[18] Auch wenn der eigentliche Zusammenstoß zwischen Luther und *Zwingli* der Christologie und der Abendmahlslehre galt, ist es nicht verwunderlich, daß auch in der Lehre von der Taufe deutliche Divergenzen bestehen. Das muß auch so sein, wenn man Zwinglis Lehre vom Verhältnis zwischen dem Heiligen Geist und den Gnadenmitteln betrachtet. Bei dem Gespräch in *Marburg* ging Zwingli darauf ein, die Taufe ein Werk Gottes zu nennen, durch welches wir wiedergeboren werden. In der *Fidei ratio,* wo er nicht von politischen Rücksichten auf Sachsen bestimmt ist, nimmt er dagegen kein Blatt vor den Mund. Hier wird geradezu gesagt, daß die Sakramente die Gnade weder geben noch vermitteln. Die Taufe setzt deshalb die Gnade *voraus.* Zwingli will an der Kindertaufe festhalten, weil die Kinder, deren Eltern Christen sind, zur Kirche gerechnet werden (Bekenntnisschr. der ref. Kirche, S. 86f.).

hältnis zwischen dem Glauben und der Wirksamkeit der Taufe auf verschiedene Weise zu zeigen versuchte, daß die kleinen Kinder sehr wohl glauben können. Es ist nicht möglich, hier näher auf Luthers Auffassung vom Glauben der kleinen Kinder einzugehen[19]. Lediglich so viel muß gesagt werden: wenn Luther davon spricht, so ist das nur ein weiteres Zeichen dafür, daß der Glaube nicht als eine subjektive Qualität des Menschen verstanden wird. Gemeint ist dies, daß der Glaube dem Kind in der Taufe geschenkt wird. Wenn die CA sagt, daß die Kinder getauft werden müssen und daß sie durch die Taufe in die Gnade Gottes aufgenommen werden, so erfordert das kaum eine andere Begründung als die, daß die Taufe, wie es ausführlich im Großen Katechismus entfaltet wurde, in sich selbst eine Gotteshandlung ist, durch welche Gott das Heil beginnt. Daß die Taufe den Glauben erfordert, um zu „nützen", setzt die Rechtfertigungslehre voraus, obwohl das hier nicht genannt ist.

Als *Zwingli* seine Stellung zur Taufe entwickelte, kam er, indem er seine Taufauffassung mit der der Kirchenväter und Scholastiker verglich, zu dem Ergebnis, daß alle seit den Aposteln geirrt hätten[20]. Damit bricht er die Verbindung nach rückwärts ab, aber das paßt sehr gut zu seinem Kirchenbegriff, der ja allen Zusammenhang zwischen der äußeren, sichtbaren Kirche und der Gemeinschaft von Erwählten zerreißt. Genauso charakteristisch wie diese Äußerung für Zwingli ist, ist für Luther die Äußerung zur Taufe in *De captivitate babylonica* charakteristisch, wo er Gott preist, daß er im Reichtum seiner Gnade das Sakrament der Taufe vor der Vernichtung durch menschliche Erfindungen bewahrt hat[21]. Für Luther kann nichts Menschliches das Werk Gottes in der Taufe vernichten. Gewiß ist es gelungen, Menschen dazu zu bringen, an der Kraft ihrer eigenen Taufe zu zweifeln, indem man von der Buße als „Rettungsplanke" nach dem Fall spricht, aber das kann niemals die Taufe selbst weniger gültig machen.

[19] Siehe hierzu *R. Seeberg:* Lehrbuch der Dogmengeschichte IV, 1, S. 395f. und *K. Brinkel:* Die Lehre Luthers von der fides infantium bei der Kindertaufe, 1958.

[20] Siehe *Plitt II,* S. 265f.

[21] Cl. 1, 459,37ff.

10. Das Mahl des Herrn

Vom Abendmahl[1] des Herrn lehren sie: Leib und Blut[2] Christi sind im Abendmahl wahrhaft gegenwärtig[3] und werden denen, welche (es) genießen, ausgeteilt; und sie lehnen die ab, welche anders lehren.[4]

[1] *Coena:* Bezeichnung für die römische Hauptmahlzeit, das „Abendmahl".

[2] DT: „wahrer Leib und Blut Christi wahrhaftiglich".

[3] DT: „unter der Gestalt des Brots und Weins im Abendmahl".

[4] *Improbant:* eine sehr milde Verurteilung, die nur in diesem Artikel verwendet wird.

Das Verständnis des ganzen Textes hängt von der Bedeutung der Worte ab: *wahrhaft gegenwärtig und ... ausgeteilt. Wahrhaft* schließt ein symbolisches Verständnis aus und behauptet die Realpräsenz, ohne näher anzugeben, wie sie zu verstehen ist. Im Abendmahl werden wirklich Leib und Blut Christi gereicht. *Denen, welche (es) genießen, ausgeteilt* knüpft die Realpräsenz an die *Abendmahlshandlung.* Trotz der ganzen (beabsichtigten) Unbestimmtheit des Artikels weist diese Formulierung in jedem Fall darauf hin, daß das Wesen des Abendmahls *Kommunion* ist. Es ist klar, daß sich der ganze Artikel mit dem Gottesdienst *der Gemeinde* beschäftigt.

Kommentar

Artikel 10 scheint vor allem durch das eine Interesse geprägt zu sein, Anstoß zu vermeiden. Die Formulierung schließt die Auffassung Zwinglis und der Schwärmer aus. Die Transsubstantiation ist nicht erwähnt, aber auch nicht ausgeschlossen. Der deutsche Text hat die Worte: „unter der Gestalt des Brots und Weins", eine Ausdrucksweise, die zur Darstellung der Wandlung sehr geeignet wäre. Gestalt hieße auf lateinisch *species,* wodurch man der Formel sehr nahe gekommen wäre, die beim Laterankonzil 1215 angewandt wurde: *sub speciebus panis et vini.*[1] Auch an anderen Punkten ist der deutsche Text schärfer formuliert. Während der lateinische Text lediglich sagt, daß Leib und Blut Christi „wahrhaft" *im* Abendmahl gegenwärtig sind und ausgeteilt werden, fügt der deutsche Text außerdem das Wort „wahr" direkt zu den Worten Leib und Blut Christi hinzu, wodurch jede Möglichkeit, die Gegenwart Christi als eine „geistliche" Gegenwart zu verstehen, ausgeschlossen ist. Während der deutsche Text also keinen Zweifel daran läßt, daß man die Realpräsenz hervorheben will, wurde auch das *„vere"* des lateinischen Textes bei den letzten Verhandlungen diskutiert, wobei behauptet wurde, es sei zweideutig. Die Kritik wurde mit der Begründung abgewiesen, da keine Zwinglianer unter den Unterzeichnern seien, könne an dem Sinn kein Zweifel bestehen[2]. Es ist also deutlich, daß auch der lateinische Text nur legitim verstanden wird, wenn man das *„vere"* im Sinne der Realpräsenz versteht. Aber auch unter dieser Voraussetzung sind die beiden Texte doch recht verschieden. Der Ort für die Gegenwart Christi ist im lateinischen Text: *„in coena Domini"*, wobei auf Austeilung

[1] *Concilium Lateranense IV* 1215, De fide catholica, *Denzinger* 802: *Una* vero est fidelium universalis *Ecclesia,* extra quam nullus omnino salvatur, in qua idem ipse sacerdos est sacrificium Iesus Christus, cuius corpus et sanguis in *sacramento altaris* sub speciebus panis et vini veraciter continentur, transsubstantiatis pane in corpus et vino in sanguinem potestate divina ...

[2] Siehe *W. Maurer: Zum geschichtlichen Verständnis der Abendmahlsartikel in der Confessio Augustana.* Festschrift für Gerhard Ritter 1950, S. 208f. Vgl. BK, S. 64, Anm. 3.

und Genuß hingewiesen wird, im deutschen Text jedoch: „unter der Gestalt des Brots und Weins“, wonach Austeilung und Genuß hinzugefügt werden. Mit anderen Worten: Der deutsche Text leugnet jedenfalls nicht die Möglichkeit, das Abendmahl als etwas anderes und mehr als die Kommunion zu betrachten; das tut der lateinische Text gewiß auch nicht ausdrücklich, aber ein natürliches Verständnis schließt doch wohl ein, daß das Abendmahl hier als mit der Kommunion identisch betrachtet wird.

Weiter ist bemerkenswert, daß die Verwerfung von anders Lehrenden hier als an der einzigen Stelle der CA, wo eine solche Verwerfung stattfindet, nicht mit *„damnant“* (oder *„reiiciunt“*) eingeleitet wird. Statt dessen wird das mildere *„improbant“* gebraucht. Der deutsche Text ist gewiß auch hier von dem lateinischen dadurch verschieden, daß er an dem gewöhnlichen „verwerfen“ festhält. Trotzdem haben wir hier eine Spur der Bestrebungen, die ihren Ausdruck in dem Marburger Gespräch von 1529 fanden und zu denen der Landgraf *Philipp von Hessen* die Initiative ergriffen hatte. Auch auf dem Reichstag setzte der Landgraf seine Politik fort, die auf eine Einigung aller evangelischen Kräfte gegen Habsburg aus war, weshalb man bis zum Schluß versuchte, eine Abendmahlslehre zu vermeiden, die die Zwinglianer und Straßburg ausschloß. Er mußte sich jedoch den Sachsen beugen. *„Improbant“* ist der einzige in der CA sichtbare Ausdruck einer Rücksichtnahme auf die Politik Philipps, doch ist dadurch eine Tür für weitere Verhandlungen offengehalten worden. So ist der Gegensatz zu beiden Seiten so weit wie möglich eingeschränkt worden. Aber weil es für die Sachsen darauf ankam, das bestmögliche Ergebnis im Verhältnis zum Kaiser zu erlangen, konnte die Rücksicht auf den linken Flügel der Reformation nicht weiter gehen als bis zu diesem *„improbant“*[3].

Auch wenn Artikel 10 jegliche Polemik gegen Rom vermeidet, so bedeutet das doch nicht, daß die CA uns über die lutherische Haltung der römischen Kirche (sowie Zwingli) gegenüber im Zweifel läßt. Die Kritik ist lediglich in andere Artikel verlegt. Sehr wichtig in diesem Zusammenhang ist *Artikel 13,* der eine klare Ablehnung sowohl des spiritualistischen als auch des scholastischen Sakramentsverständnisses darstellt in Übereinstimmung mit der Auffassung von Wort und Sakrament, die Artikel 5 zum Ausdruck bringt. In *Artikel 22* wird das Abendmahl unter beiderlei Gestalt verteidigt unter Hinweis auf das Zeugnis der Schrift und die Sitte der Alten Kirche. *Artikel 24* handelt von der Messe und greift den Meßopfergedanken an und in Konsequenz hierzu die Privatmesse. Erst im Zusammenhang mit diesen Gedanken kann Artikel 10 recht verstanden werden.

---

[3] Siehe *Maurer,* S. 186ff.

Die *Confutatio* bezeugt deutlich, daß sich ihre Verfasser dem Artikel 10 gegenüber etwas unsicher fühlen. Was die Worte angeht, heißt es, kann nichts eingewandt werden, aber man hätte doch gerne ein ausdrückliches Bekenntnis zum Glauben der Kirche gesehen: daß eine Verwandlung geschieht. Weiter setzt die Anerkennung des Artikels voraus, daß er so verstanden werden muß, daß der *ganze* Christus unter jeder Gestalt gegenwärtig ist, so daß Christi Blut *„per concomitantiam"* nicht weniger unter der Gestalt des Brotes gegenwärtig ist als unter der Gestalt des Weines. Schließlich wird kritisiert, daß der Artikel nicht mit einer ausdrücklichen Verurteilung derer schließt, die die Realpräsenz leugnen. Trotz ihrer vorsichtigen Form hätten diese Anmerkungen für *Melanchthon* sehr wohl Anlaß sein können, den reformatorischen Standpunkt zu vertiefen, aber es ist charakteristisch, daß er in der *Apologie* diesen Anlaß nicht wahrnimmt, sondern lediglich konstatiert, daß dieser Artikel von der Confutatio anerkannt wird. Damit hat er in Wirklichkeit die Deutung des Artikels durch die Confutatoren anerkannt. Dieser Eindruck wird verstärkt, wenn er darauf billigend anführt, daß die römische und die griechische Kirche in der Lehre von der leiblichen Gegenwart Christi einig sind. In den Beispielen, die er dafür anführt, daß auch die Griechen so lehren, kommt zweimal das Wort *mutare* vor, dasselbe Wort, das die Confutatoren anwenden, wenn sie fordern, die Reformatoren sollten sich ausdrücklich der Lateransynode von 1215 anschließen! Hiermit dürfte Melanchthons irenischer Ausgleichsversuch so weit getrieben sein, daß nicht mehr von Ausgleich — oder bloß Verschweigen — der Gegensätze die Rede sein kann, sondern von einer bewußten Verschleierung.[4]

[4] Über diese Beurteilung besteht wohl allgemeine Übereinstimmung. Jedoch sei erwähnt, daß *Maurer* eine Erklärung für den Unterschied zwischen dem deutschen und dem lateinischen Text gibt, die Aufmerksamkeit verdient. Seine Ergebnisse laufen auf folgendes hinaus: Der deutsche Text ist in seiner scharfen, antizwinglianischen Form ein Ausdruck der sächsischen Politik, die darauf aus war, soweit wie möglich den Frieden mit dem Kaiser zu bewahren. Um dies zu erreichen, ist man bereit, sowohl die Schweizer als auch die Süddeutschen zu „opfern". Die spezielle Formulierung „unter Gestalt usw". ist durch eine Schrift von Luthers Gegner *Wimpina* veranlaßt, die sich gegen die *Schwabacher Artikel* richtet. Diese Artikel waren schon im voraus vom Kaiser verworfen worden, weshalb Wimpinas Schrift für die sächsische Politik gefährlich war. Folglich gebrauchte man Wimpinas eigenen Ausdruck „Gestalt", ohne sich jedoch zur Transsubstantiation zu bekennen, um so weitere Kritik an diesem Punkt zu verhindern (Maurer, S. 196ff.). Nun war Deutsch die offizielle Sprache des Reichstags, und der deutsche Text war deshalb der, über den verhandelt werden sollte. Aber wie läßt sich nun der Wortlaut des lateinischen Textes erklären? Maurer stellt fest, daß keine der von Luther geschriebenen Definitionen des Abendmahls die Grundlage gebildet haben kann. Eine solche findet Maurer dagegen in einer von Melanchthon vorgenommenen Sammlung von Kirchenväterzitaten über das Abendmahl vom März 1530. In der Vorrede schreibt er, daß die Väter wie die Lutheraner gedacht haben, „videlicet corpus et sanguinem Domini vere

Das heißt nun, daß der Abendmahlsartikel der CA wie der Artikel von der Taufe eine Neubildung ist. Die *Schwabacher Artikel* enthalten die gewöhnliche lutherische Hervorhebung der beiden Momente, einmal das Sakrament selbst (Christi Leib und Blut „im Brot und Wein"), zum andern den Glauben. Artikel 10 sagt nicht ein Wort vom Glauben. Wie bei Artikel 9 muß deshalb Artikel 13 mit in Betracht gezogen werden. Der Glaube gehört dann nicht mit zur Definition des Sakramentes, sondern kommt erst im Zusammenhang mit seinem Gebrauch zur Sprache. In dieser Weise zwischen dem Wesen des Sakraments und seinem Gebrauch zu unterscheiden, ist für *Luther* gewiß nicht gewöhnlich — mit Ausnahme der Katechismen —, aber die Frage ist, ob nicht gerade Luthers starke Betonung des Verheißungswortes als dem, was allein das Sakrament konstituiert, Melanchthons Scheidung ganz berechtigt erscheinen läßt. Der Glaube gehört nicht mit zum Wesen des Sakraments in der Weise, wie man es von der reformierten Sakramentslehre sagen muß. Sieht man den Artikel im Licht von Artikel 13, so ist deutlich: auch wenn die *Formulierung* des Abendmahlsartikels mit der römischen Lehre vereinbar zu sein scheint, so bedeutet dies doch keineswegs, daß die Abendmahlslehre der CA nicht entschieden lutherisch wäre. Der Artikel 10 selbst stellt nur eine Sache fest, nämlich die Realpräsenz, denn das war ein Punkt, wo man Übereinstimmung zum Ausdruck bringen konnte. Dagegen trennen sich die Wege, wenn man es unternimmt zu erörtern, welches Interesse man daran hat, an der Realpräsenz fest-

---

adesse in coena dominica". Die vorsichtige Ausdrucksform im lateinischen Text meint Maurer durch den Hinweis darauf erklären zu können, daß Melanchthon die Möglichkeit einer Disputation vorgeschwebt habe, zu welcher Eck ja mit seinen 404 Artikeln aufgefordert hatte. Deshalb ging es darum, eine Grundlage zu schaffen, die taktische Manöver ermöglichte (Maurer, S. 195f.). Maurers Untersuchungen beleuchten eine Reihe von Einzelheiten im Zusammenhang mit Artikel 10, können aber kaum den Eindruck beseitigen, daß pragmatische Betrachtungen in der Frage des Abendmahls gesiegt haben. Eine Erklärung ist noch keine Entschuldigung.

Neuerdings hat *Wilhelm H. Neuser: Die Abendmahlslehre Melanchthons in ihrer geschichtlichen Entwicklung, Neukirchen 1968,* die beiden Fassungen von Artikel 10 eingehend untersucht (S. 414–473). Er setzt sich mit Maurer auseinander und kommt zu einem anderen Ergebnis: Er nimmt an, daß zwischen den beiden Formulierungen ein „theologischer Gegensatz" besteht. Es handelt sich nicht nur um eine weitere und eine engere Fassung, die wegen der verschiedenen Adressaten verschieden formuliert sind, sondern in dem Gegensatz der beiden Fassungen spiegelt sich der Gegensatz zwischen der Abendmahlslehre Melanchthons, die im lateinischen Text ihren genuinen Ausdruck findet, und der lutherischen Abendmahlslehre, die der deutsche Text repräsentiert. Neuser vermutet, daß Agricola, der sich in Augsburg in Predigten mit den „Sakramentariern" auseinandersetzte, die lutherische Formel „unter Brot und Wein" in den deutschen Text eingeführt habe, um die Realpräsenz zu betonen. Melanchthon habe dann das prokatholische „unter der Gestalt" hinzugefügt, um Ecks Vorwurf zu begegnen, die Lutheraner lehrten: „In Eucharistia manet substantia panis et vini".

zuhalten. Und in dieser Hinsicht ist Artikel 13 so klar, wie man nur wünschen kann.

Bekanntlich versuchte Melanchthon später seine Abendmahlslehre so zu formulieren, daß es möglich wurde, mit den Reformierten zu einer Einigung zu gelangen. In der *Augustana variata* sind die Worte: „*vere adsint et distribuantur*" ersetzt durch die Worte: „*vere exhibeantur*"[5]. Während der Artikel 10 in der CA nicht anders verstanden werden kann, als daß alle, die Brot und Wein empfangen, Leib und Blut Christi empfangen, gibt diese neue Formulierung Raum für eine Auffassung, die wohl alle, die an der Kommunion teilnehmen, das *Angebot* erhalten läßt, Leib und Blut Christi zu empfangen, die aber damit rechnet, daß die Ungläubigen, d.h. die, die dieses Angebot nicht annehmen, nur Brot und Wein empfangen. Im Gegensatz zu diesem melanchthonischen Entgegenkommen schneidet *Luther* in den *Schmalkaldischen Artikeln* den Reformierten diesen Weg total ab. Hier heißt es, daß der wahre Leib und Blut Christi nicht nur den Frommen gegeben und von den Frommen empfangen werden, sondern auch von den Gottlosen, also eine klare Betonung der Lehre von der *manducatio indignorum* und damit ein Festhalten an der Linie der CA[6].

Luthers Abendmahlslehre wird zum erstenmal dargestellt in der Schrift: *Ein Sermon von dem hochwürdigen Sakrament des heiligen wahren Leichnams Christi und von den Bruderschaften* aus dem Jahre 1519[7]. Sie ist in ganz derselben Weise wie der gleichzeitige Sermon von der Taufe aufgebaut. Drei Dinge muß man kennen: das Zeichen, die Bedeutung und den Glauben, der die beiden ersten verbindet und sie gebraucht. Die Transsubstantiationslehre wird nicht angegriffen, aber es wird empfohlen, sich aller Subtilitäten zu enthalten und sich mit der Gewißheit zu begnügen, daß Leib und Blut Christi wirklich im Zeichen gegenwärtig sind. Von diesem gebraucht Luther hier noch den Ausdruck „Gestalt". Die Bedeutung des Sakraments ist die Gemeinschaft der Heiligen; wer das Sakrament empfängt, wird mit Christus und allen seinen Heiligen vereint und teilhaftig aller ihrer Güter. Auch alles Leiden und alle Sünde werden gemeinsam nach dem Wort des Paulus, daß die Glieder im Leib Christi alles miteinander teilen. Das Abendmahl ist das Sakrament der Liebe; es wird uns ein sicheres Zeichen dafür gegeben, daß Christus und seine Heiligen bei Gott für uns eintreten, damit unsere Sünde nicht angerechnet werde, und deswegen müssen auch wir willig sein, alle Übel miteinander zu teilen. Für eigensinnige Menschen ist das Sakrament zu nichts nutze. Es ist wichtiger, den geistlichen Leib Christi zu achten, der

---

5 Siehe BK, S. 65,45f.

6 BK, S. 450,27ff. (Schmalkald. Artikel III, VI).

7 Cl. 1, 196—212 (WA 2, 742—758).

gerade diese Gemeinschaft ist, als seinen natürlichen Leib, d.h. das Zeichen nützt nichts ohne die Bedeutung. Ganz wie im Sermon von der Taufe wird der Glaube als das Entscheidende hervorgehoben, und deswegen wendet sich Luther schon hier gegen die Rede vom Sakrament als *„opus gratum opere operato"*. Durch so etwas wird eine falsche Sicherheit geschaffen, während der Glaube vergeht. „Das kompt alls da her / das sie mehr / Christ' natürlichen corper ansehen yn dissem sacrament / dan die gemeynschafft / den geystlichē corper."[8] Im Gegensatz zu diesem falschen Verständnis des äußeren Sakraments, des Zeichens, weist Luther wiederholt darauf hin, daß das Sakrament gegeben ist, den Glauben zu nähren und zu stärken. Schließlich muß erwähnt werden, daß Luther in vorsichtiger Form darauf aufmerksam macht, daß er es vorziehen würde, wenn der Kelch den Laien gereicht würde, obwohl er nicht meint, daß dies an und für sich etwas für die Gültigkeit des Sakraments bedeutet.

Während der Sermon von 1519 sich auf eine positive Darstellung der eigenen Auffassung Luthers beschränkt, geht er im folgenden Jahr zum Angriff über, zunächst in der Schrift: *Ein Sermon von dem neuen Testament, d. i. von der heiligen Messe*[9], dann noch stärker in *De captivitate babylonica*[10]. In der ersten dieser Schriften wird noch kräftiger als 1519 hervorgehoben, daß das Verheißungswort, das uns Vergebung der Sünden und das ewige Leben verspricht, die eigentliche Gabe im Sakrament ist. Aber weil wir armen Menschen in den fünf Sinnen leben und deshalb neben den Worten ein äußeres Zeichen haben müssen, an das wir uns halten können, hat Gott uns Brot und Wein gegeben, unter denen wir den wahren Leib und Blut Christi empfangen[11]. Außerdem greift Luther jetzt offen den Meßopfergedanken an, den er 1519 verschwiegen hatte. Darauf werden wir später zurückkommen. In *De captivitate babylonica* war Luther dann bereit, sich mit der ganzen römischen Abendmahlslehre auseinanderzusetzen. Das Sakrament des Abendmahls wird in drei Gefangenschaften gehalten. Die erste ist die Verweigerung des Kelches für die Laien, die zweite ist die Behauptung der Transsubstantiation als einem Glaubenssatz, obwohl sie nur eine menschliche Meinung ist. Die dritte Gefangenschaft sind das Meßopfer und der Gedanke von der Messe als einem guten Werk. Die Messe ist dagegen das Testament Christi, das in der Verheißung von der Vergebung der Sünden besteht. Aber bevor das Erbe übertragen werden kann, muß der *testator* sterben. Deshalb sind im selben Testament sowohl die Inkarnation Christi als auch sein Tod einbegriffen. Die Messe ist ganz das Werk Gottes, und ihre

[8] Cl. 1, 206,13ff. (WA 2, 752).
[9] Cl. 1, 299—322 (WA 6, 353—378).
[10] Der Abschnitt über das Abendmahl: Cl. 1, 427—459 (WA 6, 498—526).
[11] Cl. 1, 305,1ff. (WA 6, 359).

Kraft besteht in dem Wort Christi von der Vergebung der Sünden, weswegen *promissio* und *fides* beide zur Stelle sein müssen. Dementsprechend wird auch hervorgehoben, daß von den beiden Teilen des Sakramentes, dem Wort und dem Zeichen, das Wort das entscheidende ist. So entspricht die Abendmahlslehre Luthers, wie zu erwarten, ganz der allgemeinen Auffassung von den Sakramenten, die er im Zusammenhang mit der Taufe entwickelt hat. An beiden Sakramenten ist das Verheißungswort das Zentrum, verstanden als das wirksame Wort Gottes, das nur im Glauben empfangen werden kann. Die Bekämpfung der Transsubstantiationslehre ist kein Kardinalpunkt für Luther, und doch macht er einige Bemerkungen hierüber, die von einem beginnenden Verständnis für das Entscheidende auch in dieser Frage zeugen. Wie es sich in Christus verhält, so auch im Sakrament, sagt er. Aber es geschieht nicht notwendig durch eine Transsubstantiation der menschlichen Natur, daß die Gottheit unter den „menschlichen Akzidenzen" gegenwärtig ist.[12] Dieses entscheidende Argument, das die Abendmahlslehre in der Christologie gründet, wird jedoch nicht weiter verfolgt[13]. Es geht Luther nur darum, die Verwandlungslehre als *Dogma* zu bekämpfen. Im übrigen hält er an der Realpräsenz fest, ohne hierüber eine Theorie entwickeln zu wollen.

Zu Anfang der 1520er Jahre lehrte *Karlstadt,* daß das Sakrament eine Erinnerung des Todes Jesu sei. Es habe mit dem Geist nur in der Weise etwas zu tun, daß diese Erinnerung nur für den möglich sei, der den Geist empfangen hat. So wird das Abendmahl zu einer äußeren Handlung, an der nur die besonders Geistbegabten zu ihrem Nutzen teilnehmen können[14]. Mit der Antwort Luthers, *Wider die himmlischen Propheten,* 1525, wurde der Streit um das Abendmahl eingeleitet, der besonders durch *Zwinglis* Teilnahme eine so weitreichende Bedeutung für die Reformation bekommen sollte. Es ist hier nicht der Platz, diesen Streit zu behandeln, sondern wir müssen uns damit begnügen hervorzuheben, worum es für Luther ging, ohne dabei in Einzelheiten gehen zu können. Schon im Verhältnis zu Karlstadt war die Hauptfrage die Realpräsenz, und das blieb sie auch, nachdem Zwingli der Hauptgegner Luthers geworden war. Auch im *Sermon vom Sakrament des Leibs und Bluts Christi, wider die Schwarmgeister* (1526) bietet Luther keine Erklärung für die

---

[12] Cl. 1, 442,30ff. (WA 6, 511).

[13] Eindringlicher wird dieselbe Frage in der Schrift gegen Heinrich VIII. von England behandelt. Luther erwähnt hier das Argument für die Transsubstantiationslehre, die menschliche Substanz sei unwürdig, mit der göttlichen vereint zu werden, und er antwortet hierauf, daß damit das ganze Heil in Gefahr sei, denn dann ist Gott nicht Mensch geworden, und dann ist der Mensch allzu unwürdig, um Gottes Geist zu empfangen (WA 10, 2,207,35ff.).

[14] Siehe *R. J. Sider*, *Andreas Bodenstein von Karlstadt*, 1974.

Realpräsenz[15]. Er sagt hier, daß im Sakrament zwei Dinge zu wissen und zu predigen sind. Das erste ist, *was* man glauben soll, *obiectum fidei*. Das zweite ist der Glaube selbst, oder wie man das brauchen soll, was man glaubt. Das erste ist etwas Äußeres, nämlich das Sakrament selbst,von welchem wir glauben, daß Christi Leib und Blut im Brot und Wein sind. Das zweite ist im Herzen und besteht darin, wie sich das Herz zu dem äußeren Sakrament verhalten soll. Bisher, sagt Luther, habe ich nicht viel von dem ersten gepredigt, aber jetzt, wo es angefochten wird, muß davon geredet werden. Luther versucht dann in einer Auslegung der Einsetzungsworte zu zeigen, daß die Schrift die Realpräsenz lehrt, auch wenn wir nicht wissen wie. In seiner nächsten Streitschrift, die gegen *Oekolampad* gerichtet ist und die im Frühjahr 1527 erschien, ungefähr gleichzeitig mit dem ersten Beitrag *Zwinglis (Amica exegesis)*, ging Luther weiter. In der Schrift: *Daß diese Worte Christi, „das ist mein Leib etc.", noch feststehen, wider die Schwarmgeister*[16] entfaltet Luther seine Ubiquitätslehre, um damit zu erklären, daß Christus leiblich im Abendmahl gegenwärtig sein kann: Christi verklärte Menschlichkeit hat teil an den göttlichen Eigenschaften und kann folglich überall sein. Hiermit wird das Argument der Gegner zurückgewiesen, Christus sitze als Mensch „zur rechten Hand Gottes" und könne folglich nicht im Abendmahl sein. Weder in dieser Schrift noch in seinem letzten Beitrag: *Vom Abendmahl Christi. Bekenntnis,* 1528, läßt er sich darauf ein, die Art der Realpräsenz zu erklären. Die Überlegungen, die unter Anwendung einiger der scholastischen Definitionen, die Luther in seiner Jugend gelernt hatte, angestellt werden, sind ausschließlich von der polemischen Situation bestimmt. Man wird deshalb nur zu Unrecht die Elemente in der Argumentation Luthers isolieren können, die nach metaphysischen Spekulationen klingen, und ihm von hier aus vorwerfen, er habe die Abendmahlsauffassung verlassen, die er 1519 und 1520 vertreten hatte. Auch während des Abendmahlsstreites hält Luther an dem Zusammenhang zwischen *promissio* und *fides* als dem Entscheidenden fest. Was wirklich für ihn in der Abendmahlslehre auf dem Spiele steht, ist die Inkarnation. Deshalb ist es kein Zufall, daß wichtige Beiträge zu seiner Christologie hier zu suchen sind. Bevor wir diese Dinge abschließend erörtern, wird es jedoch ratsam sein, einen Blick auf die Lehre Zwinglis zu werfen.

In der *Fidei ratio* gibt *Zwingli* eine eingehende Darstellung seiner Abendmahlslehre. Im Mahl der Danksagung, sagt er, ist der wahre Leib Christi gegenwärtig — im Schauen des Glaubens *(fidei contemplatione)*, d.h. daß die, die dem Herrn für seine im Sohn erwiesene Wohltat danken, erkennen, daß Christus wirklich Fleisch angenommen hat, gelitten hat und unsere Sünde mit seinem Blut abgewaschen hat, und daß all dies

---

[15] WA 19, 482—523.

[16] WA 23, 64—283.

ihnen gleichzeitig im Schauen des Glaubens gegenwärtig ist. Aber daß der Leib Christi im Abendmahl wesentlich und wirklich gegenwärtig ist, wie die Papisten und gewisse Leute, die auf die Fleischtöpfe Ägyptens zurücksehen, sagen, das leugnet Zwingli und behauptet, daß es Irrlehre ist, — was er beweisen will. Dazu werden eine Reihe von Bibelzitaten angeführt. Der Leib Christi ist bis zur Wiederkunft im Himmel. Gegen die *manducatio oralis* werden Joh. 6,63: „das Fleisch ist nichts nütze", und Joh. 3,6: „Was vom Fleisch geboren wird, das ist Fleisch" angeführt. Folglich kann Geist nur durch Geist bezeugt werden und nicht durch etwas Leibliches. „Das ist mein Leib" muß deshalb bildlich verstanden werden. Das Abendmahl ist ein Erinnerungsfest, wo die Sinnbilder mit dem eigenen Namen der Sache genannt werden. Der Genuß des Abendmahls gibt nicht die Vergebung der Sünden, denn wäre das der Fall, wäre Christus vergebens gestorben, da das Abendmahl ja vor der Kreuzigung ist[17]. Diese Abendmahlslehre muß auf dem Hintergrund des Verhältnisses zwischen Wort und Geist gesehen werden, wie Zwingli es versteht. Gerade in der Behauptung von der Unabhängigkeit des Glaubens von Wort und Sakramenten sah Luther eine Leugnung der Inkarnation. Denn so wie Zwingli Joh. 6,63 versteht, wird die Inkarnation selbst eine Unmöglichkeit, wodurch auch das Heil verloren ist. Hinter der Auffassung Zwinglis steht eine Philosophie, die mit einem metaphysischen Gegensatz zwischen Göttlichem und Menschlichem rechnet, der wiederum mit dem biblischen Gegensatz zwischen Geist und Fleisch identifiziert wird. Für Luther stehen die Begriffe Geist—Fleisch parallel zu den Begriffen Glaube—Unglaube. Es ist gerade eine Voraussetzung seines ganzen Verständnisses der Inkarnation und der Rechtfertigung, daß dieser Gegensatz der einzige ist, der eine Kluft zwischen Gott und Mensch setzt. Das Heil hängt ganz von der Menschheit Christi ab, die uns gerade in Wort und Sakramenten begegnet. Darauf beruht die Notwendigkeit, die Realpräsenz zu behaupten. Es bedeutet nämlich, daß Luther sowohl die Transsubstantiationslehre als auch jedes spiritualistische Verständnis des Abendmahlsgenusses ablehnen muß, denn in beiden Fällen handelt es sich nicht um verschiedene Standpunkte auf einem einzelnen Gebiet, sondern um das Verständnis der Inkarnation.

Die Abendmahlstheorien der Gegner veranlassen Luther also, ihnen vorzuwerfen, was man „Verachtung der geringen Gestalt Christi" nennen könnte. Aber außerdem muß er sie in umfassenderer Weise angreifen. Durch ihr Verständnis der Inkarnation machen nämlich die Gegner auf beiden Seiten das Abendmahl zu einem Werk. Von der spiritualistischen Auffassung aus geschieht dies dadurch, daß die Gegenwart Christi im Abendmahl nicht Gottes Werk ist, d.h. ein Werk, das

---

[17] *Bekenntnisschr. der ref. Kirche,* S. 87ff.

nicht auf Menschen beruht, sondern daß die Gegenwart Christi vom Menschen selbst kraft seiner Glaubensqualität herbeigeführt wird. Hinsichtlich der römischen Auffassung findet Luther dasselbe in der Lehre vom Wirken des Sakraments *ex opere operato,* im Meßopfergedanken und im Gedanken von der Messe als einem guten Werk. Das erste ist im Zusammenhang mit der Taufe behandelt worden. Was die beiden anderen Punkte angeht, wird es aus Platzgründen notwendig sein, sich auf eine kurze Darstellung der Hauptpunkte in *Artikel 24* der CA von der Messe zu beschränken. Es wird zunächst zurückgewiesen, daß die Messe in den lutherischen Gemeinden abgeschafft worden sein soll. Sie wird vielmehr in hohen Ehren gehalten. Es wird betont, daß die Messe eine Handlung der Gemeinde ist, wenn es heißt, daß das wichtigste Ziel der verschiedenen Zeremonien die Belehrung des Volkes ist. Im übrigen beschäftigt sich der größte Teil des Artikels mit den Mißbräuchen der Messe, die in den lutherischen Gemeinden abgeschafft sind. Rein praktisch handelt es sich um die sogenannten „Kaufmessen", die das Lesen von Messen zu einer kommerziellen Angelegenheit machten. Dogmatisch steht der Meßopfergedanke im Zentrum. Der Artikel formuliert den Gedanken so, daß Christus für die Erbsünde Genüge getan hat und die Messe zu einem Opfer *(oblatio)* für die täglichen Sünden eingesetzt hat, sowohl für Todsünden als auch für vergebbare Sünden. Hieraus ist die allgemeine Auffassung entstanden, die Messe sei ein Werk, das die Sünden der Lebenden und Toten *ex opere operato* abwasche[18]. Diese Lehre ist denn auch die Ursache für die Privatmessen und damit für die merkantile Ausnutzung der Messe. Demgegenüber führt Artikel 24 folgendes an: 1. Das Leiden Christi ist das einzige Opfer für alle unsere Sünden. Daß die Messe das Werk Christi ergänzen soll, nennt der deutsche Text „eine unerhorte Neuigkeit". 2. Die Heilige Schrift lehrt uns, daß wir durch den Glauben an Christus gerechtfertigt werden, aber wenn die Messe die Sünden der Lebendigen und Toten *ex opere operato* beseitigt, dann geschieht die Rechtfertigung durch das Werk der Messe, nicht aus Glauben. 3. Die Messe ist eingesetzt, den Glauben zu stärken und die Gewissen zu trösten durch die Austeilung des Sakraments[19]. Danach wird hervorgehoben, daß die Messe ihrem Wesen nach Kommunion ist und deshalb eine gottesdienstliche Handlung in der Versammlung der Gemeinde[20]. Auch wenn die Kritik in maßvollen Wendungen gehalten ist — der deutsche Text ist durchgängig kräftiger in den

---

[18] (21)—(23): Die Confutatio protestiert, wie erwähnt, gegen diese Darstellung, indem sie darauf hinweist, daß nicht die Messe, sondern die Buße die Sünden abwäscht. Die Messe wäscht dagegen die Strafe für die Sünde ab, ergänzt die satisfaktorischen Werke und bringt eine Vermehrung der Gnade.

[19] (24)—(33).

[20] (34)—(39).

Ausdrücken —, so enthält sie doch das Wesentliche der lutherischen Ablehnung des Meßopfers. Durch die Auffassung von der Messe als einem Opfer wird alles auf den Kopf gestellt. Deswegen wird die Messe das Werk des Menschen Gott gegenüber, statt Gottes barmherzige Verheißung zu sein, bestätigt durch die Zeichen, Brot und Wein, unter denen Christus selbst uns mit allen seinen Gaben gereicht wird. Gegenüber dem Meßopfergedanken kennen die Reformatoren keine Rücksicht, denn hier geht es um das Verständnis von Inkarnation und Rechtfertigung selbst.

Auf dem *Tridentinum* (Sessio XIII) fixierte die *römische Kirche* ihre Abendmahlslehre und verurteilte die verschiedenen Abweichungen. Der erste Abschnitt über die Realpräsenz ist so gehalten, daß die Lutherischen ihn hätten unterschreiben können[21]. Jedoch wird die Realpräsenz weiter (cap. 4) als Transsubstantiation bestimmt, und es wird eine Verdammung derer ausgesprochen, die dies leugnen (can. 2)[22]. Weiter wird die Konkomitanztheorie dogmatisiert, um die Austeilung des Brotes allein zu verteidigen (Cap. 3), und man verteidigt die Permanenz der Verwandlung außerhalb der Kommunion und in Konsequenz davon *Adoration und Reservation* der Hostie (Cap. 5; can. 6 und 7). Luthers Rede davon, daß der Glaube allein hinreichende Vorbereitung zum Empfang des Sakraments sei, wird verurteilt (can. 11). Alles in allem handelt es sich lediglich um eine Anerkennung dessen, was längst in die kirchliche Tradition aufgenommen war, unter Hinzufügung der notwendigen Abgrenzung gegenüber den Reformatoren. Im übrigen ist der Frage nach der Kommunion unter beiderlei Gestalt eine besondere Session gewidmet (XXI), in der die reformatorische Kritik zurückgewiesen wird. Sessio XXII handelt vom Meßopfer und bestätigt von einem reformatorischen Gesichtspunkt aus gesehen, daß die von der CA und besonders von Luther selbst angemeldete Kritik ins Zentrum trifft. Wir hören hier, daß das Opfer *(sacrificium)* in der Messe wirklich *(vere)* Versöhnung *(propitiatorium)* ist, und daß wir durch das Opfer Barmherzigkeit und Gnade bei Gott erlangen, wenn wir reuig und bußfertig zu ihm kommen mit aufrichtigem Herzen und rechtem Glauben. Wir gefallen Gott durch dieses Opfer, das dasselbe ist wie das am Kreuz, wobei nur die Art des Opfers verschieden ist. Es kann sowohl für die

---

[21] Einleitung zu Cap. 1: Principio docet sancta Synodus et aperte ac simpliciter profitetur, in almo sanctae Eucharistiae sacramento post panis et vini consecrationem Dominum nostrum Iesum Christum verum Deum atque hominem *vere, realiter ac substantialiter* sub specie illarum rerum sensibilium contineri. *Denzinger* 874.

[22] Cap. 4: ... nunc denuo sancta haec Synodus declarat: per consecrationem panis et vini *conversionem* fieri *totius substantiae panis* in substantiam corporis Christi Domini nostri, et *totius substantiae vini* in substantiam sanguinis eius. Quae conversio convenienter et proprie a sancta Ecclesia *transsubstantiatio* est appellata. *Denzinger* 877.

Sünden, die Strafe, die Satisfaktionen und andere Bedürfnisse lebendiger Gläubiger dargebracht werden, als auch für die, die in Christus gestorben sind (Cap. 2). Hinsichtlich der Privatmessen heißt es, wohl wünsche das Konzil, daß jede einzelne Messe unter Teilnahme von Gläubigen gefeiert werde, aber trotzdem empfiehlt es die Messen, bei denen der Priester allein das Sakrament empfängt. Diese Messen werden nämlich von dem öffentlichen Diener der Kirche nicht nur für ihn selbst zelebriert, sondern für alle Gläubigen, die zum Leibe Christi gehören (Cap. 6). Damit ist der Grundton für die Funktion des Priesters angeschlagen. Er übt einen Dienst gegenüber Gott aus, indem er die Messe zelebriert, während er im Luthertum als das Werkzeug dient, durch das Gott uns sich selbst in der Kommunion gibt in Christus.

Der doppelte Gegensatz, in dem die Reformatoren standen, hat innerhalb der CA seinen Ausdruck in Artikel 13 gefunden. Hier wird auf der einen Seite die spiritualistische Auffassung zurückgewiesen, auf der anderen Seite die Lehre vom Wirken des Sakraments *ex opere operato*. Der Grund dafür, daß man behaupten kann, das Wort Christi allein konstituiere die Sakramente, und sich gleichzeitig dem *ex opere operato* widersetzen kann, ist der, daß diese letztere Lehre, wie oben erwähnt, auf einem Gnadenbegriff beruht, den die Reformatoren nicht gutheißen. Sie gibt nur Sinn, wenn die Gnade als eine göttliche Kraft verstanden wird, die dem Menschen zugeführt wird, in Art und Menge verschieden bei den verschiedenen Sakramenten. Für die Reformatoren ist die Gnade eins. Sie kennen sowohl in der Verkündigung des Evangeliums als auch in den Sakramenten nur eine Gnade, nämlich die Verheißung, von der die Sakramentsworte eine kurze Zusammenfassung sind. Gerade diese Verheißung ist die Gabe des Sakraments. Zu sagen, daß Gottes Verheißung feststeht, unabhängig von der Haltung der Menschen, heißt nicht, daß man das Wirken der Sakramente *ex opere operato* lehrt; auch nicht, weil es Gott gefallen hat, im Abendmahl diese Verheißung mit der leiblichen Gegenwart Christi in Brot und Wein zu verbinden. Die Unabhängigkeit dieser Verheißung vom Menschen ist notwendig, wenn es wahr sein soll, daß das Heil das Werk Gottes alleine ist. Ganz wie die Verkündigung des Evangeliums eine Verkündigung zum Heil ist für den, der glaubt, und zum Gericht für den, der nicht glaubt, so ist auch das Sakrament, in diesem Falle das Abendmahl, eo ipso wirksam zum Heil oder zum Gericht. Das Eintreten für die Realpräsenz bedeutet deshalb nicht, wie man behauptet hat, daß Luther in die Scholastik zurückgefallen ist und „Magie" lehrt, sondern sie bringt nur dies zum Ausdruck, daß im Sakrament die Verheißung mit einem Zeichen verbunden ist, an dessen Wirksamkeit kein Zweifel bestehen kann, da das Zeichen ja gerade gegeben ist, um den Glauben zu stärken, der alleine die Verheißung empfangen kann.

11. Die Beichte

Von der Beichte lehren sie: Die Lossprechung des Einzelnen muß in den Gemeinden beibehalten werden[1]. Aber es ist nicht notwendig, in der Beichte alle Vergehen aufzuzählen, zumal es ja auch unmöglich ist nach dem Psalmwort: „Die Vergehen, wer kennt sie?" [Ps. 19,13].

---

[1] DT etwas stärker: „daß man in der Kirchen *privatam absolutionem* erhalten und nicht fallen lassen soll".

Hier werden zwei Dinge gesagt. 1. Die Privatbeichte soll beibehalten werden mit Absolution an den Einzelnen nach vorhergehendem Sündenbekenntnis. 2. Es ist keine notwendige Bedingung für die Absolution, alle begangenen Sünden aufzuzählen. Das wird näher mit dem Hinweis begründet, daß dies unmöglich sei. Die CA wendet sich hier bewußt gegen die *Lateransynode* von 1215, die eben diese Forderung nach Aufzählung aller Sünden aufgestellt hat.

Kommentar

Nach der Behandlung der Taufe und des Abendmahls geht die CA jetzt dazu über, in diesem und dem folgenden Artikel die Probleme zu behandeln, die das Sakrament der Buße betreffen. Die Einordnung zwischen dem Abendmahlsartikel und dem Artikel vom Gebrauch der Sakramente legt es nahe anzunehmen, daß die CA die Buße mit zu den Sakramenten rechnet, auch wenn das nirgends direkt gesagt ist. Bekanntlich war die Stellung der Reformatoren in dieser Frage etwas schwankend. Wenn schließlich der Sprachgebrauch siegte, nach dem nur Taufe und Abendmahl Sakramente genannt wurden, so lag das daran, daß der Buße das Zeichen fehlt, aber es bedeutete keine Änderung in der grundsätzlichen Haltung. Man kann deshalb sagen, daß die Einordnung des Bußartikels in der CA in keiner Weise dadurch beeinflußt wird, ob man die Buße ein Sakrament nennen will. Unter allen Umständen nahm sie einen wichtigen Platz in der Theologie der Reformatoren ein.

Die Überschrift *„De confessione"* steht nicht nur über Artikel 11, sondern auch über Artikel 25. Inhaltlich stehen die beiden Artikel so zueinander, daß Artikel 25 eine weitere Entfaltung des Themas liefert, wodurch er fast als ein Kommentar zu Artikel 11 wirkt. Ein solcher Kommentar erscheint auch erforderlich, denn Artikel 11 erwähnt nur einen Punkt in der evangelischen Kritik an der mittelalterlichen Beichtpraxis: es ist nicht nötig, alle Sünden aufzuzählen. Außerdem wird ohne nähere Begründung gesagt, daß die Privatabsolution bewahrt werden müsse.

Artikel 25 weist darauf hin, daß man in den lutherischen Kirchen die Beichte dem Abendmahl vorausgehen läßt. Das Entscheidende ist jedoch die Absolution. Sie wird als eine Verkündigung des Evangeliums bestimmt, indem das Hauptgewicht auf den Trost gelegt wird, der hierdurch den Gewissen gebracht wird. Die Absolution ist also die Stimme Gottes, die die Vergebung der Sünden verspricht. Es ist klar, daß die Deutung der Absolution durch die CA eine völlige Änderung der Grundlage für die Buße bedeutet. Aber bevor wir dies näher untersuchen, müssen wir etwas eingehender den Ort der Beichte in der Kirche betrachten. Während die CA sich nicht eindeutig ausdrückt, außer im Hinblick auf die Reihenfolge Beichte—Abendmahl, sagen die *Marburger* und die *Schwabacher Artikel* ganz deutlich, daß es einen Beichtzwang nicht geben darf. Die Unbestimmtheit der CA hat die *Confutatio* veranlaßt, die ausdrückliche Anerkennung der Lehre des Laterankonzils von 1215 zu verlangen, daß man mindestens einmal im Jahr beichten muß[1]. Vor diese direkte Forderung gestellt, antwortet *Melanchthon* in der *Apologie,* daß weder die alten canones noch die Väter von einer bestimmten Zeit für die Beichte reden (Apol. XI, 5), weswegen die Einhaltung der jährlichen Beichte als eine menschliche Überlieferung bezeichnet wird (XI, 8). Melanchthons Hinweis, daß man die Beichte vor dem Abendmahl verlange, findet unter anderem seine Bestätigung in dem *Unterricht der Visitatoren*[2]. Diese Ordnung, für die besonders Bugenhagen gearbeitet hatte[3], hatte sich allmählich durchgesetzt. Ursprünglich war der andere Gesichtspunkt, daß alles frei sei, dominierend gewesen.

Im Kampf gegen die herrschende Beichtpraxis hatte *Luther* mit großem Eifer den Zwang bekämpft. In den *Ablaßthesen* leugnet er, daß Jesu Wort: „Tut Buße!" die sakramentale Buße meint, und in seinen *Resolutiones* zu den Thesen behauptet er, daß die sakramentale Buße von den Päpsten und der Kirche eingeführt worden sei, ohne von Christus befohlen zu sein; nur die innere Buße sei von Gott geboten[4]. In *De captivitate babylonica* erklärt er, daß das heimliche Bekenntnis nicht von Gott befohlen ist, da es nicht durch die Schrift bewiesen werden kann, aber es sei doch nützlich, ja notwendig, da es das einzige Mittel zum Trost für die angefochtenen Gewissen sei. Nicht die Beichte, sondern den Beicht*zwang* will er bekämpfen. Deshalb wendet er sich auch gegen die sogenannte *„reservatio",* nach der die Sündenvergebung in gewissen Fällen dem Papst vorbehalten war[5]. Während seines Aufenthaltes auf der

---

[1] *Concilium Lateranense IV Cap. 21. Denzinger* 812.

[2] Mel. W. 1, 245: „Man sol auch niemand zum heiligen Sacrament gehen lassen, er sey denn von seinem Pfarher ynn sonderheit verhört, ob er zum heiligen Sacrament zu gehen geschickt sey."

[3] Siehe *Plitt II,* S. 331.

[4] Th. 2. Cl. 1, 24,4ff. (WA 1, 531).

[5] Cl. 1, 482—483 (WA 6, 546—547).

Wartburg wurde dies weiter entfaltet in der Schrift: *Von der Beichte, ob die der Papst Macht habe zu gebieten.*[6] Hierin weist Luther wiederum die Behauptung zurück, der Beichtzwang könne von der Schrift aus bewiesen werden. Durch erzwungenes Bekenntnis wird nichts Gottgefälliges erreicht, deshalb soll der, der nicht wirklich beichten will, es am besten sein lassen. Hinsichtlich der Schlüsselgewalt wiederholt Luther, daß sie der ganzen Gemeinde gehört, indem er auf Mt. 18 hinweist. Auch wenn der Zwang unberechtigt ist, so gibt es gute Gründe zur Beichte: 1. Aufgrund der Scham, des Kreuzes, das die Demütigung ist. 2. Aufgrund der teuren Verheißung Gottes, die das Gewissen tröstet, wenn die Absolution erklingt. Hier wie überall, wo er von der Beichte spricht, hebt Luther hervor, daß das Wort der Vergebung in der Absolution das Wichtigste ist.

Von dieser Auffassung der Beichte aus handelte man bei der Neuordnung der sächsischen Kirche. *Karlstadt* bekämpfte während Luthers Abwesenheit das Sündenbekenntnis und wollte es als überflüssig völlig abschaffen, aber auch in diesem Punkt widersprach ihm Luther gleich nach seiner Rückkehr nach Wittenberg[7]. Das nächste Stadium war die Einführung der Beichte vor dem Abendmahl durch *Bugenhagen* 1523. Doch noch war dies nur als Angebot gemeint. Erst im Zusammenhang mit den Visitationen wurde diese Ordnung allgemein[8]. Auch wenn die prinzipielle Ablehnung von Zwang ständig festgehalten wird, ist Luthers Haltung im *Großen Katechismus* trotzdem eine andere als sieben bis acht Jahre früher. Gewiß ist alles frei, aber der, der nicht um der Absolution willen kommt, ist kein Christ und soll das Abendmahl nicht genießen. Die Verachtung der Beichte ist ein deutliches Zeichen für die Verachtung des Evangeliums selbst[9]. Während in den Jugendschriften eine deutliche Tendenz vorlag, die Beichte in dem Sinne frei sein zu lassen, daß man christlich gesehen sie gebrauchen konnte oder auch nicht, so ist die Freiheit hier von bürgerlicher Art; man soll niemanden zur Beichte zwingen, weil man niemanden zwingen soll, Christ zu sein.

Die Ablehnung der Forderung nach vollständiger Aufzählung der Sünden in Artikel 11 wird in *Artikel 25* vertieft. Während Artikel 11 lediglich anführt, daß sie unmöglich ist, weist Artikel 25, dem Beispiel Luthers folgend, darauf hin, daß diese Forderung die Gewissen ängstigt, die niemals zur Ruhe kommen würden, wenn nur die Sünden, die genannt werden, vergeben werden würden. Außerdem werden einige kirchenrechtliche Zitate angeführt, um dies zu stützen. Die *Confutatio* wendet ein, daß doch nur verlangt werde, daß die Sünden, an die man sich erinnert, bekannt werden sollen, und verlangt, daß auch die Luthe-

---

[6] WA 8, 138—185.

[7] Siehe *R. J. Sider*, aaO.

[8] *Plitt II*, S. 335f.

[9] *Brevis adhortatio ad confessionem*, 28f., BK, S. 732,1ff.

rischen das Volk hierüber belehren. In der *Apologie* antwortet *Melanchthon,* er wolle gar nicht bestreiten, daß einige Sünden in der Beichte genannt werden müßten. Es ging um die Forderung, daß *alle* Sünden bekannt werden müßten. Diese Forderung geht, wie die Forderung nach einer jährlichen Beichte vor dem Gemeindepfarrer, auf die Lateransynode von 1215 zurück; Melanchthon sagt hierüber, daß dieses Gebot viel Not für die Gewissen mit sich gebracht habe. Der Gedankengang der Reformatoren ist ganz klar. Für sie ist die Absolution die Hauptsache, denn durch sie wird die Vergebung der Sünden dem Einzelnen zugesprochen. Wenn hinsichtlich der Aufzählung der einzelnen Sünden usw. Bedingungen gestellt werden, wird die Beichte eine riskante Sache statt Trost des Evangeliums für den Bußfertigen, was sie eigentlich sein sollte. Schon dies ist eigentlich hinreichend, um den Gegensatz zur römischen Kirche an diesem Punkt näher zu präzisieren. In den verschiedenen Stellungnahmen zur Frage nach der Aufzählung der Sünden zeigt sich eine unterschiedliche Auffassung des Zwecks der Beichte, des Wesens der Sünde usw. Aber anstatt nur diese Konsequenz aus der Diskussion um die CA zu ziehen, wollen wir die beiden Auffassungen einander gegenüberstellen, die in Luthers *Großem Katechismus* bzw. im *Tridentinum* vorliegen. Luther sagt zunächst von seiner eigenen Erfahrung aus, die Forderung nach Aufzählung aller Todsünden habe die Gewissen so gequält, daß niemand habe genug beichten können. Das Schlimmste war, daß niemand wußte, was der Nutzen der Beichte sei oder einen wie großen Trost sie enthalte. Dann spricht er von zwei Arten von Menschen. Zuerst von denen, die die Beseitigung der Tyrannei des Papstes dazu benutzt haben, zu leben, wie sie wollen. Sie sollten zu seinem Zwang zurückkehren, wenn sie nicht auf das Evangelium hören wollen. Aber für andere, die gerne hören wollen, muß man ständig predigen und sie locken, damit sie lernen, eine so kostbare Sache nicht zu verlieren. Außer der eigentlichen Beichte gibt es zwei Arten von Sündenbekenntnis, die zu einem christlichen Leben gehören. Gott gegenüber ist unser Gebet ein solches Bekenntnis, indem wir uns als Sünder bekennen und um die Gnade Gottes bitten. Dem Nächsten gegenüber muß jeder seine Schuld bekennen und um Verzeihung bitten. Diese beiden Bekenntnisse sind im Vaterunser enthalten: „Vergib uns unsere Schuld, wie auch wir vergeben unsern Schuldigern". Aber außer diesen beiden Arten von Beichte, die öffentlich, täglich und notwendig sind, gibt es die heimliche Beichte, die allein einem Bruder gegenüber geschieht. Sie soll uns helfen gegen das, was uns ganz besonders quält und anficht, indem wir bei einem Bruder Rat und Trost holen, sooft wir wollen. Diese Beichte ist in keinem Gebot enthalten, wie die vorhergehende, aber sie steht jedem frei, so daß er sie brauchen kann, wenn er ihrer bedarf. Christus selbst hat uns die Absolution gegeben, so daß der Gequälte von Gott durch einen Menschen von seiner Sünde befreit werden kann. Im Zusammenhang hiermit wird unterstrichen, daß die Absolution, die Gottes Werk ist, bisher von unserem Werk, der Klage über die Sünde, abhängig gemacht worden ist, wodurch man die Gabe in eine Bürde verwandelt hat. Dagegen müssen wir vielmehr unser Werk gering achten und Gottes Wort hoch achten, denn wir kommen nicht zur Beichte, um zu geben, sondern um zu empfangen. Deshalb folgt die oben erwähnte strenge Ermahnung, nun auch die Beichte zu gebrauchen. Luther schließt das Stück in folgender Weise: „Darümb wenn ich zur Beichte vermahne, so tue ich nichts anders, denn daß ich vermahne, ein Christen zu sein. Wenn ich Dich dahin bringe, so habe ich Dich auch wohl zur Beicht gebracht. Denn welche darnach verlanget, daß sie gerne fromme Christen und ihrer Sunde los wären und fröhlich Gewissen haben wollten, die haben schon den rechten Hunger und Durst, daß sie nach dem Brot schnappen, gleich wie ein gejächter Hirsch für Hitze und Durst entbrannt, wie der 42. Psalm sagt: ‚Wie der Hirsch schreiet nach den Wasserbächen, so schreiet meine Seele, Gott, zu Dir', ... Siehe, das wäre recht, von der Beicht gelehret, so künnde man Lust und Liebe dazu machen, daß die Leut erzukämen und uns nachliefen, mehr denn wir gerne hätten. Die Papisten lassen wir plagen und martern sich und ander Leute, so solchen Schatz nicht achten und ihnen selbs zuschließen. Uns aber lasset die Händ aufheben, Gott loben und danken, daß wir zu solchem Erkenntnis und Gnade kommen sind."[10]

Es ist deutlich, daß die Beichte für Luther ein unverlierbares Gut darstellt, gerade weil er sie als Evangelium versteht, als Zusage der Vergebung der Sünden. Aber gegenüber diesem Verständnis der Beichte hielt die römische Kirche an ihrer Auffassung fest und brachte das klar und deutlich im *Tridentinum* zum Ausdruck. In dem Abschnitt *De confessione* beginnt das Konzil mit der Behauptung, daß die Kirche es immer so verstanden habe, daß der Herr den nach der Taufe Gefallenen ein vollständiges Sündenbekenntnis geboten habe. Das wird damit begründet, daß die Priester als *Richter* eingesetzt sind, und daß sie ihre Richterarbeit nicht ausüben können, wenn sie nicht alle Todsünden kennen. Hinsichtlich der vergebbaren Sünden verhält es sich anders, da diese nicht von der Gnade Gottes ausschließen und im übrigen durch andere Mittel gesühnt werden können. Es wird näher dargelegt, wie der Priester auch die Umstände der Sünde kennen muß, um recht über den Charakter des Vergehens urteilen zu können. Darauf wendet man sich direkt gegen die Rede der Reformatoren, eine völlige Aufzählung der Sünden sei unmöglich. Man weist dabei darauf hin, daß nur verlangt werde, daß man nennt, woran man sich erinnern kann, während das Übrige im allgemeinen Bekenntnis enthalten sei. Schließlich wird die heimliche Buße als eine

---

[10] (32)—(35), BK, S. 732,40ff.

Sitte verteidigt, die die Kirche von Beginn an gehabt habe, und man schließt sich den Bestimmungen der Lateransynode an[11]. In den hinzugefügten canones wird die reformatorische Kritik an diesen Dingen verurteilt[12].

Erst mit Artikel 12 wird es möglich sein, das reformatorische Verständnis von Beichte und Buße zusammenzufassen. Aber schon auf der Grundlage der mit Artikel 11 verbundenen Probleme versteht man den engen Zusammenhang zwischen Rechtfertigung und Buße, der bewirkt, daß gerade der Kampf um das Bußsakrament außerordentlich scharf werden mußte. Denn hier befinden wir uns ja auf einem Gebiet, das in intimstem Zusammenhang mit den Erlebnissen steht, die für die Entfaltung der Rechtfertigungslehre Luthers entscheidend wurden, und mit den Ereignissen, die ihn zum offenen Angriff auf die kirchliche Ablaßpraxis führten.

[11] *Sessio XIV,* Cap. 5. *Denzinger* 1679—1683.
[12] Can. 6, 7 und 8.

12. Die Buße

Von der Buße lehren sie: Die nach der Taufe gefallen sind, können zu jeder Zeit Vergebung der Sünden erlangen, wenn sie sich bekehren, und die Kirche muß solchen zur Buße Umkehrenden die Lossprechung gewähren. Es besteht aber die Buße im strengen Sinne aus diesen zwei Teilen: 1. aus der Reue (contritio), d.h. aus den Schrecken, welche die Erkenntnis der Sünde dem Gewissen einjagt, 2. aus dem Glauben, der aus dem Evangelium, d.h. aus der Lossprechung, empfangen wird und gewiß ist, daß um Christi willen die Sünden vergeben werden, und der so das Gewissen tröstet und aus den Schrecken befreit[1]. Hernach müssen gute Werke folgen, welche die Früchte der Buße sind.[2]

Sie verurteilen die Wiedertäufer, welche sagen: Wer einmal gerechtfertigt ist, kann den Heiligen Geist nicht mehr verlieren; ebenso die Behauptung, es kämen einige in diesem Leben zu solcher Vollkommenheit, daß sie nicht mehr sündigen könnten.[3]

Auch werden die Novatianer verurteilt, welche denen, die nach der Taufe gefallen sind, aber zur Buße umkehren, die Absolution verweigern.

Verworfen werden auch diejenigen, welche nicht lehren, daß Vergebung der Sünden durch den Glauben komme, sondern uns anweisen, die Gnade durch unsere Genugtuungswerke zu verdienen.

[1] DT: „welcher Glaub wiederum das Herz tröstet und zufrieden macht".
[2] DT: „Danach soll auch Besserung folgen, und daß man von Sünden lasse"; Hinweis auf Matth. 3,8.
[3] Die Lehre von der Sündenfreiheit wird in dem DT nicht erwähnt.

Zunächst wird die Möglichkeit der Buße festgestellt. Dann werden die beiden „Teile" der Buße nach lutherischem Verständnis behandelt. Die ersten Sätze sind „antinovatianisch", vgl. den zweiten Teil der Verdammung. Es ist nicht nur möglich, Vergebung der Sünden nach dem Fall zu erlangen, sondern das gilt *zu jeder Zeit,* d.h. dies ist eine Möglichkeit ohne Begrenzung in Zeit oder Anzahl. Sie ist immer für den Gefallenen zur Stelle. Jedoch unter einer Bedingung: *wenn sie sich bekehren.* Was das bedeutet, wird im nächsten Satz gesagt; sich zu bekehren heißt, Zuflucht zur Buße zu nehmen. Wenn diese Bedingung erfüllt ist, *muß (debeat)* die Kirche die Absolution erteilen.

Die Buße besteht aus Reue und Glauben. Das gewöhnliche Schema: *contritio, confessio, absolutio, satisfactio* wird nicht einmal erwähnt. Die *contritio* war in der mittelalterlichen Terminologie die Bezeichnung für die vollkommene Reue, entsprungen aus dem Kummer über die Sünde und getragen von dem Vorsatz, nicht mehr zu sündigen, im Gegensatz zur *attritio,* der Reue aus Furcht. Rein unmittelbar könnte es scheinen, als meine der Ausdruck *aus den Schrecken, welche die Erkenntnis der Sünde dem Gewissen einjagt (terrores incussi conscientiae)* den *attritio*-Begriff, aber es ist vom Gewissen die Rede, also ist nicht nur eine bloße Furcht vor Strafe gemeint, sondern ein Annehmen des Gerichts über die Sünde. Das Wort *oder (seu),* das dieses Glied mit *contritio* verbindet, zeigt auch, daß zwischen den zwei Bezeichnungen Parallelität besteht.

Der zweite Teil der Buße ist der Glaube, der entsteht *aus dem Evangelium, d.h. aus der Lossprechung:* hier sieht man, daß die Absolution als Verkündigung verstanden wird. Sie ist mit dem Evangelium identisch. Folglich muß der Inhalt des Glaubens auch mit dem rechtfertigenden Glauben identisch sein, der an die Vergebung der Sünden *um Christi willen* glaubt. Dadurch wird das Gewissen getröstet und von seiner Angst befreit. Von satisfaktorischen Werken ist keine Rede, sondern vielmehr von *guten Werken,* die Früchte der Buße sind, vgl. Artikel 6. *Müssen:* wieder werden Glaube und Werke mit einem „muß" verbunden wie in Artikel 6.

Der negative Abschnitt wendet sich zunächst gegen die Wiedertäufer, die leugnen, daß man den Heiligen Geist wieder verlieren könne. *Wer einmal gerechtfertigt ist:* damit müssen hier die gemeint sein, die die Geisttaufe empfangen haben. Die CA wendet sich also gegen den Gedanken von der Einwohnung des Heiligen Geistes im Sinne einer (unverlierbaren) Qualität im Menschen. Daß sich die Reformatoren gegen den Gedanken von der Sündenfreiheit des Gerechtfertigten wenden mußten, ergibt sich aus ihrer ganzen Auffassung vom Menschen. Die *Novatianer* werden wegen ihrer Leugnung der Möglichkeit von Buße überhaupt verurteilt. Aktuelleres Interesse haben die Bekenner doch sicherlich am letzten Teil gehabt. Hier gilt der Kampf dem Verdienstgedanken im Zusammenhang mit den satisfaktorischen Werken, ein Thema, das immer wieder angeschnitten wird: in Artikel 15, 20, 26, 27 und 28.

Kommentar

In Anbetracht der Lehre von der Buße als der „zweiten Rettungsplanke nach dem Schiffbruch" mußte dieses Sakrament einen sehr bedeutenden Platz im kirchlichen Leben des Mittelalters einnehmen. Es trat, wie erwähnt, allmählich an die Stelle der Taufe, und es ist deshalb nicht verwunderlich, daß die scholastische Rechtfertigungslehre innerhalb der verschiedenen Schulen von der Auffassung der Buße bestimmt wurde. Denkt man sich die Rechtfertigung als einen psychischen Prozeß, so mußte sie in der Praxis in engem Zusammenhang mit dem Bußsakrament bestimmt werden. Schon früh im Mittelalter war die Dreiteilung des Sakraments allgemein geworden, und auf dem *Konzil zu Florenz* stellt Papst *Eugen IV* fest, daß sie besteht aus der Reue des Herzens *(cordis contritio)*, dem Bekenntnis des Mundes *(oris confessio)* und der Genugtuung für die Sünden *(satisfactio pro peccatis)* nach der Entscheidung des Priesters[1]. Damit war die Dreiteilung allgemeine Kirchenlehre geworden. Es ist deshalb natürlich, daß die *Confutatio* auf die Einteilung der Buße in Reue und Glauben, wie sie die CA vornahm, reagieren mußte. Sie führt die dreiteilige Buße auf die Tage der Apostel zurück und meint, daß auch die Kirchenväter so gelehrt hätten. Im übrigen weist man auf die Bulle Leos X. *Exsurge domine* vom 15. Juni 1520 hin, die das Wort Luthers verurteilt, die Dreiteilung sei weder in der Schrift noch bei den Vätern begründet[2]. So hatte sich *Luther* unter anderem ausgesprochen in der Schrift *Eyn Sermon von dem Ablaß und Gnade* vom April 1518[3]. Dieselbe Kritik an der Dreiteilung finden wir in dem *Unterricht der Visitatoren,* der wie die CA die Buße aus Reue und Glauben bestehen läßt[4]. Wichtiger als die formale Kritik an der Einteilung der Buße ist natürlich die Veränderung im Verständnis des Wesens der Buße, die die Reformatoren zu einer anderen Einstellung der Teile der Buße genötigt hat.

Die *Confutatio* erkennt ohne Zögern die einleitenden Sätze von Artikel 12 an, wo die Möglichkeit der Vergebung nach einem Fall durch die Absolution der Kirche festgestellt wird (1—2). Die Aussagen der CA sind in so allgemeinen Wendungen gehalten, daß sie von vornherein jeden Gegensatz ausschließen. Anders steht es mit der Darstellung dessen, worin die Buße besteht. Außer der Einteilung kritisieren die Confuta-

---

[1] Die Bulle *Exultate Deo*, 22. Nov. 1439, *Denzinger* 1323.

[2] Der fünfte Satz, *Denzinger* 1455.

[3] Cl. 1, 11,27ff. (WA 1, 243).

[4] Mel. W. 1, 245,11ff.

toren die Einführung des Glaubens als eines Teils der Buße, denn dieser sei vielmehr eine Voraussetzung der Buße. Außerdem wird die Ablehnung der satisfaktorischen Werke gerügt, denn dadurch stellt sich die CA nach der Meinung der Confutatoren in Widerspruch zum Evangelium, den Aposteln, den Vätern, den Konzilien und der ganzen katholischen Kirche. Man kann sich also hier nicht darüber beklagen, daß die Confutatoren die Gegensätze nicht gesehen hätten.

Bevor wir den Text der CA näher betrachten, wird es jedoch ratsam sein, die wichtigsten Züge der Beschäftigung Luthers mit diesen Dingen darzustellen. Die ockhamistische Theologie, mit der Luther aufgewachsen war, lehrte, daß die Reue, die dem Empfang des Bußsakramentes vorausgeht, eine *contritio* sein müsse, eine wirkliche Zerknirschung des Herzens über die Sünde, und daß diese Reue möglich ist mit Hilfe der natürlichen Kräfte des Menschen. Gerade diese Lehre hatte ihn im Kloster zur Verzweiflung getrieben, weil die Wirkung des Bußsakramentes an die rechte menschliche Vorbereitung gebunden war. Da alles davon abhing, ob man durch die Buße wirklich von seinen Sünden befreit war und wieder in die Gnade aufgenommen war, bedeutete dies, daß die Disposition des Menschen das konstitutive Element im Gottesverhältnis war. Es ist bekannt, wie *Staupitz* Luther geholfen hat, indem er darauf hinwies, daß die Liebe zu Gott nicht das Ziel, sondern der Beginn aller Buße sei. Dadurch wies er ihn darauf hin, auf Gottes zuvorkommende Gnade zu vertrauen, statt auf seine eigene Disposition. Trotzdem kam Luther erst über die Schwierigkeiten hinweg, als er bei seinen eigenen Studien ein neues Verständnis der Rechtfertigung gewonnen hatte. Aber die neue Auffassung der Erbsünde und der Gerechtigkeit Gottes hatte auch eine neue Auffassung der Buße zur Folge. Deswegen war Luther gut gerüstet, als der Ablaßstreit ihn dazu zwang, diese Probleme zu diskutieren.

Die Haltung, die Luther in den *95 Thesen vom Ablaß* einnahm, war in keiner Weise ein völliger Neuanfang. Das ganze Spätmittelalter hindurch hatten sich die Gedanken einer inneren Buße als Voraussetzung der äußeren, die schon weit früher entwickelt waren, immer mehr in den Vordergrund geschoben. Das Verständnis des ganzen Lebens als einer beständigen Buße bestimmte vieles im Frömmigkeitsleben der Zeit, wodurch das Bußsakrament an Bedeutung zu verlieren drohte. Von diesem ganzen Gedankengang war die Theologie Luthers mit ihren Gedanken vom Kreuz, der Demütigung usw. tief geprägt[5]. Die Buße ist einfach die Situation des Menschen auf dem Wege von der Sünde zur Gerechtigkeit, und damit erstreckt sie sich von der Wiege bis zum Grabe. Diese Linie ist deutlich angegeben mit der berühmten ersten *These:* „Wenn unser Herr und Meister Jesus Christus spricht: Tut Buße!, so

[5] Siehe hierzu *R. Seeberg:* Dogmengeschichte IV, 1, S. 158ff.

hat er gewollt, daß das ganze Leben der Gläubigen eine Buße sei". Die rechte Buße ist also ein Leben unter dem Kreuz, in Haß zu sich selbst und unter ständiger Tötung des Fleisches. Die Schuld der Sünde kann allein Gott vergeben, der Papst kann sie nur als vergeben *erklären* (Th. 6 und 38). Durch wirkliche Reue ist die Sünde schon von Gott vergeben (Th. 36), und wenn Luther trotzdem an der Notwendigkeit des Bußsakraments festhalten will, so geschieht das unter Hinweis darauf, daß Gott nur dem vergibt, der sich vor seinem Gemeindepfarrer demütigen will (Th. 7). Die Unterwerfung unter das Bußsakrament gehört also zu der bußfertigen Haltung hinzu. Wie gesagt, dies war schon vorher bekannt. Was es revolutionierend machte, waren die Energie und die Konsequenz, mit denen die Gedanken durchgeführt wurden. Auch wenn es später deutlicher gesagt wird, so enthalten schon die Thesen die beiden Grundgedanken, die auch die CA bestimmen: die *Reue* über die Sünde, die von Gott allein Vergebung erhält, was durch die Erklärung des Priesters geschieht, d.h. die Absolution, und der *Glaube,* der eben in der bußfertigen Haltung besteht, in der der Mensch das *ganze* Leben auf die Gnade Gottes angewiesen ist. Es dauerte indes nicht lange, bis Luther selbst dies unmißverständlich zum Ausdruck brachte.

In dem kleinen *sermo de poenitentia,* 1518[6], hat Luther besonders ein Anliegen, nämlich eine Antwort auf die Frage zu geben, wie der Bußfertige Vergebung erlangt. Er zögert nicht mit der Antwort, daß nicht die Reue, sondern der feste Glaube an die Barmherzigkeit Gottes in Christus uns allein an der Vergebung teilhaftig werden läßt und uns vor Gott rechtfertigt. Er bindet den Glauben an das Versprechen Christi: „Was ihr auf Erden lösen werdet usw." (Mt. 18,18). Ohne diesen Glauben nützen weder Reue noch Teilnahme an den Sakramenten. In den folgenden Jahren gab er eine nähere Belehrung von der Buße in der Schrift *Ein Sermon von dem Sakrament der Buße,* geschrieben gleichzeitig mit zwei Sermonen über die Taufe bzw. das Abendmahl[7]. Es gibt, sagt Luther hier, nur einen rechten Weg zur Vergebung der Schuld, und das ist das Sakrament der Buße. Ablaß und Werke nützen nichts. Das Bußsakrament gab Gott zum Trost für alle Sünder, als er Petrus die Schlüsselgewalt für die ganze Kirche gab. Wie in dem lateinischen Sermon ist das Wort von der Schlüsselgewalt verstanden als ein gnadenreiches Wort „widder alle erschreckung des gewissens / wider vor zweyfflung" und zur „freud un seligkeit des hertzen"[8]. Das Sakrament besteht aus drei Dingen. Zuerst aus der Absolution, durch welche die Vergebung kraft des Wortes Christi verkündigt wird. Das zweite ist die Gnade, die Vergebung der Sünden. Das dritte ist der Glaube, ohne welchen das Sakrament nicht wirksam ist. Daraus folgt, daß man die Vergebung nicht um seiner

[6] WA 1, 319—324.
[7] Cl. 1, 174—184 (WA 2, 713—724).
[8] Cl. 1, 176,31f.

Würdigkeit willen erlangt, sondern um des Glaubens willen. Deswegen soll man sich nicht auf seine Reue oder seine Werke verlassen, sondern auf das Wort Christi. Schon hierdurch hat die Buße einen ganz anderen Inhalt erhalten. Die Aufgabe des Priesters ist die Verkündigung des gnadenreichen Wortes Gottes von der Vergebung im Anschluß an die Schlüsselgewalt. Luther hebt denn auch hervor, daß die Vergebung weder in der Macht des Papstes oder irgendeines Priesters steht, sondern allein „auff dem wort Christi vnd daynem eygen glauben"[9], denn er hat nicht gewollt, daß unsere Seligkeit auf etwas Menschlichem beruhe, sondern allein auf ihm selbst. Die Schlüsselgewalt ist überhaupt nicht eine Macht, die den Priestern gegeben ist, sondern ein Dienst, den sie an andern zu tun haben; ist kein Priester zur Stelle, kann jeder Christ an die Stelle des Priesters treten. Luther nennt auch hier die traditionelle Dreiteilung der Buße, aber er hebt ihre Bedeutung auf, indem er sagt, daß dort, wo der Glaube ist, Reue, Beichte und Satisfaktion leicht fallen, aber wo er nicht ist, da genügen alle drei nicht. Hinsichtlich der Satisfaktion hatte Luther von Anfang an Bedenken, weil er sah, daß dies den Weg zur Werkgerechtigkeit öffnete. Hier im Sermon sagt er, es genüge zu sagen, daß die beste Satisfaktion ist, niemals zu sündigen und dem Nächsten alles Gute zu tun. Hinsichtlich der Reue, die Luther so sehr im Kloster geängstigt hatte, weil er nicht wußte, ob er genug bereue, sagt er jetzt, kein Mensch könne trotz allen Fleißes genug bereuen, aber dagegen sei das Wort Gottes sicher genug.

Wie aus diesem Referat hervorgeht, ist es Luther gelungen, die Buße im Zusammenhang mit Taufe und Abendmahl so zu verstehen, daß die Rechtfertigung aus Glauben auch ihr Inhalt wird. Die sakramentale Buße hat ihren Platz verloren, den sie in der römischen Kirche einnahm, denn das Christenleben ist, wie wir gesehen haben, ein Leben in der Taufe. Die Buße ist nicht mehr eine Rechtshandlung, wo der Priester als Richter an der Stelle Gottes sein Votum abgibt, sondern eine göttliche Verheißung, die vom Glauben ergriffen wird. Deshalb ist der Pfarrer nicht Herr, sondern Diener für das gnadenreiche Wort Gottes von der Vergebung der Sünden. Damit entfallen alle Bedingungen für die Absolution, denn der Priester steht *wirklich* an der Stelle Gottes, d.h. er ist nur Werkzeug für Gottes eigenes Handeln mit dem Menschen. Die Reue ist nicht mehr eine Bedingung für das Erlangen der Gnade, sondern wird eine Frucht des Glaubens an Gottes Drohungen und Verheißungen[10]. Was die Satisfaktion angeht, so ist sie nicht eine Genugtuung für frühere Sünden, sondern die einzig wahre Satisfaktion besteht vielmehr in einem neuen Leben. Von der sakramentalen Handlung (gleich ob

[9] Cl. 1, 177,28f.

[10] Siehe hierzu *De captivitate babylonica*. Den Abschnitt dieser Schrift über die Buße müssen wir hier aus Platzgründen übergehen: Cl. 1, 480,26ff. (WA 6, 545).

man nun das Wort Sakrament gebrauchen will oder nicht) bleiben also nur die Beichte und die Absolution. Luthers Auffassung haben wir nun gesehen. Aber *die Buße* wurde nicht abgeschafft, denn sie ist einfach der Lebensbereich des Christen.

Kehren wir nun zur CA zurück, so stellt man fest, daß Artikel 12 die hier wiedergegebenen Gedanken enthält. Abgesehen davon, daß das Wort Absolution vorkommt, ist sonst nichts in dem ersten Teil des Artikels enthalten, was nicht verstanden werden könnte, ohne irgendwie an die Buße als eine bestimmte Handlung zu denken. Dieses Stück könnte gut die Überschrift tragen: Der Mensch unter Gesetz und Evangelium. Sieht man es unter diesem Gesichtspunkt, so wird klar, in welchem Maße auch die Buße von den Reformatoren als Werk Gottes aufgefaßt wird, als sein fremdes Werk, das den Menschen zu seinem *opus proprium* treiben soll. Dann wird die Reue, von der die Rede ist, nicht eine Leistung, sondern die Aufdeckung der Sünde durch das Evangelium. Das Leben des Christen als Buße meint nichts anderes als ein Leben im Glauben, das Gott allein die Ehre gibt. Dieser Gedankengang kommt sehr schön in den *Schmalkaldischen Artikeln* zum Ausdruck, wo Luther sagt, daß Dienst und Aufgabe des Gesetzes gerade im Neuen Testament beibehalten und gelehrt werden, indem jeder Mensch der Sünde angeklagt wird; er fährt dann fort (im deutschen Text): „Dies ist nicht activa contritio, eine gemachte Reu, sondern passiva contritio, das recht Herzeleid, Leiden und Fuhlen des Todes.“[11] So wird die Reue der Weg, auf welchem Gott den Menschen zu sich führt. Aber weil der Mensch ständig in der Sünde lebt, muß er immer von neuem vom Gesetz zum Evangelium geführt werden, d.h. in der Buße leben.

In der *Apologie* antwortet *Melanchthon* mit ungewöhnlicher Heftigkeit — aber mit großer Sorgfalt. Es ist nicht möglich, auch nur einigermaßen erschöpfend den Inhalt des langen Abschnittes über die Buße darzustellen, aber einige Gedanken sollen doch erwähnt werden. Indem wir die sehr ausführliche Kritik an dem römischen Verständnis der Buße überspringen, halten wir uns an die Darstellung der Lehre der CA. Im Hinblick auf die Reue läßt Melanchthon uns nicht darüber im Zweifel, daß sie nicht das Ergebnis menschlicher Bemühungen ist. Sie entsteht dadurch, daß das Wort Gottes die Sünde anklagt, denn dies ist die Summe des Evangeliums: die Sünde anzuklagen und Vergebung der Sünden und Gerechtigkeit um Christi willen anzubieten. Die Reue ist mit andern Worten Werk des Gesetzes (BK S. 257, Apol XII, 29). Der zweite Teil der Buße ist der Glaube an Christus, der wiederaufrichtet und lebendig macht (S. 258, XII, 35ff.). Das läßt sich mit dem Worte Christi zusammenfassen: „Tut Buße und glaubt an das Evangelium“. Im ersten Teil klagt

[11] III, III. BK, S. 437.

er die Sünde an, im zweiten Teil tröstet er uns und zeigt uns Vergebung der Sünden (BK, S. 260, Apol XII, 45). Ebenso wird auf das Wort des Paulus hingewiesen, daß der Christ mit Christus stirbt und aufersteht, das in gleicher Weise zeigt, daß Reue und Glaube nebeneinander stehen (BK S. 260, Apol XII, 46). Die Buße wird also von Melanchthon als identisch angesehen mit dem Leben unter dem Worte Gottes, dem Gesetz und dem Evangelium, sie ist also mit der Rechtfertigung identisch. Deswegen ist sie in beiden Teilen ganz und gar Werk Gottes. Weiter sollte auch die Auffassung von der Absolution erwähnt werden. Sie kann zu Recht Sakrament der Buße genannt werden, sagt Melanchthon (BK S.259, Apol XII,41 ff.). Er bestimmt sie wie Luther als mit dem Evangelium identisch[12]. Zusammen mit dem vorhergehenden Sündenbekenntnis macht sie das aus, was von der Buße als einer abgegrenzten Handlung oder, wenn man will, als Sakrament zurückbleibt. Das ist im Zusammenhang mit Artikel 11 erörtert worden. Aber wie man sehen kann, folgt daraus in keiner Weise, daß die Buße bedeutungslos wird; vielmehr wird sie der Inbegriff des Christenlebens.

Der zweite Teil des Artikels wendet sich zunächst gegen die Vollkommenheitslehre der Wiedertäufer, die die Buße überflüssig macht. Unter den bekannteren Schwärmern lehrte *Hans Denck,* daß der neue Mensch nicht sündige. Der Widerstand und der Sieg werden bei ihm immer stärker sein als die Anfechtung. Ähnliches wurde von anderen Täufern behauptet. *Schwenckfeld* ging nicht so weit, auch wenn er den Wiedergeborenen als „wesentlich gerecht" ansah. *Sebastian Franck* scheint dagegen an diesem Punkt vorsichtiger gewesen zu sein[13]. Es ist klar, daß die Reformatoren jeglichen Zusammenhang mit einer solchen Lehre abstreiten wollten, auch wenn die Gefahr im übrigen nicht sehr groß war, daß man sie solcher Anschauungen verdächtigte. Die Verurteilung der Novatianer erscheint etwas unaktuell; sie ist sicher aus *Luthers „Bekenntnis"* von 1528[14] übernommen worden. Jedoch mag man auch hier ähnliche Phänomene bei gewissen Schwärmern gesehen haben[15]. Die Verwerfung der Satisfaktionen, über die sich die *Confutatio* natürlich beschwert, ist von der neuen Auffassung von der Buße aus leicht verständlich. In der *Apologie* widmet *Melanchthon* der Behandlung dieser Frage einige Seiten. Er weist sorgfältig den Versuch der Confutatoren zurück, eine Schriftbegründung zu finden, greift die Lehre von den überschüssigen guten Werken an und findet den historischen Ursprung

---

[12] Die Wiederholungen zeigen, wie wichtig dies für Melanchthon gewesen ist: 39, 61 und 105.

[13] Siehe *Plitt II,* S. 355 und BK, S. 67, Anm. 2.

[14] Cl. 3, 512,39 f. (WA 26, 507).

[15] Siehe *Plitt II,* S. 355, wonach *Urbanus Rhegius* die Täufer als neue Novatianer betrachtet haben soll.

der Satisfaktion in der äußeren Zucht im Zusammenhang mit der *öffentlichen* Buße. Ihren Platz im Bußsakrament untergräbt Melanchthon, teils indem er die Unterscheidung zwischen dem Erlassen der Strafe und der Schuld ablehnt, teils indem er wie Luther auf die Früchte der Buße, die guten Werke, hinweist. Wenn mit der Buße das Christenleben selbst gemeint ist, wird die Rede von den satisfaktorischen Werken nicht nur überflüssig, sondern direkt gefährlich.

Zum Schluß wollen wir einen Blick auf die Lehre des *Tridentinums* von der Buße werfen, die natürlich in hohem Maße von der der Reformatoren bestimmt ist. Für das Trienter Konzil ist es natürlich wichtig, die göttliche Einsetzung der Buße zur Wiedervereinigung der gefallenen Getauften mit der Kirche festzustellen. Joh. 20,22f.: „Nehmet hin den Heiligen Geist! Welchen ihr die Sünden erlasset, denen sind sie erlassen; und welchen ihr sie behaltet, denen sind sie behalten", wird so interpretiert, daß hierdurch den Aposteln und ihren Nachfolgern die Macht übertragen ist, Sünden zu erlassen und zu behalten *(potestatem remittendi et retinendi peccata)*. Es wird ausdrücklich auf den Gegensatz dieses Verständnisses zu dem der Reformatoren hingewiesen, nach dem es sich um die Macht, das Wort Gottes zu verkündigen, handeln soll (Cap. 1). Aufgrund des Verhältnisses der Buße zur Taufe ist es dann notwendig, den Unterschied zwischen den beiden Sakramenten zu präzisieren. Außer in ihrer äußeren Gestalt besteht der Unterschied in folgendem: 1. Bei der Taufe ist der amtierende Priester nicht Richter, weil die Kirche keine richterliche Gewalt über jemanden ausübt, der nicht schon in die Kirche eingetreten ist. Anders verhält es sich mit den Gefallenen nach der Taufe, „den Hausgenossen des Glaubens". 2. Es besteht ein Unterschied zwischen der Frucht der Taufe und der Buße. Durch die Taufe werden wir mit Christus bekleidet (Gal. 3,27) und werden eine neue Schöpfung, indem wir völlige Vergebung für alle Sünden erlangen. Bei der Buße gelangen wir nicht zu dieser Erneuerung ohne eine große Anstrengung von unserer Seite, denn das fordert Gottes Gerechtigkeit. Deswegen kann die Buße zu Recht *„laboriosus quidam baptismus"* genannt werden. Sie ist notwendig zum Heil für die Gefallenen, so wie es die Taufe für die noch nicht Wiedergeborenen ist (Cap. 2). Dann werden die Bestandteile der Buße dargestellt, indem die althergebrachte Einteilung angewandt und der der Reformatoren gegenübergestellt wird. Den Abschnitt vom Sündenbekenntnis haben wir unter Artikel 11 referiert. Hinsichtlich der Reue, *contritio,* wird gesagt, sie sei der Schmerz der Seele über die Sünde und ihr Abscheu gegen sie, vereint mit dem Vorsatz, nicht mehr zu sündigen. Auf traditionelle Weise wird zwischen der vollkommenen Reue, die die Liebe einschließt, *contritio perfecta,* und der Reue aus Furcht, *attritio,* unterschieden. Auch die letztere ist eine hinreichende Disposition zum Empfang der Gnade (Cap. 4).

Erwartungsgemäß tritt der Gegensatz zu den Reformatoren außerordentlich scharf hervor im Abschnitt über die Absolution. Zunächst wird der Gedanke zurückgewiesen, daß die Schlüsselgewalt von anderen als von Priestern und Bischöfen ausgeübt werden könne. Dann heißt es von der Absolution selbst, sie sei „nicht allein ein bloßer Dienst *(nudum ministerium)*, der entweder darin besteht, das Evangelium zu verkündigen, oder darin, zu erklären, daß die Sünden vergeben sind, sondern sie ist im Gegenteil gleichsam ein Gerichtsakt, durch den von ihm (dem Priester) gleichsam als von einem Richter das Urteil gesprochen wird" (Cap. 6). Danach wird die „Reservation" gewisser Fälle zur Entscheidung bei höheren Instanzen verteidigt, von Fällen also, bei denen der Beichtvater keine Jurisdiktion besitzt (Cap. 7). Das leuchtet natürlich ein unter der Voraussetzung, daß die Absolution ein Gerichtsakt ist. Die beiden letzten Abschnitte des Dekrets gelten der Satisfaktion (Cap. 8 und 9). Gegenüber der reformatorischen Behauptung, daß die Schuld der Sünde niemals vergeben werde, ohne daß auch die ganze Strafe verschwinde, wird an dieser Unterscheidung festgehalten, die ja notwendig ist, wenn man den Gedanken der Satisfaktion bewahren will.

Vergleicht man diese Bußlehre mit der CA, so leuchtet ein, daß wir es nicht mit mehr oder weniger zufälligen Divergenzen zu tun haben, sondern daß der Gegensatz mit dem Verständnis des Evangeliums selbst zusammenhängt. Nirgends wird deutlicher, in welchem Maße der römische Katholizismus von rechtlichen, und das will für die Reformatoren heißen von gesetzlichen, Gesichtspunkten bestimmt war. Wohl ist der Katholizismus Tridentinums im Vergleich zum spätmittelalterlichen Katholizismus ein reformierter Katholizismus, aber die Bußinstitution, die einem vor Augen steht, wenn man sich mit dem Tridentinum beschäftigt, ist doch in ihrem Wesen mit der Lehre identisch, die Luther bekämpfte mit dem Bewußtsein, daß sie das Evangelium zerstöre, indem sie es durch das Gesetz ersetze. Auch wenn es eine von der Kampfsituation hervorgerufene Übertreibung ist, wenn Melanchthon in der Apologie die römische Bußlehre als Judentum abstempelt, so hat er damit trotz allem etwas getroffen, was von einer lutherischen Auffassung aus nicht ganz falsch ist.

13. Der Sakramentsempfang

Vom Sakramentsempfang lehren sie: Die Sakramente sind eingesetzt nicht bloß, damit sie Erkennungszeichen des christlichen Bekenntnisses unter den Menschen seien[1], sondern weit mehr, damit sie Zeichen und Zeugnisse des Willens Gottes gegen uns seien, die gegeben sind, um den Glauben in den Empfangenden zu erwecken und zu befestigen. Darum muß man die Sakramente so empfangen, daß der Glaube dabei ist[2], welcher den Verheißungen vertraut, die durch die Sakramente dargeboten und vor Augen gehalten werden.

---

[1] DT: „Zeichen seien, dabei man äußerlich die Christen kennen muge".

[2] DT: „derhalben sie auch Glauben fordern und dann recht gebraucht werden, so man's im Glauben empfähet und den Glauben dadurch stärket". Der DT schließt hiermit, es fehlt also die Erwähnung der Verheißungen.

In der Darstellung dessen, was das Ziel des Sakramentes ist, spürt man eine verborgene Polemik. Der Satz: *nicht bloß, damit usw.* ist offenbar an eine bestimmte Adresse gerichtet. Der Ausdruck *Erkennungszeichen des christlichen Bekenntnisses unter den Menschen* wirkt fast wie ein Zitat. Er ist denn auch, wie wir sehen werden, eine sehr präzise Zusammenfassung von Zwinglis Sakramentsauffassung. Darauf folgt die eigene Lehre der CA: die Sakramente sollen *Zeichen und Zeugnisse* des Willens Gottes sein; vgl. hierzu den Kommentar zu Artikel 9 und 10. *Um den Glauben ... zu erwecken und zu befestigen:* indem die Sakramente den Willen Gottes gegen uns bezeugen, dienen sie gerade dazu, den Glauben zu erwecken und zu befestigen. *Darum:* weil dies der Sinn der Sakramente ist, müssen sie natürlich so empfangen werden, daß der Glaube sein Vertrauen auf die Verheißungen Gottes setzt. Ohne den Glauben können die Sakramente nicht werden, was sie sein sollen, nämlich *Zeichen* des Willens Gottes gegen uns, der gerade in den Verheißungen zum Ausdruck kommt, die „durch die Sakramente dargeboten und vor Augen gehalten werden".

Kommentar

Es war schon bei der Behandlung der Artikel von Taufe und Abendmahl notwendig, Artikel 13 mit einzubeziehen, weil die Unterscheidung der CA zwischen dem Wesen der Sakramente und ihrem Gebrauch wohl um der Klarheit willen empfehlenswert erscheint, aber sich doch nur durchführen läßt, wenn man immer bei der Behandlung des einen Teils den anderen im Auge behält. Auch Artikel 13 sagt etwas vom Wesen der Sakramente, indem er von ihrem *Zweck* redet. Isoliert betrachtet lassen sowohl Artikel 9 als auch Artikel 10 sehr verschiedene Deutungen zu. Im Licht von Artikel 13 werden die Möglichkeiten ganz außerordentlich begrenzt. Weil das Charakteristische in der lutherischen Sakramentsauffassung schon im Zusammenhang mit den vorhergehenden Artikeln dargestellt sein dürfte, kann hier nicht etwas eigentlich Neues gesagt werden. Wir werden deshalb bestimmte Probleme zu erörtern versuchen, die der Text des Artikels nahelegt, und in einer Analyse dieses Textes noch einmal die verschiedenen Standpunkte zu präzisieren versuchen.

Der Zweck der Einsetzung der Sakramente wird deutlich angegeben: sie sollen „den Glauben in den Empfangenden ... erwecken und ... befestigen", dadurch daß sie „Zeichen und Zeugnisse des Willens Gottes gegen uns" sein sollen. Dem wird jenes Verständnis von den Sakramenten gegenübergestellt, nach dem sie lediglich „Erkennungszeichen des christlichen Bekenntnisses unter den Menschen sind". Bei dieser Abgrenzung ist zweifellos vor allem an *Zwingli* gedacht. Wir haben gesehen, wie die Sakramente bei ihm jeglichen Charakter von Gnadenmitteln verlieren, weil er leugnet, daß Gottes Geist durch etwas Leibliches vermittelt werden könne. In der *Fidei ratio* drückt er sich völlig unmißverständlich aus: Die Sakramente geben weder die Gnade noch vermitteln sie sie, sondern sie werden gegeben als ein öffentliches Zeugnis von der Gnade, die sich bei jedem einzelnen schon im voraus findet[1]. Gegenüber einer solchen Auffassung, die das Entscheidende die Haltung des Menschen sein läßt, weist die CA darauf hin, daß die Sakramente göttliche Handlungen sind, bei denen die Verheißungen des Heils „dargeboten und vor Augen gehalten werden". Damit ergibt sich auch, daß sie so empfangen werden müssen, „daß der Glaube dabei ist" (nämlich beim Empfang); denn, wie wir gesehen haben, nur durch den Glauben kann festgehalten werden, daß das Sakrament ganz und gar Werk Gottes ist.

Das Sakrament erfordert also Glauben, aber zugleich heißt es, daß es gegeben ist, „den Glauben ... zu erwecken und zu befestigen". Der Zirkel, in dem wir uns hiermit bewegen, soll dazu dienen, jede Möglichkeit auszuschließen, das Kommen der Gnade außerhalb der *Begegnung* zwischen dem Wort — in Verkündigung und Sakrament — und dem Glauben zu lokalisieren. Deshalb muß die lutherische Sakramentslehre mit derselben Energie sowohl Zwinglis spiritualistische Auffassung als auch die römische Lehre *ex opere operato* zurückweisen. Sie muß gegen die Auffassung *Zwinglis* protestieren, nach der der Mensch *zunächst* mit dem Geist versehen wird und *erst dann* das Wort versteht und Nutzen aus ihm zieht. In gleicher Weise muß sie gegen *Rom* protestieren, das *erst* eine menschliche Disposition fordert, um *dann* die Gnade durch das Sakrament geschenkt werden zu lassen. Die lutherische Lehre vom Wort und Glauben setzt ein ganz bestimmtes Verständnis der Inkarnation voraus, das auf keinen Fall die Verachtung der Leiblichkeit zuläßt, die in Zwinglis Sakramentsauffassung liegt, die aber genauso bestimmt die „Materialisierung" der Gnade ablehnt, die für die römische Lehre kennzeichnend ist. Sowohl Rom als auch Zwingli ermöglichen es, die Gnade

[1] *Bekenntnisschr. der ref. Kirche,* S. 86,8f.: Credo, imo scio omnia sacramenta, tam abesse ut gratiam conferant, ut ne adferant quidem aut dispensent. ... 86,46ff.: Ex quibus colligitur (quod in re sacramentaria volens ac libens admitto) sacramenta dari in Testimonium publicum eius gratiae, quae cuique privato adest.

außerhalb der Begegnung zwischen dem Wort und dem Glauben zu lokalisieren, und das will für die Reformatoren heißen, außerhalb des inkarnierten Christus. Was Zwingli betrifft, so ist dies ganz deutlich, denn er läßt das Kommen des Geistes völlig unvermittelt sein. Aber es gilt in gleichem Maße für Rom. Hier ist die Gegenwart der Gnade als eine objektive Größe garantiert, gerade weil die Sakramente nur scheinbar irdische Dinge sind, was am deutlichsten in der Verwandlungslehre zum Ausdruck kommt.

In der ersten gedruckten Ausgabe der CA war zum Artikel 13 eine ausdrückliche Verurteilung der Lehre vom Wirken der Sakramente *ex opere operato* hinzugefügt. Sie ist jedoch überflüssig, weil ja die Art und Weise, wie hier vom Glauben gesprochen wird, in sich selbst ein Angriff auf diese Lehre ist. Merkwürdigerweise wurde die Verurteilung in die ältere Ausgabe der Bekenntnisschriften von Müller mit aufgenommen. Schon ein Studium der *Confutatio* hätte jedoch einleuchtend machen müssen, daß diese Verurteilung nicht im ursprünglichen Manuskript gestanden haben kann, denn die Confutatoren erkennen den Artikel an.

Auch ohne die Verurteilung ist die Anerkennung durch die Confutatio merkwürdig, denn man sollte erwarten, daß der indirekte Angriff bemerkt wurde. Man begnügt sich mit der Forderung, daß die allgemeine Sakramentslehre die *sieben* Sakramente erwähnen sollte. Die *Apologie* antwortet darauf ziemlich ausweichend. Von der Firmung und der Letzten Ölung wird jedoch klar gesagt, daß diese Handlungen nicht Gottes Befehl haben und daß die Kirche sie niemals als notwendig zur Seligkeit angesehen hat (XIII, 6). Wenn Sakramente die Handlungen sind, die Gottes Befehl haben und an welche eine Verheißung der Gnade gebunden ist, so gibt es drei wirkliche Sakramente: die Taufe, das Abendmahl und die Absolution, die das Sakrament der Buße ist. Von der Priesterweihe heißt es, sie könne gern ein Sakrament genannt werden, wenn das Amt als *ministerium verbi* verstanden werde, denn dies ist von Gott befohlen und hat große Verheißung. Etwas Ähnliches gilt von der Ehe, die jedoch, wenn sie ein Sakrament genannt wird, von den neutestamentlichen Sakramenten geschieden werden muß. Im übrigen meint Melanchthon, daß auch mehrere andere Dinge Sakramente genannt werden könnten, z. B. das Gebet. Schließlich sagt er, daß kein Vernünftiger sich um Zahlen streiten wird. Das Wichtigste ist, daß alles das, was von Gott befohlen ist und seine Verheißung hat, bewahrt wird (17). Die letzte Bemerkung deckt sich wohl ganz gut mit der Meinung der Reformatoren in dieser Sache. Der Siebenzahl konnten sie sich unmöglich anschließen, weil jedenfalls einige der Sakramente einen göttlichen Befehl nicht besaßen.

Darauf geht Melanchthon von der Verteidigung zum Angriff über, indem er sagt, es sei nötiger zu wissen, wie die Sakramente gebraucht werden sollen. Ohne den Glauben ist die Verheißung unnütz. Aber da die Sakramente Zeichen für die Verheißungen sind, so folgt daraus, daß der Glaube hinzukommen muß (18—22). Für die Lehre vom *opus operatum* kann man keine Stütze bei den Vätern finden. Zum Schluß zitiert Melanchthon den auch von Luther bevorzugten Satz: nicht das Sakrament, sondern der Glaube an das Sakrament rechtfertigt (23).

Weil nun das Wort das Gnadenmittel ist, sowohl in der Verkündigung als auch in den Sakramenten, so ist klar, daß sie, wie Melanchthon in der Apologie (5) sagt, „dieselbe Wirkung" haben. Wenn die Gnade als ein persönliches Verhältnis und als nichts anderes verstanden wird, muß es so sein. Auf dieser Basis läßt sich keine sakramentale „Rangfolge" schaffen. Die Gnade, die durch die Sakramente gegeben wird, ist keine andere als die, die das mündliche Wort bringt. Der Unterschied besteht darin, daß das Wort bei den Sakramenten von einem Zeichen begleitet wird, was bei der Verkündigung nicht der Fall ist. Aber weil die Gnade auch bei den Sakramenten in der Begegnung zwischen dem Wort und dem Glauben gegeben wird, kann das Zeichen nicht als ein *„signum efficax"* verstanden werden. Deshalb macht Melanchthon darauf aufmerksam, daß er mit dem Glauben, der die Verheißung empfängt, die *„fides specialis"* meint, den Glauben, der die *gegenwärtige* Verheißung glaubt, nicht nur einen allgemeinen Glauben, der glaubt, daß es Gott gibt (Apol. 21).

Man kann deshalb nicht die römische und die lutherische Sakramentslehre in der Weise vergleichen, daß man sagt: Während die römische Lehre lediglich eine rein negative Disposition verlangt, nämlich daß man nicht „den Riegel vorschiebt", verlangt die lutherische Lehre weit mehr, nämlich einen wirklichen Glauben. In der römischen Lehre ist wirklich von einer Disposition die Rede; ist sie zur Stelle, wirkt das Sakrament *ex opere operato.* Aber die lutherische Forderung nach einer *fides specialis* ist nicht die Forderung nach einer Disposition, eventuell nach einer besseren und feineren als die römische. Wenn das so wäre, hätte man ja gut den Ausdruck *ex opere operato* beibehalten können, wenn man nur dabei erklärt hätte, *was* erforderlich ist, um das Sakrament zu einem *signum efficax* zu machen. Die Forderung nach einer *fides specialis* will jedoch sagen, daß der „Nutzen" des Sakraments — um Luthers Ausdruck zu gebrauchen — davon abhängt, ob das Zeichen — die sakramentale Handlung — als „Zeichen und Zeugnisse des Willens Gottes gegen uns" empfangen wird. Mit dem „Willen Gottes gegen uns" meint die CA natürlich nichts anderes als das, was der Inhalt des Evangeliums ist: daß Gott uns gnädig ist. Die sakramentale Handlung ist ein Zeugnis von der Gnade, die darin besteht, daß Gott selbst dem Menschen entgegenkommt. Wenn das Zeichen dadurch wirksam wäre, daß es ausgeführt wird, so würde das nach lutherischer Auffassung bedeuten, daß der Mensch die Gnade empfangen könnte, ohne Gott selbst zu begegnen. Aber die Gnade, die das Sakrament — das Zeichen — vermittelt, ist gerade Christus selbst, gestorben und auferstanden für uns. Deshalb kann sie nicht ohne die *fides specialis* empfangen werden, die der gegenwärtigen Verheißung glaubt. *Fides* und *promissio* waren von Anfang an das, worauf sich das lutherische Sakramentsverständnis konzentrierte, gerade im Gegensatz zur Lehre vom Wirken des Sakraments *ex opere operato*.

Damit ist jedoch das realistische Verständnis der Sakramente keineswegs verlassen. Ist das Zeichen wirklich Zeichen für die Gnade Gottes, die die Verheißung ausspricht, kann es natürlich nicht „symbolisch" verstanden werden, denn dann wäre es ja erst dadurch Zeichen, daß es der Mensch so versteht. Die Gültigkeit des Zeichens ist von der Haltung des Menschen gänzlich unabhängig; deshalb muß jedes spiritualistische Sakramentsverständnis abgelehnt werden. Aber sein „Nutzen" setzt den Glauben voraus; deshalb muß die römische Lehre vom Sakrament als *signum efficax* abgelehnt werden.

Verständlicherweise nahm das *Trienter Konzil* den Anlaß wahr, sich allgemein über die Sakramente zu äußern. Das geschieht in einer Reihe von Canones, von denen die meisten sich gegen die lutherischen Reformatoren richten. Man stellt fest, daß es sieben und nur sieben Sakramente gibt, und daß sie alle von Christus eingesetzt sind (Can. 1). Im übrigen wendet sich das Konzil gegen diejenigen, die leugnen, daß die Gnade allen gegeben wird, die nicht „den Riegel vorschieben" (Can. 6), und gegen diejenigen, die sagen, daß die Sakramente nicht die Gnade *ex opere operato* bringen, sondern daß allein der Glaube an die göttliche Verheißung zur Erlangung der Gnade ausreicht (Can. 8). Wie auch die Lehre von den einzelnen Sakramenten zeigt, hält das Trienter Konzil also gerade an den Punkten der scholastischen Lehre fest, gegen die sich die Reformatoren mit größter Heftigkeit gewandt hatten. Das bedeutet, daß das Tridentinum, hält man sich an die lutherischen Gesichtspunkte, keinen Anlaß zu einer wesentlichen Revision der reformatorischen Polemik gibt.

14. Die kirchliche Ordination

Über die kirchliche Ordination[1] lehren sie: Niemand darf in der Kirche öffentlich lehren oder die Sakramente verwalten, er sei denn dazu rechtmäßig[2] berufen.[3]

[1] DT: „Vom Kirchenregiment". Der Begriff *ordo* bedeutet Ordnung oder Stand. Im mittelalterlichen Sprachgebrauch auch die geistliche Weihe. Wie der DT zeigt, ist hier an die Ordnung oder Leitung der Kirche gedacht.

[2] *Rite* ist ein Adverb, ursprünglich aus *ritu*, dem Ablativ von *ritus*, gebildet. Es bedeutet rechtlich, gesetzlich, wie es sich gehört.

[3] DT: „ohn ordentlichen Beruf".

Es geht um das Recht, *öffentlich* zu lehren; gerade die lutherischen Reformatoren hatten bekanntlich kräftig den Hausvätern die Pflicht eingeschärft, ihre Kinder und Dienstleute zu unterrichten (Der Kleine Katechismus). Aber beim Gottesdienst soll nur der lehren und die Sakramente verwalten, der *rechtmäßig berufen* ist. Dabei hängt natürlich alles davon ab, was man darunter versteht. Dazu siehe den Kommentar.

Kommentar

Von Artikel 5 aus haben wir gesehen, welche Funktion das kirchliche Amt nach lutherischer Auffassung hat. Die Lehre von der Rechtfertigung macht es notwendig. Weil der Glaube, der rechtfertigt, vom gehörten Wort kommt, kann die Kirche nicht ohne die Verkündigung bestehen. Während es also in Artikel 5 um das Wesen und die Notwendigkeit des Amtes ging, geht es hier um die Bedingungen, die erfüllt sein müssen, wenn das Amt ein rechtes Amt sein soll. Artikel 14 enthält in Wirklichkeit nur eine Aussage, auf die sich darum die ganze Aufmerksamkeit konzentrieren muß, nämlich was mit dem „rechtmäßig berufen", *rite vocatus,* gemeint ist. Die *Confutatio* akzeptiert den Artikel unter der Voraussetzung, daß „rechtmäßig berufen" bedeutet: berufen in Übereinstimmung mit den Bestimmungen der Kirche. Man vergleicht mit alttestamentlichen Verhältnissen: rechtmäßig berufen ist der, der berufen ist wie Aaron, nicht nach der „jerobeamitischen Berufung". Gegenüber diesem Vorbehalt von seiten der Confutatio ist *Melanchthon* genötigt, sich in der *Apologie* deutlicher auszudrücken. Er sagt hier, daß die Lutherischen, wie sie oft bezeugt haben, es am liebsten sehen, daß die geltende Ordnung der Kirche, einschließlich der Hierarchie, bewahrt würde in Übereinstimmung mit den alten canones. Das ist jedoch nur möglich, wenn die Bischöfe aufhören, die Kirche zu verfolgen und das Evangelium zu unterdrücken. Die Bischöfe sind selbst daran schuld, daß die kanonische Ordnung aufgelöst wird. Ihre Sache ist es, vor Gott für die Spaltung Rechenschaft abzulegen, die sie in der Kirche durch ihr Rasen gegen die wahre Lehre verursachen. Melanchthon versichert, daß die Lutherischen wegen dieser Sache kein schlechtes Gewissen haben, denn „wir wissen, daß die Kirche bei denen ist, die Gottes Wort recht lehren und die Sakramente recht verwalten, nicht bei denen, die nicht allein versuchen, Gottes Wort durch Edikte zu beseitigen, sondern auch diejenigen morden, die rechte und wahre Dinge lehren . . .". Der Gesichtspunkt, unter dem hier die Kirchenspaltung betrachtet wird, ist beachtenswert, denn dies war die Auffassung der Reformatoren überhaupt. Zwar ist die CA in vieler Hinsicht durch die kirchenpolitische Situation von 1530 bestimmt, vor allem, was die Formulierungen betrifft, aber ihr allgemeines Anliegen: zu zeigen, daß die lutherische Reformation keineswegs eine neue Kirchenbildung ist, sondern das Ergebnis des Versagens der Hierarchie, hat nichts mit kirchenpolitischer Taktik zu tun. Es ist eine Überzeugung, die die ganze Verantwortung für die Kirchenspaltung dem Papst und den Bischöfen zuschiebt.

Artikel 14 hat keine Entsprechung in den *Schwabacher* und *Marburger Artikeln* und ist wohl durch *Ecks* Angriff in den *404 Artikeln* veranlaßt. Er hatte die Verwerfung des Sakraments der Ordination und die Lehre vom allgemeinen Priestertum zu den lutherischen Ketzereien gezählt[1]. Deshalb mußte verhindert werden, daß man die Lutherischen als Gegner des Amtes betrachtete. Wie auch die Haltung der Confutatio zeigt, war es gelungen, eine Formulierung zu finden, die nicht durch ihren Wortlaut verketzert werden konnte. Aber entscheidend ist natürlich, wie *„rite vocatus“* näher verstanden werden soll. Der deutsche Text hat an der entsprechenden Stelle: „ohn ordentlichen Beruf“. Das warnt vor einer Überbetonung des „rite“ in dem Sinn: nach kanonischem Brauch. Es handelt sich vor allem um die Berufung. Indem die CA jegliche Erwähnung der Lehre vom allgemeinen Priestertum vermeidet, verschweigt sie eine wichtige Voraussetzung für die ganze Auffassung *Luthers* vom Amt. Gerade von diesem Gedanken aus konnte Luther in der Schrift *An den christlichen Adel* das Recht der Gemeinde begründen einzugreifen, wenn das Amt versagte. Aufgrund des allgemeinen Priestertums beruht der „ordentlich Beruf“ nicht auf dem Mitwirken der Bischöfe; in einer Notsituation zeigt es sich, was für das Amt *notwendig* ist. Man kann hier an das berühmte Beispiel Luthers denken: Wenn sich eine kleine Schar von Christen an einem einsamen Ort ohne einen geweihten Priester befände und sie sich dann darauf einigte, einen zu wählen, der den Priesterdienst ausübt, dann wäre dieser so wahr Priester, wie wenn ihn alle Bischöfe und Päpste ordiniert hätten[2]. Er wäre nämlich zu diesem Amt berufen worden, und dies ist das einzige, was absolut notwendig ist. In einer Notsituation muß also die Gemeinde kraft ihres Rechtes als Priesterschaft eingreifen. Nun wäre es falsch, wenn man von hier aus meinte, daß Luther die Wahl des Priesters durch die Gemeinde als das einzig Richtige ansah. Die Lehre vom allgemeinen Priestertum hat mit Demokratie nichts zu tun. Es ist also nicht notwendigerweise das einzig Richtige, daß die Gemeinde selbst das Berufungsrecht ausübt, aber sicherlich ist es immer Voraussetzung, daß die Gemeinde die Wahl billigt[3]. Das Entscheidende im Gedanken Luthers ist also nicht, daß eine Änderung der historisch bedingten Berufungsrechte unmittelbar aus der Lehre vom allgemeinen Priestertum folgt, sondern daß die Gemeinde als allgemeine Priesterschaft ein selbstverständliches Recht hat

[1] Artikel 267 und 268. *Gußmann II,* S. 134.
[2] Cl. 1, 367,17ff. (WA 6, 407).
[3] Siehe *Karl Holl: Luther,* S. 337f.; 378.

einzugreifen, wenn das Evangelium entweder von denen, die das Berufungsrecht haben, oder vom Priester der Gemeinde unterdrückt wird. Im ersten Falle ist es ihr Recht, die Ausübung des Berufungsrechts zu übernehmen, im zweiten Fall darf sie den Priester absetzen[4]. Es gibt gute Gründe für die Annahme, daß Luther es für wünschenswert erachtete, daß der Bischof das Berufungsrecht als Repräsentant der berufenden Kirche ausübte. Darin läge kein Gegensatz zur Lehre vom allgemeinen Priestertum, denn der Bischof würde in dieser Funktion nicht als der Vorgesetzte wirken, der diese Vollmacht kraft seiner Weihe besitzt, sondern als der Diener, dem es auferlegt ist, das Berufungsrecht der Kirche auszuüben[5].

Die kirchliche Entwicklung in den 1520er Jahren machte eine solche Ordnung jedoch unmöglich. Die Bischöfe widersetzten sich der Verkündigung des Evangeliums; deshalb mußten die Gemeinden einschreiten und die Ausübung des Berufungsrechtes übernehmen, das die Bischöfe mißbrauchten. Folglich mußte man auch Priester ordinieren[6]. In *An den christlichen Adel* hatte Luther, wie oben erwähnt, die unbedingte Notwendigkeit der Ordination abgelehnt. Allein die Berufung ist für das Amt unentbehrlich. Die Ordination, sagt er an derselben Stelle, ist nichts anderes, als wenn der Bischof einen auserwählen und ihm befehlen würde, für alle anderen die Macht auszuüben, die alle in gleichem Maße besitzen.[7] Die Ordination ist also von dieser Auffassung aus dasselbe wie die Ausübung des Berufungsrechts. In *De captivitate babylonica* baut Luther diesen Gedanken aus durch eine direkte Kritik des Ordinationssakraments. So wie er in der Schrift an den Adel bestritt, daß es einen besonderen geistlichen Stand gebe, lehnt er es hier ab, daß der Priester sich von anderen Christen durch irgend etwas anderes als durch seinen Dienst unterscheiden soll. Wer nicht das Wort predigt, dazu berufen von der Kirche, ist nicht Priester oder Bischof[8]. Die Ordination ist kein Sakrament, sondern ein kirchlicher Brauch zur Auswahl und zur Berufung von Priestern[9]. Daraus folgt, daß sie dem zu

[4] Vgl. Luthers Schrift: *Daß eine christliche Versammlung oder Gemeine Recht oder Macht habe, alle Lehre zu urteilen usw.*, 1523. Cl. 2, 395—403 (WA 11, 408—416). Auch hier wird das Recht der Gemeinde zum Eingreifen damit begründet, daß die Bischöfe versagt haben, vgl. die Apologie.

[5] Diese Haltung gegenüber den Bischöfen folgt unmittelbar aus Luthers Bereitschaft, ihnen die Ordination zu überlassen, wenn sie dem Evangelium dienen wollen. Näheres über die Ordination s. u.

[6] Eigentliche Ordination wird jedoch erst seit 1535 durchgeführt. Bis dahin hatte man sich mit einer Einsetzung in das Amt begnügt. Siehe BK, S. 458, Anm. 2.

[7] Cl. 1, 367,11ff. (WA 6, 407).

[8] Cl. 1, 501,34f. (WA 6, 564); 503,27f. (WA 6, 566): Ministerium verbi facit sacerdotem et Episcopum.

[9] Cl. 1, 498,34f. (WA 6, 561): quendam ritum Ecclesiasticum; 501,36f. (WA 564): ritus quidam eligendi Concionatoris in Ecclesia.

Ordinierenden nichts anderes mitteilt als die Berufung selbst. Die Behauptung, die Ordination teile einen *character indelebilis* mit, ist eine freie Erfindung. Wer nicht den Dienst des Wortes ausübt, ist wie der Laie[10]. Hiermit soll betont werden, daß Priester sein nicht heißt, in einen Stand aufgenommen sein, sondern ein Amt führen. Luthers Angriff auf die Ordination als Sakrament rührt nicht an das Amt als von Gott befohlen und notwendig für die Kirche, sondern dieser Angriff ist eine Folge davon, daß das Amt von der Rechtfertigungslehre aus verstanden wird. Auch Luther sah gerne, daß die Ordination durch den Bischof, verstanden als die kirchliche Form der Amtsübernahme, beibehalten wurde. Aber er blieb sein ganzes Leben bei der Behauptung, daß es von der Haltung des Bischofs abhängen müsse, ob dies möglich sei.

Versucht man Artikel 14 auf dem Hintergrund der Deutung *Melanchthons* in der *Apologie* zu verstehen, so muß *„rite vocatus"* denselben Sinn erhalten: niemand darf die Funktionen des kirchlichen Amtes ausüben, ohne daß er öffentlich, im Namen der ganzen Kirche (oder Gemeinde) zu diesem Amt berufen ist. Wer das Berufungsrecht ausübt, ist nicht entscheidend, wenn es nur für die Gemeinde geschieht. So weit wie möglich sollte dies in Übereinstimmung mit der kirchlichen Ordnung geschehen, aber eine Notsituation kann es erforderlich machen, von gewissen Bestimmungen abzusehen, ohne daß dies die Berufung weniger gültig macht. So verstanden sagt Artikel 14 dasselbe wie *Luther* in den *Schmalkaldischen Artikeln*. Dort erklärt er, daß er um der Liebe und der Einträchtigkeit willen bereit sei, den Bischöfen die Ordination und Firmung zu überlassen. Jedoch ist dies nicht notwendig, denn auch ohne ordentliche Bischöfe kann und soll die Ordination neuer Pfarrer stattfinden[11]. Diese ganze Auffassung, die von der Unsicherheit geprägt ist, die die Verhältnisse mit sich brachten, reicht also nicht über die „Notsituation" hinaus. Es sei hier darauf aufmerksam gemacht, wie verschieden sich die Dinge in *Wittenberg* bzw. in *Genf* entwickelten. Die lutherischen Reformatoren vermieden völlig, die Verhaltensregeln zu dogmatisieren, die zu treffen sie durch die Umstände gezwungen waren. In Genf wurden diese Fragen dagegen in der Gewißheit angegangen, daß man wisse, was ein biblisches Verständnis erforderlich macht.[12] Die lutherische Unsicherheit ist zwar eine große Schwäche in politischer Hinsicht gewesen, aber gleichzeitig eine nützliche Erinnerung daran, daß es die Kirche auch vor 1517 gab. Jede Dogmatisierung der Ordnungen,

---

[10] Cl. 1, 500,8ff.; 505,1ff. (WA 6, 562,567).

[11] III, X (BK, S. 457). Luthers Bereitschaft ist jedoch rein hypothetisch, denn er stellt zugleich fest, daß sie weder wahre Bischöfe sind noch sein wollen.

[12] Auch *H. Asmussen: Warum noch lutherische Kirche?*, 1949 geht auf das Verhältnis von lutherisch und reformiert ein. Was er über das Amt sagt, ist mehr von persönlichen als von historischen Gesichtspunkten geprägt (siehe S. 89f.; 92f.).

die die Reformatoren in der „Notsituation" schufen, würde sich im Widerspruch zur CA befinden.

Hier, wo von den Bedingungen des Amtes in der Kirche die Rede ist, sei an *Artikel 23* erinnert, der in Übereinstimmung mit der lutherischen Amtsauffassung das Zölibat als eine allgemeine Forderung an die Priester ablehnt. Es ist hier nicht möglich, den Artikel und die Gedanken, auf denen er beruht, zu behandeln. Es muß genügen festzustellen, daß die Aufhebung des Zölibatszwanges eine natürliche Konsequenz dessen ist, daß das Priesteramt nicht mehr ein Opferdienst ist, sondern der Dienst des Wortes in der Gemeinde. Da Artikel 14 die Frage nach den Bischöfen unmittelbar nahelegt, wird es dagegen notwendig sein, näher auf die lutherische Auffassung hierüber einzugehen. Wir müssen uns darauf beschränken darzustellen, wie die CA diese Frage in *Artikel 28: Die kirchliche Gewalt,* behandelt. Die Hauptpunkte in dem Artikel, der fast eine kleine Abhandlung darstellt, sind folgende:

1. Die kirchliche und die weltliche Macht dürfen nicht vermischt werden (1—4). Wenn die Bischöfe weltliche Macht haben, dann haben sie sie nicht als Bischöfe, sondern als weltliche Beamte (18—19)[13].

2. Die Macht der Bischöfe ist nach dem Evangelium Gottes Befehl, das Evangelium zu predigen, Sünden zu erlassen und zu behalten und die Sakramente zu verwalten. Dies ist eine rein geistliche Gewalt, die allein durch das Wort ausgeübt wird. Etwas anderes ist die weltliche Macht, die die Leiber angeht und die durch das Schwert ausgeübt wird. Die beiden haben nichts miteinander zu tun (5—17).

3. Was die bischöfliche Jurisdiktion angeht, so besteht sie nach dem Evangelium darin, die Sünden zu vergeben, Irrlehre zu verwerfen und offenbare Sünder aus der Kirche auszuschließen, aber all dies soll sie tun ohne menschliche Macht, allein durch das Wort. In diesen Dingen sind die Gemeinden notwendig und mit göttlichem Recht verpflichtet, ihnen Gehorsam zu erweisen (20—22). Haben die Bischöfe andere Jurisdiktion, z. B. in Ehe- und Steuersachen, so nur nach menschlichem Recht (29).

4. Gebieten die Bischöfe etwas, was dem Evangelium widerspricht, so sollen sich die Gemeinden dem widersetzen (23—28).

5. Es ist Bischöfen und Priestern erlaubt, Anordnungen zu treffen im Hinblick darauf, daß alles in der Kirche ordentlich zugehen kann (53—54), und solche Anordnungen muß die Gemeinde um der Liebe und des Friedens willen einhalten (55).

6. Sehr ausführlich wird die Frage nach der Reichweite dieses Rechts behandelt. Das Hauptprinzip ist, daß die Bischöfe kein Recht haben,

---

[13] Hierüber siehe weiter unter Artikel 16.

etwas gegen das Evangelium anzuordnen oder Vorschriften aufzustellen, als ob wir durch sie Gnade und Rechtfertigung erlangen könnten. Solche Gebote als notwendig aufzustellen, heißt die Gewissen beschweren und wird in der Schrift verboten (30—52, 56—68).

7. Die Bischöfe könnten leicht den kirchlichen Gehorsam aufrechterhalten, wenn sie die Verordnungen aufgeben würden, die nicht ohne Sünde eingehalten werden können. Wollen sie das nicht, müssen die Lutherischen der apostolischen Regel folgen, Gott mehr zu gehorchen als den Menschen. Der Artikel schließt, indem er präzisiert, worum es geht: Man will den Bischöfen die Herrschaft nicht nehmen, sondern wünscht lediglich, daß sie zulassen mögen, daß das Evangelium recht gelehrt wird, und daß sie die Verordnungen aufgeben, die nicht ohne Sünde eingehalten werden können. Wollen sie das nicht, müssen sie selbst sehen, wie sie es vor Gott verantworten werden, daß sie ein Schisma in der Kirche hervorrufen durch ihre Hartnäckigkeit (69—78).

Gerade weil die lutherischen Reformatoren sich nicht als Kirchenstifter betrachten, ist es richtig, daß die CA das Bischofsamt als das normale in der Kirche betrachtet. Aber auch das Bischofsamt ist *ministerium verbi,* weshalb ein Bischof nicht allein kraft seiner Ordination ein rechter Bischof ist. Wenn er nicht den Dienst des Wortes ausübt, soll man ihm nicht gehorchen. Die Kirche steht und fällt nicht mit dem Bischofsamt; notwendig ist nur der Dienst des Wortes, der auch das rechte Werk des Bischofs ist. Deshalb muß das Schicksal des Bischofsamtes davon abhängen, ob es dem Evangelium dient oder nicht[14].

[14] Im Gegensatz zur lutherischen Offenheit hinsichtlich des Bischofsamtes ist es sowohl für die römische als auch für die reformierte Kirche kennzeichnend, daß sie eine besonders feste Anschauung haben, indem sie es für lebensnotwendig bzw. für absolut verwerflich halten.

15. Die Kirchengebräuche

Von den Kirchengebräuchen[1] lehren sie: Diejenigen Gebräuche müssen gewahrt bleiben, welche ohne Sünde bewahrt werden können und nützlich sind zur Ruhe und zu guter Ordnung in der Kirche, z. B. gewisse Tage, Feste und dergleichen.

Aber in diesen Dingen werden die Leute ermahnt, daß ja nicht dadurch die Gewissen beschwert werden dürfen, als wäre eine solche Feier zum Heile notwendig.

Auch wird ihnen eingeprägt, daß menschliche Überlieferungen mit dem Zwecke, Gott zu versöhnen, die Gnade zu verdienen und für die

Sünden Genugtuung zu leisten[2], dem Evangelium und der Lehre vom Glauben widerstreiten[3]; daß also die Klostergelübde und die Vorschriften über Speisen und Tage usw., durch welche Gnade verdient und für Sünden genuggetan werden soll, unnütz und gegen das Evangelium sind.

---

[1] DT: „Von Kirchenordnungen, von Menschen gemacht, ...".
[2] DT: „daß man dadurch Gott versuhne und Gnad verdiene".
[3] DT: „der Lehre vom Glauben an Christum entgegen".

Der Artikel zerfällt in drei Teile. Erst wird festgestellt, daß die geltenden Kirchengebräuche bewahrt werden sollen, sofern sie: 1) nicht wie die im letzten Abschnitt genannten gegen das Evangelium streiten. In diesem Falle können sie natürlich nicht *ohne Sünde* bewahrt werden. Dann wird gefordert, daß sie 2) der Ordnung in der Kirche dienen sollen. Als Beispiele werden Feste und dergleichen genannt.

Der zweite Teil macht darauf aufmerksam, daß eine Belehrung zu geschehen hat, damit *die Gewissen nicht beschwert werden dürfen.* Man würde die Gewissen beschweren, wenn man die Kirchengebräuche in der überlieferten Form als heilsnotwendig betrachten würde. Fragt man, was dann *zum Heile notwendig* ist, so muß die Antwort lauten, daß dies dieselben Dinge sind wie die zur Einheit der Kirche notwendigen, vgl. Artikel 7. Dazu gehören Zeremonien und Kirchengebräuche gerade nicht.

Der letzte Teil des Artikels stellt eine absolute Ablehnung jener Traditionen dar, die zu dem bisher Festgestellten im Widerspruch stehen. Es ist hier an *Gelübde* gedacht, d.h. an Klostergelübde, und an die Traditionen *über Speisen und Tage,* d.h. an die Fastenvorschriften. Von diesen Dingen heißt es, daß sie *dem Evangelium ... widerstreiten.* Das tun sie nicht durch ihre bloße Existenz, sondern weil ihr Zweck nach der Auffassung der CA darin besteht, die Gnade zu verdienen und für die Sünden Genugtuung zu leisten. In diesem Sinne sind sie auch *unnütz,* da alles Verdienst und alle Satisfaktion bei Christus allein liegen.

Kommentar

Die CA fährt hier fort mit der Behandlung der Formen des kirchlichen Lebens, die der vorige Artikel einleitete. Hieran schließt sich dann Artikel 16 von den weltlichen Angelegenheiten. Artikel 15 enthält nichts, was nicht unmittelbar aus der Rechtfertigungslehre und den gottesdienstlichen Formen folgt, die ihr entsprechen. Aus dem, was unter Artikel 14 behandelt worden ist, geht unmittelbar hervor, daß die lutherischen Reformatoren keine Revolution des kirchlichen Lebens wünschten. Das wird bekanntlich auch durch die historischen Ereignisse in Sachsen seit 1520 bestätigt. Es geht darum, das zu reformieren, d.h. zu ändern, was notwendig geändert werden muß. Der Gesichtspunkt, der im ersten Teil des Artikels zum Ausdruck gebracht wird, gilt deshalb, so kann man sagen, sowohl für die grundsätzliche Auffassung der Reformatoren als auch für ihre Handlungen bei der kirchlichen Neuordnung in Sachsen. Es muß jedoch hinzugefügt werden, daß die CA eine gewisse Akzentverschiebung im Verhältnis zur Auffassung Luthers darstellt. Diese Auffassung findet sich in den *Schwabacher Artikeln.* Es heißt hier von den Zeremonien, die nicht dem Wort Gottes widersprechen, daß man sie frei gebrauchen kann oder nicht, jedoch so, daß die Liebe dabei waltet, so daß man nicht unnötig Ärgernis hervorruft oder den allgemeinen Frieden stört. Ähnliches wird in den *Marburger Artikeln* gesagt. Die CA erwähnt nicht die Freiheit, die die anderen Artikel unter der Verantwortung der Liebe einräumen. Der Unterschied braucht jedoch kein grundsätzlicher zu sein, sondern läßt sich sicherlich von der ganzen Intention der CA aus erklären.

Im zweiten Abschnitt wird diesen kirchlichen Gebräuchen der Ort zugewiesen, der ihnen zukommt, wenn es heißt, daß sie die Gewissen nicht dadurch beschweren dürfen, daß sie als für die Seligkeit notwendig angesehen werden. In der *Apologie* erklärt *Melanchthon* eingehender, wozu sie dienen sollen: nach dem Beispiel der Kirchenväter werden sie als für die Erziehung des Volkes nützlich angesehen. Ihr Zweck ist also rein pädagogisch. Der kirchliche Kalender, der im ersten Abschnitt des Artikels als Beispiel genannt wird, soll z.B. dazu dienen, das Volk zu lehren, wann es zusammenkommen soll. Außerdem sind kirchliche Gebräuche notwendig, damit in der Kirche alles schicklich zugehen kann (Apol. XV, 20—21). Mit dem dritten Abschnitt geht die CA dazu über, die Traditionen zu behandeln, die — nach den Schwabacher Artikeln — gegen Gottes Wort sind und deshalb abgeschafft werden müssen. Als Beispiele werden die Mönchsgelübde und das Fasten genannt. Dieses letztere Thema wird in *Artikel 26: Der Unterschied der Speisen,* wieder aufgenommen. Was die CA als gegen das Evangelium streitend angreift, sind teils die kirchlichen Fastenbestimmungen als Gesetz, teils die aus dem Bußsakrament entspringende Werkgerechtigkeit (die satisfaktorischen Werke), teils überhaupt die asketische Lebensauffassung als Ausdruck der höchsten christlichen Lebensform (Mönchswesen). In Artikel 26 werden besonders drei Argumente gegen die Betrachtung von menschlichen Vorschriften als nützlich zum Verdienst der Gnade und zur Genugtuung für die Sünden angeführt: 1. Die Lehre von der Gnade und der Rechtfertigung aus Glauben wird verdunkelt (4). 2. Die Traditionen haben das Gebot Gottes beiseite geschoben (8ff.). 3. Die Gewissen kamen in große Gefahr, weil man nicht all den Anordnungen nachzukommen vermochte, die als notwendig angesehen wurden (12ff.). Der erste Punkt braucht wohl nicht mehr näher erörtert zu werden. Daß die Behauptung, die Werke seien zum Heil notwendig, gegen die Lehre von der Rechtfertigung aus Glauben streitet, ist offenbar. Dagegen ist der zweite Einwand einer näheren Behandlung wert. Er lautet insgesamt so:

„Zweitens, diese Überlieferungen verdunkelten die Gebote Gottes. Denn man zog sie den Geboten Gottes weit vor. Der ganze Christenstand, so meinte man, besteht in der Beobachtung bestimmter Tage, Gebräuche, Fasten, Kleider. Diese ‚Beobachtungen' waren im Besitze des heiligsten Titels, sie galten als das ‚geistliche Leben', als das ‚Leben in der Vollkommenheit'. Aber die Erfüllung der Gebote Gottes im Berufe empfing keine Ehre: daß der Vater die Kinder erzog, daß die Mutter sie zur Welt brachte, daß der Fürst den Staat regierte. Solche Dinge galten als ‚weltliche Werke', als Werke der ‚Unvollkommenheit', als weit unter jenen herrlichen ‚Beobachtungen' stehend. Gerade dieser Irrtum hat viele fromme Gewissen gepeinigt. Denn sie waren traurig darüber, daß sie im ‚Stande der Unvollkommenheit' verbleiben mußten, in der Ehe, in der Obrigkeit oder anderen bürgerlichen Berufszweigen; sie sahen auf zu den Mönchen und ihresgleichen und meinten, freilich fälschlicherweise, die ‚Beobachtungen' der anderen seien Gott wohlgefälliger."

Hier sind die Grundzüge in der Umwertung der Ethik, die die Rechtfertigungslehre mit sich bringt, kurz und doch besonders klar aufgerissen. Die Werke, die Gottes Gebot fordert, führen nicht fort vom Leben in den irdischen Berufen, sondern haben ihren Platz gerade dort. Es ist charakteristisch, daß die weitere Entfaltung des Artikels vom kirchlichen Leben, die Artikel 26 darstellt, unvermeidlich das berührt, was das Thema von Artikel 16 (Die weltlichen Angelegenheiten) ist, denn das Leben zerfällt gerade nicht in zwei Teile, ein höheres, geistliches Leben und ein niederes, weltliches Leben. Die Rechtfertigungslehre und die Berufsethik bringen deshalb auch die Ablehnung des Mönchslebens als einer höheren christlichen Lebenssphäre mit sich. In *Artikel 27: Die Mönchsgelübde* nimmt die CA ausführlicher zu dieser Frage Stellung[1].

Hinsichtlich des dritten Punktes in der Kritik werden verschiedene Beispiele dafür angeführt, wie das falsche Verständnis der kirchlichen Vorschriften verbreitet war. Aber mit fast ermüdender Eintönigkeit wird die Lehre von der Rechtfertigung aus Glauben noch einmal festgestellt. Weiter lehnt Artikel 26 es ab, daß man kirchliche Zucht und Tötung des Fleisches verhindern sollte. Vielmehr hat man von evangelischer Seite immer von dem Kreuz gelehrt, daß Christen Drangsale mit Geduld tragen sollen. Das ist nämlich die wahre Tötung: unter Drangsalen geübt

[1] Dieser Artikel liegt auf einer Linie mit der Schrift *Luthers: De votis monasticis* von 1521 (Cl. 2, 188—298).

zu werden und mit Christus gekreuzigt zu werden (30ff.). Die CA unterstreicht also deutlich, daß das Kreuz im Leben des Christen nicht das ist, was er sich selbst wählt im Glauben, damit ein Verdienst zu erwerben, sondern daß es ihm im Beruf begegnet, ohne daß er es selbst wünscht. Diese Gedanken stehen in engstem Zusammenhang mit dem Gedanken vom Christenleben als einer ständigen Buße, wo Gott durch die Not des irdischen Lebens den Menschen im Glauben übt und ständig den alten Menschen tötet.

Die *Confutatio* stimmt natürlich zu, wenn gesagt wird, daß die Kirchengebräuche bewahrt werden sollten, wenn es ohne Sünde geschehen kann, und sie fordert Fürsten und Städte auf, ihre Einhaltung zu überwachen, und, wenn einige abgeschafft sind, dafür zu sorgen, daß sie wieder eingeführt werden. Der letzte Teil des Artikels wird dagegen als völlig falsch verworfen. Die Antwort auf Artikel 26 ist ausführlicher, ohne daß wesentlich mehr gebracht wird, als daß die verschiedenen Argumente eines nach dem anderen abgelehnt werden. Ferner bestätigt die Antwort die Macht der kirchlichen Gewalten, Gesetze für die Kirche zu erlassen. Außer dem früher Genannten ist es noch angebracht, aus der *Apologie* Melanchthons Überzeugung anzuführen, daß die lutherischen Kirchen die kanonischen Regeln besser einhalten als die Gegner. Er weist darauf hin, daß das Abendmahl häufig stattfindet und zahlreich besucht wird — nach vorhergehender Beichte — im Gegensatz zu den Gegnern, die die Messe um des Gewinns willen mißbrauchen. Die christliche Erziehung der Jugend wird sorgfältig wahrgenommen, im Gegensatz zu den Versäumnissen der Gegner. In vielen Gegenden werden bei den Gegnern das ganze Jahr keine Predigten gehalten außer zur Fastenzeit, und das Evangelium zu lehren ist doch der vornehmste Gottesdienst. Außerdem handeln die Predigten der Gegner von menschlichen Überlieferungen, Heiligenverehrung und anderen nichtssagenden Dingen, statt wie in den lutherischen Gemeinden von der Buße, der Gottesfurcht, dem Glauben an Christus usw. (Apol. XV, 38ff.). Im übrigen werden die wichtigsten Dinge aus Artikel 26 wiederholt: die Bischöfe haben nicht die Macht, etwas als zur Rechtfertigung notwendig zu gebieten (31); gewiß muß eine gute Ordnung in der Kirche herrschen (22), aber um der Erziehung willen, nicht um des Heils willen (20f.) sollen die Kirchengebräuche eingehalten werden.

Es ist angebracht, in diesem Zusammenhang kurz auf die Frage des Gottesdienstes einzugehen. Luthers Zurückhaltung an diesem Punkt ist wohl bekannt. Die einzige unmittelbare Folge der Reformation war die Abschaffung der Privatmesse[2] und die Weglassung der Stellen im Meß-

[2] Vgl. Luthers Schriften *De abroganda missa privata* und *Vom Mißbrauch der Messen* von 1521.

kanon, die das Meßopfer voraussetzen. Luthers Schriften vom Gottesdienst haben rein beratenden Charakter[3]. Er wollte nichts vorschreiben. Abgesehen von den Änderungen, die er aus dogmatischen Gründen für notwendig erachtete, war die wichtigste Neuerung die Einführung der deutschen Sprache mit der Schrift *Deutsche Messe* von 1526. Das Prinzip, nach dem Luther liturgische Fragen behandelte, war also dasselbe wie das der CA: soweit wie möglich Bewahrung der Tradition, aber nicht prinzipiell. In seinen beiden Vorschlägen zur Gottesdienstordnung warnt Luther davor, aus diesen Dingen ein Gesetz zu machen[4]. Es ist charakteristisch, daß das Luthertum auch hier eine doppelte Front hat, gegen Rom und gegen die zwinglische Reformation. Bei beiden wird die christliche Freiheit bedroht. Bei den einen, indem die liturgische Tradition zum Gesetz gemacht wird, bei den anderen, indem ihre Abschaffung gesetzlich vorgeschrieben wird. Aber wo die christliche Freiheit bedroht wird, dort ist das Gottesverhältnis selbst bedroht, denn damit werden die Werke vor Gott gebracht, und der Glaube wird verdunkelt. Daß das gottesdienstliche Leben eine Form haben muß, ist klar, aber dies ist, wie Luther in der *Formula missae* sagt, eine Notwendigkeit von derselben Art wie die Notwendigkeit von Essen und Trinken. Wir können diese Dinge nicht entbehren, aber sie machen uns nicht angenehm vor Gott; das tun allein der Glaube und die Liebe[5]. Es ist notwendig, daß das Wort verkündigt wird und daß die Sakramente verwaltet werden, denn das ist von Gott befohlen, und es ist notwendig, daß der Gottesdienst eine Form hat, aber es ist *auch* notwendig, daß diese Form nicht — notwendig gemacht wird. Trotz der verschiedenen Akzentsetzung ist das in Wirklichkeit auch der Sinn von Artikel 15. Diese Haltung bedeutet, daß nicht nur eine Überbetonung der liturgischen Formen, sondern auch gewisse Formen der Bekämpfung liturgischer Bestrebungen sehr leicht den Charakter eines Gesetzes bekommen. Die Verachtung der Form des Gottesdienstes ist kein Zeichen dafür, daß die christliche Freiheit behauptet

---

[3] Es handelt sich um: *Von Ordnung Gottesdiensts in der Gemeine,* 1523 (Cl. 2, 424—426); *Formula missae et communionis,* 1523 (Cl. 2, 427—441); *Deutsche Messe,* 1526 (Cl. 3, 294—309).

[4] Cl. 2, 434,26ff. (WA 12, 214; *Formula missae*): In quibus omnibus cauendum, ne legem ex libertate faciamus, aut peccare cogamus eos, qui aliter fecerint, vel quaedam omiserint .... Cl. 3, 294,2ff. (WA 19, 72; *Deutsche Messe*): „Vor allen dingen wil ich gar freundlich gebeten haben / auch umb Gottis willen / alle die ienigen / so diese unser ordnunge ym Gottis dienst sehen / odder nach folgen wollen / das sie ia keyn nöttig gesetz draus machen / noch yemands gewissen damit verstricken odder fahen / sondern der Christlichen Freyheit nach / yhres gefallen brauchen / wie / wo / wenn und wie lange es die sachen schicken und foddern."

[5] Cl. 2, 435,4ff. (WA 12, 214).

wird, sondern genauso wie hochkirchliche Gebundenheit an die „kanonischen“ Formen ein Ausdruck dafür, daß das Gesetz seinen Einzug gehalten hat.

Auch wenn Luthers Verkündigung der Freiheit eines Christenmenschen im Prinzip klar war, waren ihre praktischen Ergebnisse bekanntlich nicht immer besonders ermunternd. Oft genug wurde die Verachtung jeder Ordnung als eine Konsequenz der Reformation ausgegeben. Man kann als Beispiel an die tumultuarischen Zustände denken, die Luther zwangen, gegen den Willen des Kurfürsten die Wartburg zu verlassen, um die Ordnung in Wittenberg wiederherzustellen. Er sah eben eine neue Knechtschaft des Gesetzes in dem gewaltsamen Vorgehen *Karlstadts*. Auf dem Hintergrund dieser Ereignisse und des Wirkens anderer Schwärmer ist es verständlich, daß man in der CA betonte, man wolle nicht die Ordnung bekämpfen, sondern das falsche Verständnis der kirchlichen Tradition. Gerade weil man das Gewicht auf die pädagogische Intention der kirchlichen Ordnungen legte, war es natürlich, daß man soweit wie möglich bewahrte, was man übernommen hatte. Daß auch Luther sich am liebsten an die kirchliche Tradition hielt, wo er das verantworten zu können meinte, ist unbestreitbar, aber er weigerte sich entschieden, als Gesetzgeber für die Kirche aufzutreten.

16. Die weltlichen Angelegenheiten

Von den weltlichen Angelegenheiten[1] lehren sie: Die weltlichen Rechtsordnungen sind gute Gotteswerke[2]. Es ist den Christen erlaubt, obrigkeitliche Ämter zu führen[3], Richter zu sein[4], Recht zu sprechen nach den kaiserlichen und anderen geltenden Gesetzen, die Todesstrafe nach dem Recht zu verhängen[5], nach dem Recht Krieg zu führen, Soldatendienst zu tun, nach dem Gesetz Verträge zu schließen[6], Eigentum zu haben, Eide zu leisten auf Geheiß der Obrigkeiten, ein Weib zu nehmen, zu heiraten.

Sie verurteilen die Wiedertäufer, welche den Christen diese weltlichen Geschäfte verbieten.

Sie verurteilen auch jene, welche die christliche Vollkommenheit nicht in Gottesfurcht und Glauben verlegen, sondern in die Flucht vor den weltlichen Geschäften[7], denn das Evangelium lehrt die ewige Gerechtigkeit des Herzens[8]. Für die Zwischenzeit zerstört das Evangelium keineswegs das staatliche oder soziale Wesen, sondern fordert ernstlich, es als Gottesordnung zu erhalten und Liebe darin zu üben. Deshalb sind die Christen unbedingt verpflichtet, ihren Obrigkeiten und den Gesetzen zu gehorchen, es sei denn, sie verlangten, Sünde zu tun, denn dann muß man Gott mehr gehorchen als den Menschen, Apostelgesch. 5 (29).

---

[1] DT: „Von Polizei und weltlichem Regiment".

[2] DT: „daß alle Obrigkeit in der Welt und geordnete Regiment und Gesetz gute Ordnung, von Gott geschaffen seind ...".

[3] *Magistratus:* Amt, Obrigkeitsposten. Hierbei ist an alles gedacht, was zur Verwaltung des Staates gehört, an den Fürsten oder den Stadtrat und ihre Beamten.

[4] DT: „daß Christen mögen in Oberkeit, Fürsten- und Richter-Amt ohne Sünde sein". *Exercere iudicia* bedeutet, „rechtlichen Untersuchungen vorzustehen oder sie zu leiten", also Richter sein.

[5] *Supplicia:* Strafe; DT deutet darauf hin, daß die Todesstrafe gemeint ist, *supplicium* wird auch oft in diesem speziellen Sinne gebraucht.

[6] DT: „kaufen und verkaufen".

[7] DT: „Haus und Hof, Weib und Kind leiblich verlassen und sich der beruhrten Stucke äußern".

[8] DT: „lehrt nicht ein äußerlich, zeitlich, sondern innerlich, ewig Wesen und Gerechtigkeit des Herzen".

Zunächst wird festgestellt, daß die weltlichen *Rechts*ordnungen sich in Übereinstimmung mit dem Willen Gottes befinden, ja, Glied in seinem Werke sind. Dann wird eine Reihe von Beispielen angeführt, die zeigen sollen, daß Christen jede beliebige rechtschaffene bürgerliche Arbeit tun dürfen. Die Gültigkeit des römischen Rechtes und der einzelnen Landesrechte für Christen wird bestätigt. Die folgenden Abschnitte erwähnen Kriegsführung, Militärdienst, Handel, Eigentum und Ehe; alles Dinge, die zeigen sollen, daß die CA sich zum gesamten weltlichen Dasein positiv stellt.

Der negative Abschnitt wendet sich zunächst gegen die Kritik der Wiedertäufer an der Teilnahme der Christen an den erwähnten Dingen und dann mehr allgemein gegen jede Flucht aus der Welt im Namen des Evangeliums. Es kann unmöglich richtig sein, daß die evangelische Vollkommenheit in einer solchen Flucht bestehen soll, *denn das Evangelium lehrt die ewige Gerechtigkeit des Herzens.* Das heißt: solche äußeren Dinge haben nichts mit dem Evangelium zu tun; das Evangelium ist allein Sache des Herzens. Das Evangelium löst nicht *das staatliche oder soziale Wesen* auf: *politia,* die organisierte Gesellschaft, der Staat; *oeconomia* ist die engere Gesellschaft, die Familie und die dazu Gehörenden, d.h. Leute im Dienste des Hausvaters. Das Evangelium bestätigt diese Ordnungen; gerade in ihnen soll die Liebe geübt werden. Die Gehorsamspflicht gegenüber der Obrigkeit und ihren Gesetzen kennt deshalb nur eine Grenze: einen eventuellen Gegensatz zwischen der Forderung Gottes und der Obrigkeit. Dann gilt die Regel der Apostel, daß man Gott mehr gehorchen muß als den Menschen.

In Artikel 14 und 15 wurde das erörtert, was das kirchliche Leben angeht, jetzt wendet sich die CA den bürgerlichen bzw. weltlichen Angelegenheiten zu. Artikel 16 hat eigentlich zwei Anliegen: Einmal soll er zusammen mit den beiden vorhergehenden Artikeln davon überzeugen, daß die Reformatoren nicht die kirchlichen und weltlichen Lebensformen umstürzen wollen. Deshalb wird hier von den revolutionären Neigungen der Schwärmer Abstand genommen. Zum andern soll der Artikel ein evangelisches Verständnis des Lebens im weltlichen Dasein zum Ausdruck bringen. In den *404 Artikeln* hatte *Eck* eine Reihe von lutherischen Sätzen gesammelt unter der Überschrift: Gegen Gehorsam und Fürsten. Es handelte sich um verschiedene Sätze im Zusammenhang mit der Lehre von der christlichen Freiheit, die Eck also als gegen die weltliche Obrigkeit gerichtet ausgab[1]. Dieser Angriff war wirklich gefährlich, weil die lutherische Reformation dadurch mit den Kreisen in Zusammenhang gebracht wurde, die sich im Namen des Evangeliums gegen die Obrigkeit wandten.

In den vorhergehenden Jahren, nach dem Bauernkrieg, war vor allem die ablehnende Haltung der Täuferbewegung gegenüber der Gesellschaft deutlich geworden. Für die Wittenberger gab es im eigenen Gebiet noch die Erinnerung an *Karlstadt* und vor allem an *Thomas Müntzer*. Luther hatte in „Wider die himmlischen Propheten" die beiden nebeneinander gestellt, ohne die Unterschiede zwischen ihnen besonders zu beachten. Nicht nur in der „revolutionären" Theologie Thomas Müntzers, die ja ohnehin allmählich zum Kampf gegen die bisherige Obrigkeit aufforderte, sondern auch im Spiritualismus Karlstadts sah er den „aufrührerischen" Geist tätig. Es ist aber im Art. 16 klar, daß nicht solche Anschauungen, sondern eher die Haltung der Täufer einen Widerspruch im Rahmen der CA hervorrief. Bei den Täufern zeigten sich zunächst keine Tendenzen zur Gewaltanwendung, im Gegenteil, sie wollten für sich gar nichts von Gewalt wissen. Zwar bejahten sie, indem sie sich auf Stellen wie Röm 13 beriefen, das Recht der Obrigkeit, das Schwert zu führen, aber nur im Blick auf die Bösen. Für die Gemeinde Gottes, also für die Brüderschaft der Täufer, galt, daß sie mit der Welt überhaupt nichts zu schaffen habe. Sie wollten einfach das Kommen des Gottesreiches abwarten und bis dann sich jeder Beteiligung an öffentlichen Ämtern fernhalten. Es war klar, daß dies nicht möglich war, ohne daß sich die staatlichen Behörden veranlaßt sahen, einzugreifen. Nicht nur war die Wiederholung der Taufe — denn als solche betrachtete man sowohl von römischer als auch von lutherischer Seite ja die in der Täuferbewegung praktizierten Erwachsenentaufe — in den Augen der

[1] *Eck* Artikel 332—341. *Gußmann II*, S. 142f.

Obrigkeit eine Gotteslästerung, sondern auch die ablehnende Haltung der Gesellschaft gegenüber mußte man als Aufruhr ansehen. Die Täufer wurden darum von Anfang an fast überall verfolgt, hielten aber daran fest, man solle geduldig die Leiden tragen, die mit der Absage an die Welt verbunden waren. Das Problem, das hierbei hinsichtlich der Nächstenliebe entstand, wurde dadurch gelöst, daß nur der als Nächster betrachtet wurde, der zu der eignen Gruppe gehörte. So konnte man ruhig nicht nur den Institutionen der Gesellschaft, sondern auch ihren Menschen den Rücken kehren[2].

Im Gegensatz zu den Wiedertäufern, die verurteilt werden, wird im ersten Abschnitt von Artikel 16 behauptet, daß legitime weltliche Ordnungen gute Werke Gottes sind. Der deutsche Text ist etwas ausführlicher: alle Obrigkeit in der Welt und geordnetes Regiment und Gesetz sind eine gute Ordnung, geschaffen und eingesetzt von Gott. Hieraus folgt unmittelbar die zweite Aussage des Abschnitts, daß es den Christen erlaubt ist, in allen diesen Bereichen zu wirken. Die meisten Beispiele für solche weltlichen Beschäftigungen, die genannt werden, sind unmittelbar verständlich. Einige von ihnen erfordern jedoch einen Kommentar. Der Artikel spricht von gerechter Kriegsführung. Was ist damit gemeint? Weder die CA noch die Apologie geben eine Hilfe zur Abgrenzung gegenüber „ungerechten Kriegen". Bedenkt man die Haltung des sächsischen Kurfürsten, noch im Jahre 1530, soll *iure bellare* wohl vor allem im Gegensatz zum Aufruhr verstanden werden. Bekanntlich bestritt Luther jegliches Recht zum Aufruhr gegen einen ungerechten Fürsten. Als Grund führt er an, daß Gott sagt, „Die Rache ist mein, ich will vergelten", und außerdem wird an vielen Stellen in der Schrift befohlen, der Obrigkeit zu gehorchen. Sich selbst zum Richter zu machen, indem man sich der Obrigkeit widersetzt, streitet somit klar gegen Ordnung und Gebot Gottes, aber auch gegen alles natürliche Recht und jede Billigkeit[3]. Was sollte aus der Welt werden, fragt Luther, wenn jeder das Recht hätte, selbst Unrecht zu strafen?[4] Der Umstand, daß es ungerechte Obrigkeitspersonen gibt, rüttelt also in keiner Weise an der Ordnung selbst, die der Obrigkeit allein das Recht gibt, an Stelle Gottes zu strafen[5]. Luther nährt hinsichtlich der moralischen Qualität

---

[2] Zur Weltauffassung der Täufer, siehe z.B. *G. H. Williams*, aaO.

[3] *Ob Kriegsleute auch in seligem Stande sein können*, 1526, Cl. 3, 328,28ff. (WA 19, 636).

[4] Cl. 3, 333,24f. (WA 19, 641).

[5] Cl. 3, 333,17ff. (WA 19, 641): „Denn es sind zwey ding / unrecht sein / und unrecht straffen / Jus et executio Juris / iustitia et administratio iustitie / Recht und unrecht haben ist yderman gemin / Aber Recht und unrecht geben und austeylen / das ist des / der uber recht und unrecht herr ist / wilcher ist Gott alleine / der es der oberkeit an seine stat befelhet / Drumb sol sichs niemand unterwinden / er sey denn gewis / das ers von Gott odder von seiner dienerynn / der oberkeit / befelh habe."

der Obrigkeit keine Illusionen; er meint vielmehr, daß der größte Teil der Fürsten gottlose Tyrannen sind[6], aber das ändert nichts am *Amt* der Obrigkeit. Es sind die Personen, die schlecht sind; die Ordnung ist Gottes und deshalb gut, und ihr soll sich niemand widersetzen ohne besonderen Befehl von Gott, ein Aufruhr kann niemals ein gerechter Krieg sein. Alles deutet darauf hin, daß Luther nur den Krieg für gerecht ansah, der geführt wurde, um einen eindringenden Feind oder einen Aufruhr zum Stillstand zu bringen, und an etwas Ähnliches ist in Artikel 16 gedacht.

Eine andere Frage, für die sich Luther interessierte, war der Handel: hier im Artikel *„lege contrahere"*, im deutschen Text: „kaufen und verkaufen". In diesem Zusammenhang ist es angebracht, eben auf Luthers Kampf gegen Wucher und ungerechtfertigten Verdienst hinzuweisen. Der Unwille gegen den Zins macht sich auch im Mittelalter bemerkbar; Luthers Anliegen ist es, auf die Verantwortung des Christen in diesen Dingen hinzuweisen. Außerdem versucht er, praktische Ratschläge für die nationalökonomischen Probleme zu geben. Er behandelt diese Dinge überall im Zusammenhang mit dem siebenten Gebot, und außerdem hat er sie in besonderen Schriften behandelt[7]. Es ist wohl kaum verkehrt, wenn man annimmt, daß mit dem Ausdruck „lege" vor schamlosem Verdienen und Zinsennehmen gewarnt werden soll.

Der letzte Abschnitt des Artikels enthält teils eine Verurteilung derer, die meinen, die evangelische Vollkommenheit bestehe im Verlassen der Welt, teils enthält er einige Bemerkungen darüber, wie das weltliche Leben vom Evangelium aus aufzufassen sei. Schließlich wird hinsichtlich des Gehorsams gegen die Obrigkeit ein Vorbehalt gemacht für den Fall, daß sie etwas Sündiges befehlen sollte. Die Verurteilung ist teils gegen die früher genannten „passiven" Täufer gerichtet, teils gegen das Mönchswesen. Der Hintergrund des Abschnittes ist die lutherische Lehre von den beiden Reichen und den entsprechenden beiden Regimenten. Sowohl die Verurteilung des falschen Verständnisses von der evangelischen Vollkommenheit als auch die positive Auffassung vom weltlichen Leben entspringen der Unterscheidung zwischen dem geistlichen und dem weltlichen Regiment und setzen voraus, daß diese beiden Gebiete auseinandergehalten werden können. Jedoch liegt in der letzten Bemerkung von der Begrenzung der Gehorsamspflicht eine Ahnung davon, daß ein Zusammenstoß zwischen Geistlichem und Weltlichem nicht auszuschließen ist.

Aber auch wenn die Regimentslehre für den ganzen Abschnitt bestimmend ist, so ist dies doch nicht so direkt gesagt, daß die *Confu-*

---

[6] Cl. 3, 334,25f. (WA 19, 643).

[7] Zwei Sermone: *Von dem Wucher,* 1519 und 1520. *Von Kaufshandlung und Wucher,* 1524 (Cl. 3, 1—46). *An die Pfarrherrn, wider den Wucher zu predigen,* 1540.

tatio Anlaß gefunden hätte, etwas zu bemerken. Sie findet, der Artikel stimme sowohl mit dem zivilen als auch mit dem kanonischen Recht überein, und lobt die Fürsten, weil sie die Wiedertäufer verurteilen. *Melanchthon* kann sich deshalb in der *Apologie* kurz fassen. Jedoch benutzt er die Gelegenheit, darauf hinzuweisen, daß es hier um die Trennung geht zwischen dem Reich Christi, das geistlich ist und deshalb ins Herz gehört und in Gottesfurcht und Glaube besteht, und „dem weltlichen Reich", das etwas Äußeres ist und in den gesetzlichen Ordnungen besteht. Das Evangelium bringt keine neuen Gesetze für das Leben der Gesellschaft, sondern gebietet uns, die bestehenden Gesetze einzuhalten, von wem sie auch gegeben sind. Weiter wendet er sich gegen Karlstadt und die Mönche, die das Evangelium und das geistliche Reich durch ihre Verachtung der geltenden Ordnungen verdunkelt haben. Dabei wird nämlich vergessen, worin die christliche Vollkommenheit in Wirklichkeit besteht: Sucht man sie in neuen äußeren Ordnungen, so wird sie selbst zu etwas Äußerem gemacht; sie besteht dann aus Werken des Gesetzes und nicht mehr aus der Gerechtigkeit des Glaubens. Wie man an diesen Betrachtungen sehen kann, beruht der politische und soziale „Konservativismus" der Reformatoren nicht auf ihrer Gebundenheit an gewohnte Gedankengänge, sondern es geht auch hier um die Rechtfertigung. Eine christliche Gesellschaft bilden zu wollen, ist nicht nur utopisch; das ist es auch, denn die lutherischen Reformatoren machten sich keine Illusionen über „die Welt". Aber es ist außerdem verkehrt, weil das Reich Christi vom Heiligen Geist geschaffen wird, nicht durch Gesetze und Verordnungen, seien sie auch noch so „christlich". Statt Schlüsse aus dem sparsamen Material in der Apologie zu ziehen, wird es jedoch besser sein, kurz Luthers Auffassung von diesen Dingen darzustellen.

Schon 1520, in der Schrift *An den christlichen Adel,* hatte *Luther* seine erste Auseinandersetzung mit der überlieferten Auffassung vorgenommen. In dem Augenblick, wo er die Existenz eines besonderen geistlichen Standes ablehnte, wurde zugleich auch die weltliche Obrigkeit befreit. Geistliches und Weltliches waren nun nicht mehr Ausdruck zweier Stände mit unterschiedlichem Ansehen, sondern zweier unterschiedlicher *Ämter,* dem des Wortes und dem des Schwertes. Wie sich das Amt des Wortes auf alle in der Christenheit erstreckt, so auch das des Schwertes, weshalb die Geistlichkeit in keiner Weise der weltlichen Obrigkeit übergeordnet ist[8]. Mit diesen Gedanken war der Grund gelegt, und die Entfaltung der Regimentslehre in den folgenden Jahren zog lediglich die Konsequenzen[9]. In der Schrift *Ob Kriegsleute auch in seligem Stande sein*

[8] Cl. 1, 366—370 (WA 6, 407—411), der Angriff auf die „erste Mauer".

[9] Die folgende Darstellung beruht vor allem — außer auf der hierhingehörenden Literatur, bes. *Gustaf Wingren: Luthers Lehre vom Beruf,* 1952 — auf den Schriften *Von*

können gibt Luther selbst eine kurze Zusammenfassung der Lehre von den beiden Regimenten: „Denn er hat zweyerley regiment vnter den menschen auff gericht / Eins geistlich / durchs wort vnd on schwerd / da durch die menschen sollen frum vnd gerecht werden / also das sie mit der selbigen gerechtickeit / das ewige leben erlangen / Vnd solche gerechtickeit handhabet er durchs wort / wilchs er den predigern befolhen hat. Das ander ist ein weltlich regiment durchs schwerd / auff das die ienigen / so durchs wort nicht wollen frum vnd gerecht werden zum ewigen leben / dennoch durch solch weltlich regiment gedrungen werden frum vnd gerecht zu sein für der welt / Vnd solche gerechtickeit handhabet er durchs schwerd / Vnd wie wol er der selbigen gerechtickkeit nicht wil lonen mit dem ewigen leben / So wil er sie dennoch haben / auff das friede vnter den menschen erhalten werde / vnd belohnet sie mit zeitlichem gute /"[10]. Beide Regimente sind also Gottes, das eine zum Heil, das andere zur Aufrechterhaltung der Welt. Das geistliche Regiment ist am leichtesten abzugrenzen. Es besteht allein in der Verkündigung des Evangeliums, und es gilt allein für die, die das Wort im Glauben empfangen haben. Aber weil die beiden Regimente zusammen Gottes ganze Leitung der Welt darstellen, ist klar, daß das weltliche Regiment nicht nur den Staat umfaßt, sondern das ganze leibliche, irdische, äußere Dasein. Luther pflegt es gerne wie Artikel 16 aufzuteilen in *politia,* Obrigkeit, und *oeconomia,* Hausregiment, d.h. Familie. Zusammen mit der *ecclesia,* die der einzige Bereich des geistlichen Regimentes ist, machen diese beiden die drei „Stände" oder „Hierarchien" aus[11]. Das weltliche Regiment umfaßt also das ganze soziale Dasein, und abgesehen vom Verhältnis des Glaubens zu Gott kennt Luther den Menschen in keiner Situation, die nicht ein Verhältnis zu anderen Menschen wäre. In das weltliche Regiment gehören die Werke und damit das Gesetz. Zweifellos meint Luther, daß die Notwendigkeit des weltlichen Regiments in der Sünde begründet ist. Ohne eine äußere Zucht, die zu einer gewissen äußeren Gerechtigkeit zwingt, kann die Welt nicht aufrechterhalten werden. Es ist nun gerade die Aufgabe des weltlichen Regimentes, das Böse niederzuhalten und das Gute durchzusetzen. Das bedeutet jedoch nicht, daß es nur negativen Charakter hat. Im weltlichen Regiment, im Beruf, geschieht die Kreuzigung des Menschen, der hier dem Gesetz untergeben ist und dazu getrieben wird, in seinem Beruf Werke für den Nächsten zu tun. Auch das weltliche Regiment ist Ausdruck der Liebe Gottes. Die Regimente haben jedes ihr Werk zu tun,

---

weltlicher Obrigkeit, 1523 (Cl. 2, 360—394), und *Ob Kriegsleute ...,* 1526 (Cl. 3, 317 bis 351).

[10] Cl. 3, 323,4ff. (WA 19, 629).

[11] Siehe z.B. Luthers „Bekenntnis" aus dem Jahre 1528, Cl. 3, 510,17ff. (WA 26, 504).

aber sie arbeiten gemeinsam an demselben Werk: dem Tod und der Auferstehung des Christen mit Christus. Durch das weltliche Regiment wird das Kreuz dem Menschen im Beruf auferlegt, durch das geistliche Regiment wird die Auferstehung durch das Evangelium verkündigt und bewirkt.

Beide Regimente sind Werk Gottes, seine Werkzeuge im Kampf gegen den Teufel und die Sünde. Deshalb besteht ein enger Zusammenhang zwischen ihnen. Aber dieser Zusammenhang wird zerstört, wenn sie vermischt werden. Das geschieht, wenn die Freiheit im Bereich des Evangeliums durch das Gesetz versklavt wird, oder entsprechend, wenn die Freiheit des Evangeliums im weltlichen Bereich geltend gemacht wird. Im geistlichen Regiment gibt es kein Schwert, d. h. dort haben das Gesetz und die Obrigkeit nichts zu suchen. Wollte man hier Zwang einführen, so vergäße man, daß das Reich Christi geistlich ist, bestehend im Wort und der Gerechtigkeit des Glaubens. Im weltlichen Regiment soll jedoch das Gesetz herrschen. Wollte man es hier abschaffen, würden alle bösen Kräfte losgelassen werden. Diese Auffassung bedeutet nun auch ein Nein zu allen theokratischen Bestrebungen. Sie sind Ausdruck einer Verkennung des Wesens des Reiches Christi und damit in letzter Instanz auch der guten Ordnung Gottes, des weltlichen Regimentes. Die Welt kann nicht „christlich" regiert werden, denn das Evangelium kennt keinen Zwang. Die Stelle, wo die beiden Regimente zusammengehalten werden, ist der Beruf. Wenn man sie *vermischt,* so hat das immer zur Folge, daß man sich dem Beruf entzieht. Wenn man z. B. wie der Papst das Gesetz im geistlichen Regiment geltend machen will, so bedeutet das, daß die Werke nach oben zu Gott gewendet werden statt zum Nächsten im Dienst des Berufs. Dann achtet der Mensch die Werke gering, die das irdische Dasein verlangt. Wenn man wie z. B. die aufrührerischen Bauern den Gehorsam aufgibt, indem man auf die Freiheit des Evangeliums pocht, so wird die Folge dieselbe, nämlich daß man sich dem Werk des Berufes entzieht. Die rechte Unterscheidung zwischen geistlichem und weltlichem Regiment hält den Menschen gerade im Beruf fest. Denn die Liebe, die der Christ von Gott durch das Evangelium empfängt, äußert sich nirgendwo anders als in den Werken, die das weltliche Regiment fordert. Die Scheidung zwischen den Regimenten ist also die Voraussetzung für den rechten Zusammenhang zwischen ihnen. Man hat Luther vorgeworfen, das Christentum durch die Regimentslehre „verbürgerlicht" zu haben. Aber man darf nicht vergessen, daß seine Gedanken über diese Dinge ganz und gar *eschatologisch* bestimmt sind: die Ordnungen sind gerade vergänglich, weil sie mit der Sünde zusammengehören. Vielleicht ist dies im letzten Abschnitt von Artikel 16 angedeutet, wo die Verkündigung des Evangeliums von der „ewigen Gerechtigkeit des Herzens" deutlich von dem weltlichen Leben unterschieden wird, wenn es weiter heißt: „Für die Zwischenzeit *(interim)* zerstört das Evangelium keineswegs das staatliche oder soziale Wesen". Eine klarere Sprache sprechen die *Schwabacher Artikel:* „bis der Herr zu Gericht kummt und alle Gewalt und Herrschaft aufheben wird, solle man weltliche Oberkeit und Herrschaft in Ehren halten ...". Unter dieser Perspektive muß die ganze Regimentslehre gesehen werden.

Während Luther seine Überlegungen über diese Dinge mit einem Kampf gegen die theokratischen Tendenzen in der katholischen Kirche begann und sich wenige Jahre später im Zusammenhang mit dem Bauernaufstand mit dem politischen Gebrauch des Evangeliums durch die Schwärmer auseinandersetzen mußte, bestand wohl auf lange Sicht eher die Gefahr von Übergriffen und Einmischung des Staates in das geistliche Regiment, was rein praktisch seine größte Sorge wurde. Was in dem Vorbehalt der CA hinsichtlich des Gehorsams gegen die Obrigkeit liegt, war etwas, was ihn in hohem Maße beschäftigte, teils natürlich aufgrund der Bekämpfung der Reformation durch katholische Fürsten, aber wohl auch aufgrund der kirchenpolitischen Entwicklung in Sachsen. An und für sich stand dies schon im Vordergrund in Luthers berühmtester Schrift über die weltliche Obrigkeit, wie ihr Titel klar anzeigt: *Von weltlicher Obrigkeit, wie weit man ihr Gehorsam schuldig sei.* Luthers prinzipielle Auffassung folgt unmittelbar aus der Regimentslehre: das weltliche Regiment hat nichts mit der Seele zu tun, denn über sie läßt Gott niemanden regieren außer sich selbst[12]. Der Glaube ist Werk des Heiligen Geistes und kann deshalb nicht durch Befehle erzwungen werden[13]. Handeln die Fürsten dem zuwider, soll man ihnen nicht gehorchen, auch wenn sie hart gegen Leib und Leben vorgehen. Es ist charakteristisch für Luther, daß er Übergriffe der Fürsten fast als das Normale betrachtet: „Vnd solt wissen / das von anbegynn der wellt gar eyn seltzam vogel ist vmb eyn frumen fursten."[14] Das ist nicht verwunderlich, denn die Welt ist Feind Gottes und muß Gott widerstehen. Wird mit Gewalt vorgegangen, soll man keinen Widerstand leisten, sondern leiden. Von hier aus ist es einleuchtend, daß Luther sich der Ketzerverfolgung widersetzte. Ketzer sollen mit dem Wort widerlegt werden, nicht mit Macht, denn „Gedancken sind zoll frey"[15].

---

[12] Cl. 2, 377,5ff. (WA 11, 262): „Das welltlich regiment hatt gesetz / die sich nicht weytter strecken / denn uber leyb und gutt / und was eusserlich ist auff erden. Denn uber die seele kan und will Gott niemant lassen regirn / denn sich selbs alleyne. Darumb wo welltlich gewallt sich vermisset / der seelen gesetz zu geben / do greyfft sie Gott ynn seyn regiment / und verfuret und verderbet nur die seelen ..."

[13] Cl. 2, 379,15ff. (WA 11, 264): „Denn es ist eyn frey werck umb den glauben / datzu man niemandt kan zwingen. Ya es ist eyn gottlich werck ym geyst / schweyg denn / das es eusserliche gewallt sollt erzwingen und schaffen."

[14] Cl. 2, 382,21f. (WA 11, 267).

[15] Cl. 2, 379,24f. (WA 11, 264).

In der Praxis wurde Luther veranlaßt, sich bei der Neuordnung der sächsischen Kirche zu äußern, bei der der Kurfürst bekanntlich eine bedeutende Rolle spielte mit — wie sich zeigen sollte — entscheidenden historischen Konsequenzen. Wenn Luther in Sachen an die Obrigkeit appelliert, die den Glauben angehen, so geht es nicht um ihre Pflicht als Obrigkeit, sondern um die Schuldigkeit des christlichen Landesherren; das ist nun nicht die Ausübung des Amtes, sondern der Erweis eines Liebesdienstes. Nach kurzer Zeit traten jedoch andere Gedanken in den Vordergrund. In der kurfürstlichen Instruktion für die Visitation von 1527 heißt es, daß der Kurfürst sowohl für das geistliche als auch für das zeitliche Wohl seiner Untertanen verantwortlich ist. Nichts deutet darauf hin, daß er hier nicht als Kurfürst handelt. In seiner Vorrede zu den Visitationsartikeln von 1528 spricht Luther zweifellos eine ganz andere Sprache. Er betont, daß es sich um eine Notsituation handelt. Eigentlich sollten die Bischöfe visitieren, aber aufgrund ihres Versagens müssen die Kirchen sich selbst helfen. Der Kurfürst ist nun um Hilfe gebeten worden als ein *christlicher* Bruder. Als Kurfürst muß er die ausweisen, die sich der Ordnung der Kirche nicht beugen wollen, denn der Staat kann Spaltung nicht dulden. Hinsichtlich der Visitation hält Luther daran fest, daß die Bischöfe sie ausführen sollten und daß der Dienst des Landesherren vorläufigen Charakter hat[16]. Bekanntlich hatte *Melanchthon* eine etwas andere Auffassung, denn er war geneigt, dem Kurfürsten das Recht einzuräumen, kirchliche Angelegenheiten wahrzunehmen. Im Hinblick auf die weitere Entwicklung des Verhältnisses zwischen Kirche und Staat in den lutherischen Landen, besonders den deutschen, muß man nun feststellen, daß sich Luthers grundsätzliche Gesichtspunkte in der Praxis nicht durchzusetzen vermochten. Das fürstliche Kirchenregiment siegte über alle Bestrebungen, geistliches und weltliches Regiment auseinanderzuhalten.

[16] Zur Regimentslehre, siehe auch meine Bemerkungen in: *Thomas Müntzer und Martin Luther* (Bauernkriegs-Studien, SVRG 189, 1975, S. 69—97).

17. Die Wiederkunft Christi zum Gericht

Sodann lehren sie: Christus wird am Ende der Welt zum Gericht erscheinen und wird die Toten alle wieder erwecken. Den Frommen und Auserwählten wird er das ewige Leben und immerwährende Freuden geben, die Gottlosen aber und die Teufel wird er der Verdammnis anheimgeben, auf daß sie ohne Ende gestraft werden.

Sie verurteilen die Wiedertäufer, welche meinen, die Verdammten und die Teufel würden ein Ende ihrer Strafen erlangen.

Sie verurteilen auch andere, welche jetzt jüdische Anschauungen ausbreiten, daß vor der Auferstehung der Toten die Frommen das Weltreich besitzen und die Gottlosen überall unterdrückt werden würden.

Der deutsche Text enthält keine wesentlichen Abweichungen.

Der Artikel spricht von drei Dingen: 1. Er bestätigt den Glauben an die Wiederkunft Christi zum endgültigen Gericht über alle Menschen. 2. Er lehnt alles ab, was an eine Apokatastasislehre erinnert. 3. Er lehnt den Gedanken an ein irdisches „tausendjähriges Reich" ab.

Kommentar

Soweit es möglich ist, mit einer bestimmten „Ordnung" in der CA zu rechnen, stellt Artikel 17 ihren Abschluß dar. Die folgenden Artikel sind dann Äußerungen über Fragen, die aus praktischen Gründen besonders behandelt werden. Auch *Luthers* „Bekenntnis" von 1528 schließt mit dem Gericht[1]. Abgesehen davon, daß es angebracht ist, eine kurze Zusammenfassung der christlichen Lehre hiermit abzuschließen, muß man auch den Zusammenhang mit dem vorhergehenden Artikel unterstreichen. Was von den *weltlichen Dingen* gesagt wird, wird erst in die richtige Perspektive gestellt, wenn man daran erinnert, daß diese Welt vergehen wird, wenn Christus sein Reich aufrichtet in Herrlichkeit. Die CA schließt sich dem *Apostolikum* an, aber wegen der Wiedertäufer war es notwendig, ausführlicher von diesen Dingen zu reden, als es das Apostolikum tut. Es wird hinzugefügt, daß die Gottlosen und Teufel in Ewigkeit gequält werden sollen. Das liegt nicht an einem speziellen Interesse daran, die Art der Strafe zu betonen. In Luthers „Bekenntnis" ist davon die Rede, daß die Bösen zusammen mit dem Teufel und seinen Engeln „ewiglich sterben" werden. Die *Schwabacher Artikel* sagen, daß Christus die Gottlosen strafen will und sie ewig verurteilen wird zusammen mit den Teufeln. Die Ausdrücke wechseln; gemeinsam ist der Glaube an die ewige Trennung zwischen Gläubigen und Gottlosen. Dies soll vor allem zum Ausdruck gebracht werden; daß es sich so verhält, zeigt die Verurteilung der Wiedertäufer, die die altkirchliche — besonders an den Namen des Origenes geknüpfte — Apokatastasislehre erneuert hatten, die Lehre von der Wiederaufrichtung aller Dinge am Ende der Zeiten, wo selbst der Teufel mit Gott versöhnt werden wird. Im ersten Entwurf zur CA (Na) war der Name des Origenes ausdrücklich genannt.

Weiter wendet sich die CA gegen diejenigen, die in jüdischer Weise meinen, daß die Frommen bis zur Auferstehung auf Erden herrschen werden und die Gottlosen unterdrücken werden. Es ist also der Gedanke

---

[1] Cl. 3, 514,38ff. (WA 26, 509): „Am letzten gleube ich die aufferstehung aller todten am Jüngsten tage / beyde der frumen und bösen / das ein iglicher daselbs empfahe an seinem leibe / wie ers verdienet hat / Und also die frumen ewiglich leben mit Christo / und die bösen ewiglich sterben mit dem teuffel und seinen engeln / Denn ichs nicht halte mit denen / so da leren / das die teuffel auch werden endlich zur seligkeit komen."

vom „tausendjährigen Reich", den man bekämpft. Kurz vor dem Reichstag war in Augsburg ein Prozeß geführt worden gegen einen Täufer, der daran dachte, das Heilige Land zu erobern und ein prophetisch-weltliches Reich dort aufzurichten[2]. Aber auch ohne einen solchen Anlaß ist klar, daß der Gedanke an ein Gottesreich auf Erden den Reformatoren zuwider ist. So etwas verbietet die Regimentslehre, und schließlich hatte wohl auch *Thomas Müntzers* Auftreten kräftig dazu beigetragen, daß jeder Gedanke in dieser Richtung abgelehnt wurde.

Die *Confutatio* hat natürlich gegen Artikel 17 nichts einzuwenden, der auch in der *Apologie* keinen Kommentar erhält. Melanchthon begnügt sich damit, den Inhalt des Artikels zu wiederholen. Sowohl dieser Umstand als auch ein Überblick über die sonstigen theologiegeschichtlichen Zusammenhänge der Reformationszeit zeigen, daß hier nichts ernstlich auf dem Spiele stand. Es geht nur darum, die Lehre der Kirche zu bekennen und die Abweichungen der Zeit zurückzuweisen.

---

[2] Siehe *W. A. Nagel: Luthers Anteil an der Confessio Augustana.* Beiträge zur Förderung christlicher Theologie 34,1, 1930, S. 130f.

18. Die Freiheit des Willens

Über die Freiheit des Willens lehren sie: Der menschliche Wille hat eine gewisse Freiheit, bürgerliche Gerechtigkeit zu wirken[1] und unter den der Vernunft unterworfenen Dingen frei zu wählen. Aber er hat nicht die Kraft, ohne den Heiligen Geist[2] die Gerechtigkeit Gottes, also die geistliche Gerechtigkeit, zu wirken[3], weil der Mensch nicht von Natur aus begreift, was des Geistes Gottes ist. Sondern sie entsteht in den Herzen, wenn durch das Wort der Heilige Geist empfangen wird. Das sagt mit vielen Worten Augustin im 3. Buche der Hypognostica: „Wir gestehen allen Menschen die Freiheit des Willens zu, die das vernünftige Urteilen einschließt, nicht in dem Sinne allerdings, daß sie hinreichend sei in den Angelegenheiten, welche sich auf Gott beziehen, so daß man diese ohne Gott anfangen oder sicher vollenden könnte, sondern nur in den Werken des gegenwärtigen Lebens, seien sie gut, seien sie schlecht. Unter guten Werken verstehe ich diejenigen, welche aus der guten Naturanlage hervorgehen, z.B. auf dem Felde arbeiten wollen; essen und trinken wollen; einen Freund haben wollen; Kleider haben wollen; ein Haus bauen wollen; ein Weib heiraten wollen; Viehzucht treiben; etwas Tüchtiges lernen in den verschiedenen ehrlichen Berufen; und was sonst Gutes zum gegenwärtigen Leben gehört. Das alles hat ja nicht Bestand ohne die Weltregierung Gottes; ja aus ihm und durch ihn ist es und nahm es seinen Anfang. Unter den schlechten (Werken) verstehe ich z. B.: Götzenbilder verehren wollen; morden wollen usw."

[1] DT: „äußerlich ehrbar zu leben".
[2] DT: „ohn Gnad, Hilfe und Wirkung des heiligen Geists".
[3] DT: „Gott gefällig zu werden, Gott herzlich zu furchten oder zu glauben, oder die angeborene böse Lüste aus dem Herzen werfen".

In irdischen Dingen hat der menschliche Wille *eine gewisse Freiheit*. Das ist ein ziemlich vager Ausdruck. Selbst wenn es um die bürgerliche Gerechtigkeit geht, wird also mit einer gewissen Vorsicht gesprochen. *Bürgerliche Gerechtigkeit* meint bürgerliche Einhaltung der Gesetze und Anständigkeit; vgl. den deutschen Text. Die Freiheit zu wählen gilt für das Gebiet, das der *ratio* dient, gerade für alle Tätigkeiten des bürgerlichen Lebens. Anders verhält es sich mit der *Gerechtigkeit Gottes;* hier vermag der Wille nichts *ohne den Heiligen Geist*. Wieder werden wir daran erinnert, daß die Gerechtigkeit vor Gott keine äußere Gerechtigkeit ist, sondern ein Anliegen des Herzens: *sie entsteht in den Herzen usw*. Dies ist gegenüber Artikel 4 und 5 nichts Neues. Entscheidend für das Verständnis des Artikels ist es, wie man die Worte verstehen will: *Aber er hat nicht die Kraft, ohne den Heiligen Geist die Gerechtigkeit Gottes ... zu wirken*. Wenn das bloß bedeutet, daß der Mensch nicht im Stande der Gnade sein kann ohne den Beistand des Heiligen Geistes, so weicht der Satz in nichts von der mittelalterlichen Tradition ab. Der Abschnitt wird mit einem *Aber* eingeleitet. Es muß daher möglich sein, ihn als einen Gegensatz zum ersten Abschnitt zu verstehen, wo von dem Gebiet die Rede ist, auf dem der Mensch eine gewisse Freiheit besitzt. Dann ist der Sinn — trotz der vorsichtigen Formulierung — der, daß der Mensch im Verhältnis zu Gott keine Freiheit besitzt. Das *pseudoaugustinische* Zitat (vgl. BK, S. 73 Anm. 2) weist die Freiheit ganz dem „bürgerlichen" Bereich zu und scheint so die letztgenannte Möglichkeit nahezulegen.

Kommentar

Die Frage nach der Freiheit des Willens hatte von Anfang an in der Reformationszeit im Vordergrund gestanden. *Luthers* Standpunkt blieb seit der Römerbriefvorlesung von 1515/16 unverändert. Schon damals leugnete er jegliches *liberum arbitrium* im Verhältnis zu Gott, so wie es auch in der gleichzeitigen Disputation *De viribus et voluntate hominis sine gratia* zum Ausdruck kam. Auch *Melanchthon* hatte in den *Loci* von 1521 die lutherische Auffassung kräftig vertreten. Wenn das Problem in einem besonderen Artikel der CA aufgegriffen wird, so liegt das an heftigen Angriffen von seiten der Gegner, u. a. Ecks. In Artikel 18 soll vor allem deutlich hervorgehoben werden, daß die Lehre der Reformatoren nicht deterministisch ist. Das prägt den Artikel sowohl in der Form als auch im Inhalt. Er enthält zwei Aussagen: 1. In den weltlichen Dingen hat der Mensch eine gewisse Freiheit. 2. Gottes Gerechtigkeit wird durch den Geist gewirkt, der durch das Wort ergriffen wird. Dazu wird ein pseudoaugustinisches Zitat hinzugefügt als Zeugnis für die Übereinstimmung mit der Kirchenlehre. Was die beiden Aussagen über den Willen anbetrifft, so kann man sie beide so verstehen, daß sie mit der Lehre Luthers sehr wohl in Einklang stehen (vgl. die Anmerkungen). Nur hätte er niemals mit der Freiheit in den weltlichen Dingen begonnen, sondern mit dem Entscheidenden, nämlich daß der Mensch im Verhältnis zu Gott nichts vermag. Wie oben erwähnt, konnte es als eine Zusammenarbeit zwischen dem Menschen und der Gnade verstanden werden, wenn es heißt: „nicht ... ohne den Heiligen Geist“, aber es dürfte auch möglich sein, den Artikel in Übereinstimmung mit Luther zu verstehen. Die unbestimmte Ausdrucksweise läßt sich aus den kirchenpolitischen Voraussetzungen der CA erklären.

Die Vorsicht wurde belohnt, denn die *Confutatio* erkennt den Artikel vorbehaltlos an. So, sagen die Confutatoren, ziemt es sich für Katholiken, die *media via* zwischen Pelagianern und Manichäern zu gehen. Es ist eine unmenschliche Verirrung, die Freiheit des Willens im Menschen zu leugnen, welche jeder an sich selbst erfahren kann. Schließlich bringt die Confutatio eine lange Reihe von Schriftstellen, die als Stütze dienen sollen, z. B.: „Ihr habt allezeit Arme bei euch, und wenn ihr *wollt,* könnt ihr ihnen Gutes tun“ (Mk. 14,7). Dieses Beispiel ist zufällig gewählt, aber es ist charakteristisch. Man merkt denn auch in der *Apologie,* daß sich *Melanchthon* bei dieser Zustimmung nicht wohl fühlt. Er sagt, daß die Widersacher gewisse Zeugnisse anführen, die in dieser Sache wenig geeignet sind. Auch die Rede von der *media via* behagt ihm nicht. Daß man sich sowohl von Pelagianismus wie auch von Manichäismus freihalten soll, ist ganz gewiß richtig, aber, fragt er, worin besteht der Unterschied zwischen den Pelagianern und unsern Widersachern, wo doch beide meinen, daß der Mensch Gott lieben kann, gute Werke tun kann, die in den Geboten vorgeschrieben sind, und die Gnade und die Rechtfertigung mit Hilfe der Vernunft ohne den Heiligen Geist verdienen kann? Viele absurde Dinge folgen aus den pelagianischen Meinungen. Es ist also falsch, sagt Melanchthon weiter, daß der Mensch, der die Gebote ohne Gnade erfüllt, nicht sündigt, denn ein schlechter Baum kann nicht gute Früchte bringen. Deshalb gibt es keine Freiheit in geistlichen Dingen, denn die Werke der ersten drei Gebote kann das Herz nicht ohne den Geist hervorbringen. Dagegen ist es pädagogisch notwendig, von Freiheit in weltlichen Dingen zu reden. Die Lehre, gegen die sich Melanchthon hier wendet, scheint nicht ohne weiteres der der Confutatoren zu entsprechen. Wir müssen sie eher bei den Ockhamisten suchen.

Z. B. in der Theologie *Gabriel Biels* begegnen wir der Auffassung vom freien Willen des Menschen in genuiner Form, die Melanchthon im Auge hat und gegen die auch Luther polemisiert. Biel behauptet, daß der freie Wille das Gute im moralischen Sinne ohne die Gnade tun, Todsünden vermeiden und die göttlichen Gebote erfüllen kann. Ebenso kann sich der Mensch durch eigene Kräfte zur Gnade disponieren, weil der Intellekt das Gute aus sich selbst erkennen kann und der Wille, wenn er will, sich dem frei anschließen kann. Auch Gott über alles lieben kann der Mensch ohne Gnade. Es wird jedoch eingeräumt, daß viele Versuchungen den Willen bedrohen, weshalb es ihm selten gelingen wird, all dies aus eigener Kraft zu vollbringen. Auch wenn das gelingt, ist der Mensch damit nicht gerechtfertigt, denn Gott fordert, daß diese Gesetzeserfüllung in der Gnade geschehen soll. Nicht zuletzt dieser Gedanke verbitterte Luther, denn dadurch, sagt er, wird die Gnade lediglich eine neue Forderung über das Gesetz hinaus: zunächst wird die Gesetzeserfüllung verlangt, aber dann, daß sie in der Gnade geschehen soll. Also ist die Gnade nur eine weitere Forderung [1]. In der ersten gedruckten Ausgabe der CA war zu Artikel 18 eine Verurteilung der Pelagianer und „anderer" hinzugefügt. Die Lehre, die diesen zugeschrieben wird, entspricht ziemlich genau der Auffassung Gabriel Biels und den Gedanken, die zu teilen Melanchthon in der Apologie den Widersachern vorwirft [2]. Es kann auch kein Zweifel daran bestehen, daß Artikel 18 mit der ockhamistischen Willenslehre unvereinbar ist.

Jedoch trifft dieses Urteil nur einen Teil der mittelalterlichen Tradition. Z. B. finden wir bei *Thomas von Aquin* dieses große Vertrauen auf die eigenen Kräfte des Menschen nicht. Er hält sehr wenig vom freien Willen. Nach dem Fall kann der Mensch aus eigener Kraft das Gebot Gottes nicht erfüllen oder sich Gott zuwenden, ohne daß dieser selbst den Willen bewegt. Mit anderen Worten: Thomas hält an der Freiheit des Willens fest, aber sie vermag nur etwas mit der Hilfe Gottes [3]. Die Frage ist nun: Läßt sich eine solche Auffassung mit der der Reformatoren vereinbaren? Es ist wichtig, diese Frage zu stellen, denn die Antwort hierauf müßte die eigentlichen Motive in der Lehre der Reformatoren über das Verhältnis zwischen Gnade und freiem Willen aufdecken. Gerade weil Artikel 18 recht vage formuliert ist, muß man hinter den Text des Artikels zurückgehen, wenn man sehen will, welche Bedeutung dieses Problem für die Theologie der Reformatoren hatte.

---

[1] Siehe z. B. *Disputatio contra scholasticam theologiam,* Cl. 5, 324, 22ff. *Biels* Gedanken von der Willensfreiheit: *Collectorium super IV libros Sententiarum Lib. II* dist. 23, 25 und 28. Vgl. L. Grane, Contra Gabrielem, Kopenhagen 1962.

[2] Siehe BK, S. 74, Anm. 2.

[3] Siehe *Summa Theologiae I, II,* q. 109, besonders a. 2—4.

Was Artikel 18 anbetrifft, so hängt die Antwort davon ab, wie man die Worte *non ... sine spiritu sancto* verstehen will. Dem Wortlaut nach kann der Artikel in der schönsten Übereinstimmung mit Thomas verstanden werden. *Melanchthon* selbst ging jedenfalls in der folgenden Zeit diesen Weg. In der *Augustana variata* wird der erwähnte Satz wiederholt. Danach heißt es: „Aber die geistliche Gerechtigkeit wird in uns gewirkt, wenn wir vom Heiligen Geist *Hilfe erhalten.*"[4] Das kann schwerlich mißverstanden werden. Seit 1535 behauptet Melanchthon das Mitwirken des Willens zum Heil. Drei Faktoren wirken zusammen: das Wort, der Heilige Geist und der Wille[5]. Damit hat Melanchthon in dieser Frage Luther definitiv verlassen.

Zweifellos war Luthers direkte Polemik in dieser Frage zunächst gegen den Ockhamismus gerichtet. Aber später sah er sich im Streit mit *Erasmus* einer Auffassung gegenüber, die dem Willen einen viel bescheideneren Platz im Gottesverhältnis zuerkannte. Das führte bekanntlich nicht dazu, daß Luther seine Haltung modifizierte. Es hilft nichts, demgegenüber zu sagen, *De servo arbitrio* nehme im Werk Luthers eine Sonderstellung ein und müsse deshalb mit allen möglichen Vorbehalten gesehen werden. Es liegen bekanntlich klare Zeugnisse dafür vor, daß Luther sich ganz zu diesem Werk bekannte. Die Wege in der Diskussion über den freien Willen aufzudecken, ist schwierig, weil verschiedene Probleme und Problemstellungen vermischt werden. Besonders verwirrend ist es, daß das Problem: Determinismus—Indeterminismus oft mit dem Problem der Gnade und des freien Willens vermischt worden ist, worauf Melanchthon richtig in den Loci von 1559 aufmerksam macht[6]. Hinsichtlich *De servo arbitrio* verhält es sich so, daß Luther sich hier einer Auffassung gegenübersieht, die ganz und gar auf scholastischer Grundlage beruht. Man hat oft gefragt, ob dies nicht fatale Folgen hatte und ihn in unvertretbare Positionen getrieben hat. Die Frage kann hier nicht diskutiert werden. Wir müssen uns an die Grundgedanken halten.

Wenn *Erasmus* sich gegen den Gedanken von der Knechtschaft des Willens wendet, so tut er es darum, weil er hierin die Vernichtung der moralischen Verantwortlichkeit des Menschen sieht. Er setzt voraus, daß das Gottesverhältnis darin seinen Ausdruck findet, daß der Mensch danach strebt, den Willen Gottes zu tun. Da der Mensch sündig ist, vermag er das nicht aus eigener Kraft, aber das ändert nicht die Sache selbst: daß der Mensch durch seine Werke das Gesetz erfüllen und Gerechtigkeit üben soll. Die Frage ist dann: wieviel die Gnade tut und wieviel der Mensch selbst tun soll. Die Antwort ist eigentlich nur von akademischem Interesse; es steht fest, daß durch das Heil Gott und Mensch, die

[4] *Kolde:* Die augsburgische Konfession, S. 179.
[5] *Werke II*, 1, S. 243.
[6] a.a.O., S. 237.

Gnade und der freie Wille wirksam sind. Wie man die Rollen näher verteilen will, darüber kann man diskutieren, was Erasmus auch gerne tut. Er fühlt sich am meisten von der Auffassung angesprochen, die dem Willen einen minimalen Platz einräumt: die Gnade beginnt und vollendet das Werk, der Wille kann sich der Gnade nur anschließen, wenn sie begonnen hat, und so ihr die Möglichkeit geben, das Übrige zu tun. Ohne die Gnade vermag der Wille also nichts, meint Erasmus; die Gnade ist das Primäre, der Wille das Sekundäre[7].

Es wäre also höchst ungerecht, Erasmus vorzuwerfen, er sei Pelagianer, oder auch nur, er vertrete Anschauungen, die z. B. an die Gabriel Biels erinnern. Nichtsdestoweniger greift *Luther* ihn äußerst heftig an. Für Luther ist dies nicht ein interessantes akademisches Problem, sondern eine Frage um Leben und Tod. Es ist nicht zuviel gesagt, daß er in der Auffassung des Erasmus eine Verhöhnung des Evangeliums und Christi sieht. Es ist darum klar, daß für ihn nicht das Entscheidende ist, *wieviel* ausrichten zu können man dem freien Willen zugesteht, sondern *daß* man überhaupt das Heil unter diesem Blickwinkel betrachtet. Von Gabriel Biel bis zu Erasmus ist zwar ein langer Weg, aber ihre Problemstellung ist grundsätzlich dieselbe. Deshalb rücken sie auf eine Linie, wenn sie vom Standpunkt Luthers aus betrachtet werden, der gerade die totale Verwerfung ihrer Problemstellung bedeutet.

Luthers Angriff betrifft allein das Vermögen des Menschen im Verhältnis zu Gott. Daß der Mensch eine gewisse Freiheit gegenüber den weltlichen Dingen hat, behauptet er als eine Selbstverständlichkeit. Aber das nützt nichts im Gottesverhältnis. Denn der Mensch kann keinen Augenblick außerhalb des Kampfes zwischen Gott und Satan stehen. In diesem Kampf ist er immer engagiert, er steht immer auf der einen oder anderen Seite. Deshalb ist es eine nutzlose Abstraktion, den Menschen und seine Kräfte unabhängig hiervon betrachten zu wollen. Wie der Mensch selbst ist auch sein Wille entweder Gott oder dem Satan unterworfen. Aber es ist wichtig für Luther hervorzuheben, daß dies nicht bedeutet, daß der Mensch unter Zwang handelt; vielmehr wählt er freiwillig, jedoch ohne den Willen ändern zu können. Soll Luther nun zur Lehre des Erasmus Stellung nehmen auf dem Hintergrund der Situation des Menschen im Kampf zwischen Gott und dem Satan, so muß er bestreiten, daß es eine solche Freiheit gibt. Eine solche setzt nämlich voraus, daß ein „reiner" Wille existiert, d. h. ein Wille, der nicht zugleich engagiert wäre, der nicht in und mit seiner Existenz etwas Bestimmtes wäre, und das, behauptet Luther, ist eine Unmöglichkeit. Ohne die Gnade ist der Mensch in der Gewalt der Sünde, und das bedeutet, daß er

---

[7] Zu Erasmus vgl. *J. Huizinga*, Erasmus, Basel 1928 und 1936, *E. W. Kohls*, Die Theologie des Erasmus I—II, 1966.

in allem, was er tut, sein Eigenes sucht, auch im Verhältnis zu Gott. Diese Selbstsucht bedeutet, daß der Mensch in der Gewalt des Satans ist, und daß er nichts Anderes will, weil er seinen eigenen Zustand nicht kennt. Luther muß es also total ablehnen, daß der Mensch irgendeine Freiheit im Verhältnis zu Gott habe. Fleisch und Geist lassen sich nicht vereinen. Aber Fleisch ist der Mensch ganz und gar, mit Seele und Geist. Daß die Seele nach dem Edlen und Ehrenhaften strebt, nützt nichts, denn das geschieht ja zur Ehre des Menschen, nicht zur Ehre Gottes. Folglich handelt der Mensch am schlimmsten, wenn er am besten handelt, denn in diesen Handlungen sucht er eine Ehre, die Gott allein zukommt. Wenn nun aber auch das Beste im Menschen Fleisch ist, so folgt daraus, daß dies alles gottlos ist, denn gottlos ist alles, was ohne den Geist Gottes ist. Deshalb ist es in diesem Zusammenhang ziemlich gleichgültig, ob man lehrt, der freie Wille vermöge alles, oder, er vermöge nur etwas mit Hilfe der Gnade.

Nun bedeutet dies alles nicht, daß Luther überhaupt bestreitet, daß es im Menschen ein Streben gibt von der Art, von der Erasmus spricht. Nur muß er es ganz anders beurteilen. In der Behauptung eines freien Willens sieht Luther einen Angriff auf Gott, einen Versuch, dem Menschen eine Macht beizulegen, die allein Gott gehört. Wenn es ein solches Phänomen gibt, sagt Luther, so ist es durch seine bloße Existenz ein Zeugnis dafür, daß der Mensch in der Gewalt des Satans ist. Mit anderen Worten: Was Erasmus „freien Willen" nennt, ist gerade der Versuch des Menschen, sich selbst zu Gott zu machen, d.h. das denkbar stärkste Zeugnis dafür, daß der Mensch „in sich selbst verkrümmt" ist, geknechtet von seiner Selbstsucht. Der Gegensatz zwischen Gott und Satan, zwischen Gnade und Sünde, ist absolut, es gibt keine Übergänge über die Kluft zwischen ihnen. Die Confutatio sagt, es sei ein unmenschlicher Irrtum, die Freiheit zu leugnen. Luthers Auffassung könnte man so ausdrücken, daß es ein unmenschlicher Irrtum ist, die Freiheit zu *behaupten,* denn damit hat man dem Menschen seine einzig denkbare Würde aberkannt, die darin besteht, Knecht des Schöpfers zu sein.

Luthers Lehre vom unfreien Willen ist kein extremer Sonderstandpunkt, sondern nur eine andere Weise, die Lehre von der Rechtfertigung aus Glauben alleine auszudrücken. Die Lehre von der Freiheit des Willens ist für Luther ein Versuch, an der Gerechtigkeit des Gesetzes festzuhalten. Damit ist das Evangelium abgeschafft und Christus beiseite geschoben. Deshalb nimmt er den Kampf mit seiner ganzen Kraft auf, denn in dieser Sache steht für ihn alles auf dem Spiel.

Kehrt man wieder zu Artikel 18 zurück, so ist deutlich: Auch wenn man den Artikel so versteht, wie er oben verstanden worden ist, so ist er in seinem Anliegen weit bescheidener. Er soll erstens jeden Verdacht des Determinismus verhindern und zweitens sich gegen die ockhamistische Lehre vom Willen abgrenzen. Mehr hat Melanchthon wohl nicht sagen wollen, um nicht mehr Diskussion hervorzurufen als unbedingt notwendig. Man wird sagen können, daß diese Absicht bewirkt hat, daß der Artikel nicht mit der Klarheit von diesen Dingen redet, die ihn zu einer konsequenten Weiterführung von Artikel 4 und 5 hätte machen können.

19. Die Ursache der Sünde

Über die Ursache der Sünde lehren sie: Obwohl Gott die Natur schafft und erhält, so ist doch die Ursache der Sünde der Wille der Bösen, nämlich des Teufels und der Gottlosen. Er wendet sich, wenn Gott ihm nicht beisteht[1], von Gott ab, wie Christus sagt: Johannes 8 (44): „Wenn er (der Teufel) Lüge redet, so redet er aus sich selbst."

[1] DT: „so Gott die Hand abgetan".

Der Ausdruck *natura* meint hier die ganze geschaffene Welt in einem Sinne, der im Bezug auf das Thema des Artikels ganz neutral ist. Obwohl Gott Schöpfer und Erhalter der Natur ist, ist er doch nicht Ursache der Sünde. Es ist allein der Wille der Bösen, *wenn Gott ... nicht beisteht.* Dieser Ausdruck ist nicht ganz klar. Soll das heißen, daß sich der Wille des Teufels und der Gottlosen nicht von Gott abwendet, wenn er ihnen beisteht? Wenn das der Fall ist, scheint Gott trotzdem in gewisser Weise für die Sünde verantwortlich zu sein. Der Artikel antwortet (natürlicherweise) nicht richtig auf die Frage, die er stellt.

Kommentar

Dieser Artikel schließt sich an den vorhergehenden an. Er soll jegliche Möglichkeit ausschließen, den Reformatoren vorzuwerfen, sie machten Gott zur Ursache der Sünde. Diese rein negative Absicht steht im Vordergrund. Die CA versucht nicht ernstlich, das Entstehen der Sünde zu erklären. An diesem Punkt geht man nicht über das hinaus, was man in der Bibel lesen zu können meint. Artikel 2 weist auf den Sündenfall hin. Hier soll nicht anderes und mehr von der Erbsünde gesagt werden, sondern es geht um die Sünde als einem ständigen Faktor in der Welt. Wenn es heißt, daß „Gott die Natur schafft und erhält", so ist darin alle menschliche Wirksamkeit einbegriffen. Als Natur beruht alle menschliche Aktivität auf der göttlichen Schöpferkraft. So gesehen ist von der ethischen und religiösen Qualität dieser menschlichen Aktivität noch nichts gesagt, und darum geht es, wenn es abgelehnt wird, daß Gott die Ursache der Sünde sei. Das Wort „Natur" ist in diesem Zusammenhang ganz neutral; nicht so, daß der Mensch als „Natur" auch nur einen Augenblick außerhalb des Kampfes zwischen Gut und Böse stünde, sondern so, daß die „Natur" erst durch die „Person" qualifiziert wird, d.h. durch die Haltung des Menschen im Kampfe. Gerade weil der Mensch mehr als „Natur" ist, kann daran festgehalten werden, daß alles, was auf dieser Erde getan wird, von der Schöpferkraft Gottes abhängig ist, ohne daß Gott damit zur Ursache der Sünde gemacht wird. Daß der Mensch Person ist, wird in dem Artikel durch den Begriff „Wille" zum Ausdruck gebracht. Der Wille ist die Ursache der Sünde. Damit ist natürlich keineswegs irgendeine eigentliche Erklärung des Bösen gegeben, aber das ist auch nicht beabsichtigt. Es soll bloß darauf hingewiesen werden, daß die Behauptung der *Reformatoren* von der mangelnden Fähigkeit des sündigen Menschen, das Gute zu tun, kein „Manichäismus" ist. Der böse Wille ist nicht von Gott geschaffen.

Die *Confutatio* erkennt den Artikel vorbehaltlos an, und *Melanchthon* begnügt sich in der *Apologie* damit, die Worte des Artikels zu wiederholen. Jedoch läßt er hierbei den Satz aus: „wenn Gott ihm nicht beisteht". Dieser Satz fehlt auch in der *Variata.* Es ist nicht leicht, vom Zusammenhang aus zu sehen, was dieser Satz genauer bedeutet. Die Hilfe, von der die Rede ist, kann ein besonderer göttlicher Beistand sein, der den Willen davon abhält, das Böse zu suchen, also eine Art aktuelle Gnade. Wenn das der Sinn ist, kann der Satz synergistisch verstanden werden in dem Sinne, daß der Wille das Gute wirklich zu tun vermag, wenn Gott dabei hilft. Daß dieser Satz in der Apologie und der Variata ausgelassen wird, könnte darauf hindeuten, daß Melanchthon in diese Richtung tendiert hat. Wenn der Sinn dagegen dieser ist: ohne die Gnade, so ist es von lutherischer Auffassung aus eine Selbstverständlichkeit, und dann kann der Satz als überflüssig entfernt werden. Es ist klar, daß das letztere am ehesten mit Luthers Auffassung übereinstimmt, denn er kennt keine „Gnade", die nicht die rechtfertigende Gnade ist, sondern lediglich ein Beistand zum menschlichen Willen.

Den Hintergrund des Artikels findet man in gewissen Gedankengängen bei Luther und Melanchthon, die *Eck* in dem Vorwort veranlaßt hatten, ihnen vorzuwerfen, sie machten Gott zum Ursprung der Sünde. Er stellt einige Sätze aus Melanchthons *Annotationes* zum *Römerbrief* so zusammen, daß es aussieht, als behaupte Melanchthon, daß Gott die Sünde *will*[1]. *Eck* hätte genauso gut *De servo arbitrio* oder die *Loci* von 1521 als Basis seiner Anklage benutzen können. In beiden Schriften ist davon die Rede, daß alles mit Notwendigkeit geschieht, und zwar in einer solchen Weise, daß man auf den ersten Blick glauben könnte, man

[1] Siehe BK, S. 75, Anm. 1.

stehe vor einem handfesten Determinismus. Wäre das der Fall, wäre Ecks Anklage natürlich berechtigt. Es verhält sich jedoch ganz anders. Wie schon bei Artikel 18 erwähnt, beschäftigt sich Luther in *De servo arbitrio* ausschließlich mit dem Verhältnis zwischen der Gnade — verstanden als die rechtfertigende Gnade — und der Freiheit des Menschen. In diesem Zusammenhang müssen auch seine Gedanken über die Notwendigkeit verstanden werden. Hinter allem, was auf Erden geschieht, steht Gottes Schöpfermacht, die sich mit Notwendigkeit in unablässiger Aktivität befindet. Das gilt nicht nur in der Welt des Glaubens, sondern genauso in der Welt des Unglaubens. Aber wo der Unglaube ist, können nur böse Handlungen entstehen, und das mit Notwendigkeit, denn weil Gott allmächtig ist, kann er es nicht sein lassen, zu wirken und den Menschen dazu zu treiben zu handeln, und da dieser Unglaube böse ist, kann er nur böse handeln. Hieraus folgt nicht, daß man die Verantwortung für das Böse Gott zuschreiben kann; der Mensch ist zwar der Sünde verfallen, aber er handelt nicht unter Zwang. Freiwillig will der Mensch das Böse, ohne seinen Willen ändern zu können. Daß alles mit Notwendigkeit geschieht, bedeutet daher nicht, daß Gott will, daß der Mensch das Böse tun soll, sondern es bedeutet, daß Gott nicht damit aufhören kann, allmächtig zu sein, weil der Mensch böse ist, und weil der Mensch böse ist, kann er nur das Böse tun. Das wird nur anders, wenn Gott seinen Geist schenkt. Damit befinden wir uns an der Grenze des menschlichen Fassungsvermögens: bei der Prädestination. Nach der Ursache des Willens Gottes zu fragen, haben wir kein Recht.

Diese Gedanken lassen sich sehr wohl mit dem vereinen, was in Artikel 19 behauptet wird. Ohne Gnade ist der Mensch in der Gewalt der Sünde. Der Wille des Menschen ist niemals neutral, sondern will immer *etwas*. Ohne die Gnade will er das Böse, und deshalb wird das, was er tut, Sünde. Mit anderen Worten: Der Mensch sündigt nicht, weil Gott das will, sondern weil er sündig ist. Eine letzte Erklärung für das Entstehen der Sünde wird nicht versucht. Man geht von der Sünde als einer Tatsache aus. Weil der Mensch schon sündig *ist* in seiner Grundhaltung, muß er in allem sündigen, was er tut. Weiter kann man nicht kommen. Aber damit wird auch die Behauptung zurückgewiesen, Gott sei die Ursache der Sünde, und das war gerade das Anliegen dieses Artikels.

20. Glaube und gute Werke

(1) Zu Unrecht werden die Unsrigen beschuldigt, daß sie die guten Werke verbieten. (2) Denn ihre Schriften über die zehn Gebote und andere mit ähnlichem Inhalt beweisen doch, daß sie über alle Zweige und Pflichten des Lebens trefflichen Unterricht gegeben haben, welche

Lebensformen und Werke in jederlei Berufe Gott gefällig sind. (3) Davon lehrten einst die Prediger allzu wenig; sie drängten nur zu kindischen und unnötigen Werken, wie zur Haltung gewisser Tage, gewisser Fasten, zu Bruderschaften, Wallfahrten, Heiligenverehrung, Rosenkränzen, zum Mönchsstand und dergleichen. (4) Jetzt haben auch unsere Gegner sich mahnen lassen und kommen ab davon, predigen nun nicht mehr diese unnützen Werke von einst. (5) Ja, sie beginnen nun auch in der Predigt den Glauben zu betonen, über den einstmals befremdetes Schweigen herrschte. (6) Sie lehren jetzt, wir würden nicht allein durch die Werke gerechtfertigt, sondern sie verbinden den Glauben mit den Werken und sagen, wir würden durch den Glauben und die Werke gerechtfertigt. (7) Diese Meinung ist erträglicher als die frühere und kann mehr Trost bringen als ihre alte Lehre.

(8) Weil also das Wort vom Glauben, welches in der Kirche die Hauptsache sein muß, so lange im Verborgenen lag — und das müssen alle zugestehen: über die Glaubensgerechtigkeit herrschte das tiefste Schweigen in den Predigten, nur die Werklehre wurde in den Kirchen getrieben —, darum haben die Unsrigen die Gemeinden also über den Glauben belehrt:

(9) *Erstens:* Unsere Werke können Gott nicht versöhnen und nicht die Vergebung der Sünden und die Gnade verdienen, sondern das erlangen wir allein durch den Glauben, nämlich wenn wir darauf vertrauen, daß wir um Christi willen in die Gnade aufgenommen werden. Denn er allein ist gesetzt zum Mittler und zur Sühnegabe, durch ihn wird der Vater versöhnt. (10) Wer also darauf rechnet, durch Werke die Gnade verdienen zu können, der verschmäht das Verdienst und die Gnade Christi und sucht ohne Christus durch Menschenkraft den Weg zu Gott, während Christus doch von sich gesagt hat: Ich bin der Weg, die Wahrheit und das Leben (Joh. 14, 6).

(11) Diese Lehre vom Glauben wird überall bei Paulus behandelt, so Epheser 2 (8): „Aus Gnade seid ihr selig worden durch den Glauben, und das nicht aus euch, Gottes Gabe ist es, nicht aus den Werken, auf daß sich nicht jemand rühme."

(12) Und damit nicht einer schwindele, wir brächten eine ganz neue Auslegung des Paulus auf, so weisen wir darauf hin, daß wir die Zeugnisse der Kirchenväter auf unserer Seite haben. (13) Augustin verteidigt ja in vielen Büchern die Gnade und die Glaubensgerechtigkeit gegen das Verdienst aus den Werken.[1]

(14) Und ähnlich lehrt Ambrosius in der Schrift „Über die Berufung der Heiden" und anderswo. In der Schrift „Über die Berufung der Heiden" sagt er: „Wertlos würde die Erlösung durch Christi Blut, und die Barmherzigkeit Gottes hätte nicht den Vorrang vor den menschlichen Werken, wenn die Rechtfertigung, die aus Gnaden geschieht,

durch vorausgehende Verdienste erworben würde, so daß sie nicht Güte des Spenders, sondern Lohn für den Arbeiter wäre."[2]

(15) Mag auch diese Lehre von den Unangefochtenen verachtet werden, so haben fromme und erschrockene Gewissen dennoch erfahren, welchen Reichtum an Trost sie spendet. Denn die Gewissen können nicht ruhig werden durch irgendwelche Werke, sondern allein durch den Glauben, wenn sie dessen gewiß sind, daß sie um Christi willen einen versöhnten Gott haben, (16) wie Paulus lehrt, Römer 5 (1): „Da wir gerechtfertigt sind durch den Glauben, haben wir Frieden mit Gott." (17) Diese ganze Lehre gehört in den Kampf des erschreckten Gewissens, ohne diesen Kampf kann man sie nicht verstehen. (18) Darum sind schlechte Richter in dieser Sache die Unangefochtenen und Glaubenslosen (profani), welche in dem Wahn leben, die christliche Gerechtigkeit sei nichts anderes als die bürgerliche oder philosophische.[3]

(19) Vordem quälte man die Gewissen mit der Lehre von den Werken, da bekamen sie keinen Trost aus dem Evangelium zu hören. (20) So trieb das Gewissen manche in die Einsamkeit, in die Klöster, wo sie die Gnade durch ihr Mönchsleben zu verdienen hofften. (21) Andere ergrübelten andere Werke, um Gnade zu verdienen und Genugtuung zu leisten für die Sünden. (22) Darum war es hoch von Nöten, diese Lehre vom Glauben zu verkündigen und zu erneuern, damit den erschreckten Gewissen der Trost nicht fehle, sie vielmehr wüßten, daß durch den Glauben an Christus die Gnade und die Vergebung der Sünden ergriffen wird.[4]

(23) Die Leute werden (bei uns) auch darauf aufmerksam gemacht, daß hier das Wort „Glaube" nicht bloß „Kenntnisnahme einer Tatsache" bedeutet, denn die gibt es auch bei den Gottlosen und beim Teufel. Sondern es bedeutet einen Glauben, der nicht bloß Geschehenes glaubt, sondern auch die Wirkung des Geschehenen, hier in diesem Artikel von der Vergebung der Sünden also, daß wir durch Christus Gnade, Gerechtigkeit und Sündenvergebung haben.

(24) Wenn nun einer weiß, daß er durch Christus einen gnädigen Vater hat, so kennt er Gott wirklich, weiß, daß er ihm am Herzen liegt, ruft ihn an, kurz, er ist nicht ohne Gott wie die Heiden. (25) Denn die Teufel und die Gottlosen können diesen Artikel von der Vergebung der Sünden nicht glauben. Darum hassen sie Gott als einen Feind, rufen ihn nicht an, erwarten nichts Gutes von ihm. (26) Auch Augustin belehrt den Leser in dieser Weise über den Begriff „Glauben" und zeigt, daß das Wort „Glaube" in der Heiligen Schrift nicht im Sinne von „Kenntnisnahme" verstanden wird, wie sie auch die Gottlosen haben, sondern im Sinne von „Vertrauen", welches die erschreckten Gewissen tröstet und aufrichtet.[5]

(27) *Zweitens:* Die Unsrigen lehren, es sei notwendig, gute Werke zu tun, nicht um unser Vertrauen darauf zu setzen, daß wir dadurch Gnade

verdienen, sondern weil Gott es so will.[6] (28) Nur durch den Glauben wird die Vergebung der Sünden und die Gnade ergriffen, (29) und weil durch den Glauben der Heilige Geist empfangen wird, so werden alsbald die Herzen erneuert, sie bekommen neue Triebe und können dadurch gute Werke hervorbringen. (30) Denn, so sagt Ambrosius: „Der Glaube ist der Vater des guten Willens und der gerechten Tat."[7] (31) Die menschlichen Kräfte sind ja ohne den Heiligen Geist voll gottloser Triebe und zu schwach, Werke hervorzubringen, die vor Gott gut sind. (32) Zudem sind sie in der Gewalt des Teufels, welcher die Menschen zu mannigfachen Sünden treibt, zu gottlosen Gedanken, zu offenen Verbrechen. (33) Das ist zu ersehen an den Philosophen: auch sie versuchten sittlich zu leben, brachten es aber doch nicht fertig, sondern befleckten sich mit vielen offenkundigen Verbrechen. So groß ist die Schwäche des Menschen, (34) wenn er ohne den Glauben und ohne den Heiligen Geist dasteht und sich nur mit menschlichen Kräften leitet.

(35) So erkennt man leicht, wie haltlos der Vorwurf ist, diese Lehre verbiete die guten Werke; im Gegenteil, es ist ihre Stärke, daß sie zeigt, wie wir gute Werke fertigbringen. (36) Denn ohne den Glauben kann die menschliche Natur in keiner Weise die Werke des ersten und zweiten Gebots tun. (37) Ohne den Glauben ruft sie Gott nicht an, erwartet nichts von Gott, trägt ihr Kreuz nicht[8], sondern ist auf menschliche Hilfe aus und vertraut auf sie. (38) Unter diesen Umständen herrschen im Herzen alle Begierden und menschlichen Ratschlüsse, wenn der Glaube und das Vertrauen zu Gott fehlen. (39) Darum sprach auch Christus: „Ohne mich könnt ihr nichts tun" Johannes 15 (5). (40) Und die Kirche singt: „Ohne deine Macht ist nichts im Menschen, nichts Reines!"

(Sine tuo numine
nihil est in homine,
nihil est innoxium.)

---

[1] DT weist hier statt dessen auf Augustins Schrift *De spiritu et littera* hin.

[2] Das „Ambrosius"-Zitat fehlt im DT.

[3] Der letzte Teil des Abschnittes (nach dem Pauluszitat) fehlt im DT.

[4] An der entsprechenden Stelle schiebt der DT ein: „Derselbigen viel haben erfahren, daß man dadurch nicht ist zu Frieden kummen".

[5] DT weist außerdem auf Hebr. 11,1 hin.

[6] DT fügt hinzu: „und Gott zu Lob".

[7] Im DT fehlt das Zitat.

[8] DT fügt hinzu: „den Nächsten lieben, befohlene Ämter fleißig auszurichten, gehorsam zu sein, bose Lust zu meiden".

Da der Kommentar einen Überblick über den Inhalt des Artikels zu geben versucht, können wir uns hier zunächst auf einige Bemerkungen über verschiedene Einzelheiten beschränken. (2): *Lebensformen, genera vitae,* die verschiedenen „Stände“, die Relationen, in denen jeder Mensch zu Familie, Staat und Kirche steht. Die *Pflichten,* von denen die Rede ist, sind die im Beruf auferlegten Amtspflichten. Mit dem Ausdruck: *in jederlei Berufe* ist klar angegeben, daß von den Werken des Berufs gesprochen wird. (3) wirft den Widersachern vor, es versäumt zu haben, hierüber zu sprechen. Also ist es nicht allein verkehrt, den Lutherischen vorzuwerfen, sie würden die Werke verbieten, es ist vielmehr so, daß erst sie die Lehre von den rechten Werken ans Licht gebracht haben! (15)—(18) weist auf die Erfahrung der Gewissen hin: nur die Lehre vom Glauben kann Trost bringen. Das versteht man nicht, wenn man sich einbildet, die christliche Gerechtigkeit sei dieselbe wie die bürgerliche. D.h.: Sieht man in der Forderung des Gesetzes nur die Forderung nach bestimmten Handlungen, nach einer äußeren Rechtschaffenheit, versteht man nicht die Lehre von der Gerechtigkeit des Glaubens.

(27)—(34) führt eine Betrachtung des Verhältnisses zwischen Glauben und Werken ein, die von einer anderen Art ist als der übrige Artikel. Dazu weiter im Folgenden. Der Artikel ist davon geprägt, daß er später geschrieben ist als das übrige Bekenntnis; daher wohl die vielen Wiederholungen aus den früheren Artikeln.

Kommentar

Auch dieser Artikel wurde zu einem Zeitpunkt formuliert, als die CA im übrigen fertig war. Vermutlich hat es Melanchthon für notwendig erachtet, gerade dieses Thema ausführlicher zu behandeln, als die thesenartige Form der früheren Artikel es zuließ; denn die Angriffe waren hier, wo es um das sogenannte „praktische“ Christenleben ging, besonders heftig gewesen[1]. Da es sich um eine weitere Ausführung dessen handelt, was Artikel 6 enthält, braucht die Auffassung der lutherischen Reformatoren im allgemeinen nicht mehr erörtert zu werden. Dagegen gibt eine Reihe von Einzelheiten wohl Anlaß zu einigen Bemerkungen.

Die *Confutatio* richtet ihren Angriff gegen das Verständnis des meritum-Begriffes, besonders gegen die Behauptung, das Verdienst Christi werde zunichte gemacht, wenn unsere Werke verdienstvoll genannt werden. So verhält es sich aber keineswegs, denn unsere Werke sind in bezug auf das Verdienst nichts, außer kraft des Verdienstes des Leidens Christi. Zu dem Zitat aus Joh. 14,6: „Ich bin der Weg, die Wahrheit und das Leben“ (Artikel 20,10), bemerkt die Confutatio, dies sei selbstverständlich wahr, aber Christus habe uns ein Beispiel gegeben, damit wir ihm folgen auf dem Wege der guten Werke. Wenn man bedenkt, wie inhalts-

[1] Siehe *Gußmann I,* 1, S. 96f. Hinsichtlich der Angriffe siehe auch *Ecks* Artikel, die einen besonderen Abschnitt mit der Überschrift haben: Contra opera (art. 198 bis 202).

reich Artikel 20 ist, so muß man sagen, daß dies eine schwache Antwort ist. Aber interessant ist es, daß man die christologische Grundlage des meritum-Begriffes so stark betont. Viele lutherische Polemik — auch die *Melanchthons* in der *Apologie* — übersieht diesen Ausgangspunkt und identifiziert — völlig zu Unrecht — alles Reden vom Verdienst mit Pelagianismus. Das für uns selbstverständliche Entweder—Oder zwischen Gnade und Verdienst läßt sich nicht auf katholische Theologie anwenden. Als Beispiel können wir *Thomas von Aquin* nehmen.

Für ihn steht es fest, daß der Glaube nicht eine natürliche Möglichkeit des Menschen ist. Daß der Mensch zum Glauben kommt, ist ganz und gar Gnade. Nichtsdestoweniger ist der Glaube ein verdienstvoller Akt. Thomas führt also den meritum-Begriff in die Auffassung von der Gnade selbst ein. Im Hintergrund steht der Gedanke, daß Gott nur mit dem Menschen zu tun haben kann, wenn dieser auf Gottes eigene Ebene gehoben wird. Die Liebe Gottes kann sich in letzter Instanz nur auf den richten, der ihrer würdig ist. Deshalb muß der Mensch Verdienst aufweisen können. Aber da Thomas wirklich am *sola gratia* festhalten will, weiß er, daß nur Gott selbst es dem Menschen möglich machen kann, die Seligkeit zu verdienen. Daß die Seligkeit verdient werden *muß*, ist für ihn eine unabweisbare Tatsache, eine Überzeugung, die auf der Auffassung von Gottes Gerechtigkeit als einer *iustitia distributiva* beruht, d.h. einer Gerechtigkeit, die jedem gibt, was ihm zukommt[2]. Er definiert verdienstvolle Werke so: verdienstvoll sind unsere Akte, sofern sie dem von Gott durch die Gnade bewegten freien Willen entspringen. Ein solcher Akt ist eben der Glaube.[3] Wie hieraus hervorgeht, trifft der größte Teil der reformatorischen Polemik einen solchen Verdienstgedanken nicht. Das bedeutet jedoch nicht, daß ihre Position sachlich gesehen mit einer Auffassung wie der thomistischen vereinbar wäre. Wieder liegt der Gegensatz im Grunde in der Christologie der Reformatoren. Die einzig mögliche Gerechtigkeit des Menschen ist die fremde Gerechtigkeit Christi. *Deshalb* ist alles Verdienst, selbsterworben oder unter dem Beistand der Gnade gewirkt, ausgeschlossen. In Wirklichkeit ist, wie im Zusammenhang mit Artikel 4 gezeigt worden ist, die Rechtfertigungslehre bei den Reformatoren in einem solchen Sinne als *total* aufgefaßt, wie sie die scholastische Theologie überhaupt nicht kennt. Es kann gerade nichts hinzugefügt werden, und deshalb ist alle Rede von Verdienst und dergleichen ein Zeichen dafür, daß man nicht an Christus glaubt, und damit eine Zurücksetzung Christi. Die Werke können nichts zum Glauben hinzufügen, auch wenn sie unweigerlich mit ihm verbunden sind.

---

[2] Siehe *A. Nygren: Eros und Agape II,* 1937, S. 430ff.

[3] *Summa Theologiae* II—II q. 2, a. 9 und q. 6.

Im Gegensatz zum Verständnis der Werke als verdienstvoll war in Artikel 6 gesagt worden, daß sie aufgrund des Willens Gottes getan werden sollen. Hier in Artikel 20 erfahren wir etwas mehr darüber, was mit den von Gott befohlenen Werken gemeint war. (1)—(3) weisen den Werken den nach der Auffassung der Reformatoren rechten Platz zu: im Beruf. Gerechtfertigt durch den Glauben ist der Christ befreit, Gott als Mitarbeiter bei der Schöpfung zu dienen. Das geschieht gerade nicht durch selbsterfundene Werke, sondern durch die befohlenen. Melanchthon weist auf die Auslegung der zehn Gebote hin. Man muß dabei in erster Linie an *Luther* denken, der, wenn er etwas über die Werke sagen sollte, gerne auf die zehn Gebote verwies[4], weil sie gerade auf den Nächsten hinweisen.

In der Schrift *Von der Freiheit eines Christenmenschen* spricht Luther davon, daß man seinem Nächsten ein Christus sein soll, d.h. daß der Christ im Dienst am Nächsten gerade nicht Gott dient, sondern vielmehr — indem er im Glauben mit Gott vereint ist — in Gottes eigenes Werk eingetreten ist[5]. Luther kann dies geradezu mit der Inkarnation vergleichen: Wie Christus, obwohl er als Gott alles besaß, doch Mensch wurde, so wird der Glaube, der alles hat, nämlich einen gnädigen Gott, in die Liebe zum Nächsten „inkarniert"[6]. Deshalb sind die Werke des Christen kraft des Glaubens göttliche Werke trotz der Sündigkeit des Menschen. Die Werke, die getan werden sollen, sind die Werke, die der Beruf des Menschen ihm vorlegt. Denn nur im Beruf, im Verhältnis zu Familie und Arbeit, steht der Mensch an einem Ort, wo der Mensch das Zentrum des Ethischen ist. Damit entfällt jeder Versuch, zwischen größeren und geringeren Werken zu unterscheiden, denn alles hängt davon ab, ob sie im Glauben geschehen.

Die Unterscheidung von Werken geschieht an einer anderen Stelle, nämlich zwischen den Werken des Glaubens und des Gesetzes. Werke des Gesetzes sind alle die Werke, durch die der Mensch sich in irgendeiner Weise Gott gegenüber geltend machen will. Daher in Artikel 20 die Ablehnung der „unnötigen" Werke, vor allem der satisfaktorischen Handlungen. Das ganze mittelalterliche Frömmigkeits- und Heiligkeitsideal wird hiermit verworfen. Das kommt stark in Artikel 27 von den Mönchsgelübden zum Ausdruck, wo gegenüber der Rede vom Klosterleben als dem „Stand der Vollkommenheit" hervorgehoben wird, daß christliche Vollkommenheit heißt, „Gott ernstlich fürchten und doch großen Glauben haben und um Christi willen darauf vertrauen, daß wir einen

[4] Vor allem *Von den guten Werken,* 1520 (Cl. 1, 227—298), und die *Katechismen.* Weitere Hinweise BK, S. 75, Anm. 2.

[5] Cl. 2, 24—27 (WA 7, 35—38).

[6] WA 40, 1, 417,15ff. und 427,11ff. (Großer Galaterbriefkommentar), vgl. Cl. 2, 27,18ff. (WA 7, 38).

gnädigen Gott haben, von Gott Hilfe erbitten und festsicher erwarten bei allen Aufgaben unseres Berufs, dabei im äußeren Leben fleißig gute Werke tun und dem Berufe dienen"[7]. Mit anderen Worten: es geht nicht um „besondere" Werke, sondern darum, sich im Glauben Gott nahe zu wissen in allen Verhältnissen des Alltags. Aber es ist ein Mißverständnis der lutherischen Berufsethik, wenn man das mittelalterliche Heiligkeitsideal in dem Sinne umkehrt, daß man nun den Beruf zu dem macht, was die satisfaktorischen Werke früher waren, indem man das Verhältnis zu Gott als mit dem Verhältnis zum Nächsten identisch versteht. Der Sinn des Berufsgedankens ist vielmehr, daß der Beruf der „Ort" ist, wo sich der Glaube inkarnieren soll, d.h. wo dem Nächsten gedient werden soll.

Gerade weil die Werke nichts zu suchen haben „im Himmel", wo der Glaube alleine herrscht, soll der Mensch nicht nach den größten und besten Werken suchen, sondern die tun, die vor der Hand liegen, und das heißt die, die sich natürlich anbieten im Verhältnis zwischen Eltern und Kindern, zwischen Obrigkeitspersonen und Untertanen, zwischen Über- und Untergeordneten. Aber das ganze wird mißverstanden, wenn man sich nicht klar macht, daß diese Werke nur christliche Berufswerke sind, *weil der Glaube bei Gott im Himmel ruht.* „Auß dem allenn folget der beschluß / das eyn Christen mensch lebt nit ynn yhm selb / sondern ynn Christo vn seynem nehstenn / ynn Christo durch den glauben / ym nehsten / durch die liebe / durch den glauben feret er uber sich yn gott / auß gott feret er widder unter sich durch die liebe / vnd bleybt doch ymmer ynn gott vn gottlicher liebe / Gleych wie Christus sagt Johan. 1. Ihr werdet noch sehen den hymell offen stehn / vn die Engell auff vnd absteygenn ubir den Sun des menschenn."[8]

In (4)—(11) berührt *Melanchthon* teils die Rechtfertigungslehre der Gegner, teils spricht er noch einmal von der Gerechtigkeit aus Glauben. Es muß als Ausdruck seines ganzen versöhnlichen Tons angesehen werden, daß er es für erträglicher erklärt, wenn die Gegner von Rechtfertigung durch Glaube *und* Werke reden, als wenn sie alleine auf die Werke setzen. Besonders klärend ist das in keiner Weise. Sinn gibt es nur, wenn es rein pädagogisch, sprich: psychologisch, verstanden wird in der Weise, daß doch immer noch Hoffnung besteht, daß die Bedeutung des Glaubens solchen noch aufgehen kann, die ihn immerhin noch betonen. Die Ausführungen über die Rechtfertigung aus Glauben bringen gegenüber Artikel 4 nichts Neues.

Nach ein paar „Väterzitaten" [(12)—(14)] zur Stützung dieser Rechtfertigungslehre geht Artikel 20 dazu über, die Sache von einer etwas anderen Seite zu sehen. (15)—(22) ist der Versuch, eine Art pragmatischen Wahrheitsbeweises für die Lehre von der Rechtfertigung aus

[7] CA 27, (49).

[8] Cl. 2, 27, 18 ff. *Von der Freiheit eines Christenmenschen.*

Glauben zu führen. Nur sie bringt den Gewissen Trost. Es ist unmöglich, auf alle die Probleme einzugehen, die sich in diesem Zusammenhang stellen. Es sei nur gesagt, daß man hier den Geist *Melanchthons* besonders deutlich spürt. Auch *Luther* konnte natürlich sehr eindringlich von dem geängstigten Gewissen reden. Der ganze Abschnitt seines Lebens, den man den Klosterkampf zu nennen pflegt, drehte sich ja um dieses Problem. In seiner Eigenschaft als Seelsorger und Prediger kehrte er immer wieder zu der Frage nach dem Trost der Angefochtenen durch den Glauben an die Vergebung der Sünden zurück. Aber er macht niemals derartige Erfahrungen zum Ausgangspunkt der Rechtfertigungs*lehre* oder auch nur zu einem Glied in ihr. Auch für ihn ist es eine persönliche Erfahrung, daß die Werke dem Gewissen keinen *Trost* bringen, aber entscheidend ist es, daß die *Wahrheit* den Werken — oder dem Gesetz — verbietet, im Gewissen Platz zu nehmen. Diesen Teil des Artikels 20 prägt aber ein psychologisierender Zug, der später noch stärker werden sollte in der Theologie Melanchthons. Man kann es vielleicht so ausdrücken: was für Luther bittere persönliche Erfahrung war und was für ihn den psychologischen *Hintergrund* darstellte, wird bei Melanchthon zum Gegenstand direkter theologischer Erörterung in der Rechtfertigungslehre selbst gemacht. Damit ist der Weg frei für die Lehre vom *ordo salutis,* die für die lutherische Orthodoxie charakteristisch werden sollte. Wie die dogmatischen Kämpfe in der Zeit nach dem Tode Luthers zeigen sollten, führte das eine Änderung in der Perspektive für die Rechtfertigungslehre mit sich und führte damit vom Anliegen Luthers fort. Das Interesse konzentrierte sich auf den „Menschen im Heilsprozeß", wodurch die egozentrische Haltung augenfällig wurde, während bei Luther alles um die Richtung hin zu Gott und zum Nächsten ging[9].

(23)—(26) wird der Begriff *Glaube* selbst behandelt. Bei Artikel 4 wurde die hier angewandte Unterscheidung zwischen dem Glauben an die *„Historie"* allein und dem Glauben an die „Wirkung der Historie", nämlich die Vergebung der Sünden, behandelt. Zur näheren Erklärung des Glaubensbegriffes führt Melanchthon eine Stelle aus einer pseudoaugustinischen Schrift über die Begriffe *notitia* und *fiducia* an[10]. Im Zusammenhang von Artikel 20 besteht kein Zweifel an ihrem Sinn. *Notitia* steht hier für einen reinen und bloßen Sinn, eine Glaubensanschauung von derselben Art wie die scholastische *fides informis*. Im Gegensatz hierzu soll *fiducia* den Glauben im lutherischen Sinn bezeichnen.

Der Rest des Artikels zerfällt in zwei Abschnitte. Der erste, (27)—(34), will die Notwendigkeit des Glaubens in bezug auf die guten Werke unterstreichen. Der Heilige Geist, der im Glauben empfangen wird,

[9] Diese ganze Entwicklung wird hervorragend geschildert von *Ragnar Bring: Das Verhältnis von Glauben und Werken in der lutherischen Theologie,* München 1955.

[10] Sie kann auch von Augustin stammen. Siehe den Hinweis BK, S. 80, Anm. 1.

schafft den Menschen neu und gibt ihm ethische Kräfte. Das Hauptgewicht liegt auf dem Gegensatz zwischen dem durch den Geist erneuerten Menschen und dem Menschen, der in seiner Torheit „sich nur mit menschlichen Kräften leitet". Insofern bringt der Abschnitt etwas Zentrales in dem reformatorischen Verständnis des „neuen Gehorsams" zum Ausdruck. Jedoch geben einzelne Züge in der Darstellung zu Überlegungen Anlaß. Die Art und Weise, wie der Glaubensgehorsam als faktische Moralität dem Unglauben als Amoralität gegenübergestellt wird, scheint schlecht mit Artikel 18 übereinzustimmen, wo es doch heißt, daß der freie Wille eine gewisse Macht hat, eine bürgerliche Gerechtigkeit zu üben. Hier wird „den Philosophen" jede Möglichkeit aberkannt, *„honeste"* zu leben, indem der Glaube zur Voraussetzung eines moralischen Lebens gemacht wird.

Der Abschnitt hier ist eine moralische Umdeutung der lutherischen Lehre von Glauben und Werken. Schon hier spürt man die psychologisierende Änderung der Rechtfertigungslehre, die schon erwähnt wurde. Wenn die guten Werke mit den neuen „Affekten" erklärt werden, die durch den Glauben in den Herzen entstehen, so handelt es sich darum, daß der Glaube als das psychologisch gesehen Innere verstanden wird, das eine „Fortsetzung" im Äußeren in der Form von Werken verlangt. Das moralistische Verständnis der Werke bringt es leicht mit sich, daß das Ethische faktisch mit einer „bürgerlichen" Gerechtigkeit identisch wird. Damit hat man sich weit entfernt von der Unterscheidung Luthers zwischen den Werken des Glaubens und des Gesetzes, die sich nicht durch offenbare Kennzeichen voneinander unterscheiden lassen; der Glaube ist nun nicht mehr das „Gute" selbst in den guten Werken, sondern die Ursache des den Werken „innewohnenden" Guten. Das ist eine Veränderung der Perspektiven.

Der letzte Abschnitt des Artikels, (35)—(40), stellt wieder die Auffassung von den guten Werken in einen Zusammenhang mit dem Glauben als der Erfüllung des Gesetzes. Ohne den Glauben sucht der Mensch nur sein Eigenes. Trotz der Anmerkungen, die man sowohl von Luthers Verständnis dieser Dinge aus als auch von der CA im übrigen aus zu gewissen Formulierungen machen mag, gibt Artikel 20 doch eine klare Darstellung der Rechtfertigung aus Glauben sowie des Ursprungs und der Art der guten Werke.

21. Die Heiligenverehrung

Über die Heiligenverehrung lehren sie: Das Gedächtnis an die Heiligen kann gepflegt werden[1], auf daß wir ihren Glauben nachahmen und ihre guten Werke in ihrem Berufe[2]. So kann der Kaiser[3] das Beispiel Davids nachahmen im Kriege zur Abhaltung der Türken vom Vaterlande, denn der eine wie der andere ist ein König[4]. Aber die Heilige Schrift lehrt nicht, die Heiligen anrufen oder Hilfe von den Heiligen erflehen, denn sie stellt uns Christus allein als Mittler, Versöhner, Hohenpriester und Fürbitter vor Augen[5]. Ihn muß man anrufen, und er hat versprochen, unsere Gebete zu erhören, und diese Verehrung empfiehlt er höchlichst, er will angerufen werden in allen Betrübnissen. 1. Johannes 2 (1): „Wenn einer sündigt, so haben wir einen Fürsprecher bei Gott" usw.

---

[1] Proponere bedeutet besonders: öffentlich darlegen.

[2] DT: „daß man der Heiligen gedenken soll, auf daß wir unsern Glauben stärken, so wir sehen, wie ihnen Gnad widerfahren, auch wie ihnen durch Glauben geholfen ist".

[3] DT fügt hinzu: „seliglich und gottlich".

[4] DT fügt hinzu: „(in koniglichem Amt), welches Schutz und Schirm ihrer Untertanen fordert".

[5] DT zitiert hier 1. Tim. 2,5 und Röm. 8,34.

Das Gedächtnis an die Heiligen kann gepflegt werden: der Heiligen kann gedacht werden im Gottesdienst, wohl besonders in der Predigt. *Kann, potest,* zeigt, daß dies kein zentrales Anliegen ist. Hier ist der deutsche Text deutlicher. Die Intention ist pädagogischer Art: die Heiligen sollen als Beispiele in Glauben und Werken dienen. *In ihrem Berufe:* Hiermit wird das Mißverständnis abgewehrt, daß die Heiligen Vorbilder für einen eingebildeten, überweltlichen *status perfectionis* seien, vgl. Artikel 6; sie sind vielmehr Beispiele zur Aufmunterung in der Berufsarbeit. Die Erwähnung des Türkenkrieges liegt nahe, da dies gleichzeitig einen anderen Zweck erfüllen kann: die Treue der Bekenner gegen den Kaiser und das Vaterland zu bezeugen. In diesem Zusammenhang sei an *Luthers* verschiedene Schriften über die Türken erinnert.

Danach kommt der Artikel zu dem Entscheidenden: Alle Anrufung der Heiligen und jegliches Gebet zu ihnen wird als gegen die Schrift streitend abgelehnt. Allein Christus soll angerufen werden. Die Ausdrücke, die für Christus gebraucht werden, erinnern an 1. Tim. 2,5 und Röm. 8,34, die der deutsche Text zitiert bzw. referiert.

Kommentar

Das Auffälligste an diesem Artikel ist seine Einordnung. Von vornherein sollte man erwarten, daß von Heiligenverehrung erst unter den „Mißbräuchen" die Rede wäre, also im zweiten Teil der CA, aber trotzdem haben die Bekenner die Frage zu den Lehrartikeln gezählt. Wie der Artikel zeigt, hat die CA auch eine Lehre über die Heiligen. Ihr Gedächtnis soll gepflegt werden, damit sie uns in Glauben und Werken als

Beispiel dienen. Diese Nachahmung der Heiligen wird ganz in Übereinstimmung gesehen mit der früher dargestellten Auffassung vom Leben in der Welt: „in ihrem Berufe" *(iuxta vocationem)*. Mehr hat die CA von der rechten „Verehrung" der Heiligen nicht zu sagen. Ihre Anrufung wird abgelehnt mit dem Hinweis darauf, daß die Schrift uns darüber nichts lehrt, sondern uns auf Christus allein hinweist. Es ist nicht verwunderlich, daß dieser Artikel in der *Confutatio* heftig angegriffen wird. Der Artikel wird völlig verworfen, weil er der Lehre der gesamten Kirche und aller heiligen Väter widerspreche. Dann wird eine lange Reihe von Schriftstellen angeführt, die die Anrufung der Heiligen bezeugen sollen, und die Fürsten und Städte werden aufgefordert, dafür zu sorgen, daß die Gemeinden bei ihnen wieder die Auffassung der Kirche annehmen.

In der *Apologie* verspottet *Melanchthon* den Schriftgebrauch der Confutatoren und versucht im übrigen eingehender darzustellen, wie man die Heiligen ehren soll. Außer der Nachahmung ihres Glaubens und ihrer Werke wird besonders die Betrachtung dessen hervorgehoben, wie sich die Gnade Gottes in ihrer Schwachheit stark erwiesen hat zur Stärkung des Glaubens. Dieser letzte Zug wird in Gegensatz gestellt zu der Lehre, die Verdienste der Heiligen seien zu unserer Rechtfertigung wirksam; denn dies ist eine Verhöhnung Christi, unseres einzigen Mittlers. Auf diese Weise ist die Auffassung von den Heiligen völlig verändert, so daß sie mit der Rechtfertigungslehre übereinstimmt: die Nachahmung der Heiligen ist nicht mehr der Weg zur Vollkommenheit in der Form eines höheren Lebens, fern von den irdischen Tätigkeiten, sondern ein Mittel, seinen Platz im irdischen Dasein, im Beruf, zu finden. Das Leben der Heiligen ist uns nicht mehr nützlich kraft ihrer erworbenen Verdienste, sondern als ein Zeugnis von der Barmherzigkeit Gottes an schwachen Menschen. So wird die Betrachtung der Heiligen zur Verkündigung des Evangeliums.

In den *Schmalkaldischen Artikeln* nimmt Luther zu der Frage Stellung. Die Anrufung der Heiligen lehnt er als Abgötterei ab. Es ist zwar möglich, daß die Heiligen im Himmel für uns beten, wie auch die Engel und die Heiligen auf der Erde, aber daraus folgt nicht, daß wir zu ihnen beten sollen. Wenn die Abgötterei beseitigt wird, darf man die Heiligen gern auf andere Weise ehren, aber dann wird man sie schnell vergessen, denn wenn sie nicht mehr nützlich sind, wird sie niemand aus Liebe achten und ehren.[1] Jedoch bringen Luthers Worte keineswegs das zum Ausdruck, was er selbst wünschte. Als Beispiel dafür, wie er diese Dinge behandelte, kann seine Auslegung des Lobgesangs der Maria, des *Magnificats* (1521), gelten. In seiner Auslegung wird der Lobgesang zu

[1] III, zweiter Teil: De invocatione sanctorum. BK, S. 424f.

einer Verkündigung des Evangeliums, nicht Marias. Der Grundgedanke wird sogleich festgehalten. Es gibt zwei Arten von Menschen, die nicht recht das Magnificat singen können, sagt Luther. Die ersten sind die, die Gott nur lieben, wenn es ihnen gut geht, aber die nicht Leiden und Unglück ertragen wollen. Die zweiten sind noch gefährlicher. Es sind die, die preisen, was sie selbst geworden sind durch die Güte Gottes, so daß sie sich für mehr halten als andere Menschen. So ist Maria nicht. Sie genießt nicht die Ehre, die Gott ihr hat zuteil werden lassen, sondern sie bewahrt ihren Geist rein[2]. Auf diese Weise wird der Lobgesang zu einer Verkündigung der Güte Gottes an geringen und armen Menschen. Die Gnade Gottes an Maria, der unwürdigen, sollen wir preisen, heißt es; daß man sie selbst preist, hört sie nicht gern, denn damit verringert man die Gnade Gottes. Will man sie ehren, so soll man ihre Niedrigkeit betrachten und sich dann über Gottes grenzenlose Gnade an ihr wundern. Darauf soll man Gott preisen, der so handelt an elenden, armen Menschen, und daraus lernen, auch selbst auf Gott zu vertrauen, wenn man erniedrigt und verachtet wird. Wenn man Maria zu einem erhöhten Wesen macht, so zerstört man den Trost, den Marias Worte bringen können[3]. Dieses Thema wird in der Auslegung ständig variiert. Es kann also keine Rede davon sein, daß Luther keinen Sinn dafür hätte, Maria und die Heiligen zu ehren, aber er hält daran fest, daß sie nur recht geehrt werden, indem man nach ihrem Beispiel Gott dafür preist, was er an ihnen getan hat. Mit anderen Worten, die Heiligen sollen so geehrt werden, daß das Gedächtnis an sie nicht zu ihrer Erhöhung dient oder gar zu ihrer Anrufung, sondern als Hinweis auf Christus, in welchem sie allein ihr Leben haben[4].

[2] Cl. 2, 143,10ff. (WA 7, 554f.).

[3] Cl. 2, 156,3ff. (WA 7, 568f.).

[4] Vgl. auch Luthers *Sendbrief vom Dolmetschen und Anrufung der Heiligen,* 1530. Cl. 4, 190,32ff. (WA 30, 2,643ff.).

Schluß des Ersten Teils

Das ist ungefähr die Summe der Lehre auf unserer Seite. Es zeigt sich, daß nichts darin vorhanden ist, was abweicht von der Heiligen Schrift und von der allgemeinen und von der römischen Kirche, wie wir sie aus den Kirchenschriftstellern kennen. Infolgedessen ist das Urteil derer ungerecht, welche die Unsrigen für Ketzer gehalten wissen wollen. Der ganze Meinungsunterschied betrifft einige wenige bestimmte Mißbräuche, welche sich ohne sichere Autorität in die Gemeinden eingeschlichen haben. Allein, mag sich gleich in diesen Dingen einige Verschiedenheit zeigen, so müßten die Bischöfe doch so viel Milde haben, daß sie wegen des Bekenntnisses, das wir soeben vortrugen, die Unsrigen duldeten; sind ja nicht einmal die Kirchengesetze so hart, daß sie die durchgängige Gleichheit der Gebräuche verlangten. Und nie waren aller Kirchen Gebräuche wirklich gleich, obwohl doch bei uns zum großen Teil die alten Gebräuche gewissenhaft eingehalten werden. Denn es ist falsch und eine Verleumdung, daß alle Zeremonien, alle alten Sitten in unseren Gemeinden abgeschafft würden. Jedoch war öffentliche Klage, daß gewisse Mißbräuche den populären Riten anhafteten. Sie konnten nicht mit gutem Gewissen gebilligt werden, und darum sind sie in gewissem Maße verbessert worden[1].

[1] Der Schluß ist im DT etwas ausführlicher.

Der Abschluß des ersten Teils des Bekenntnisses stellt zunächst fest, daß nichts in der Lehre der Bekenner gegen die Lehre der katholischen oder römischen Kirche streitet, *wie wir sie aus den Kirchenschriftstellern kennen. Scriptores* meint gewöhnlich die Kirchenväter. *H. Bornkamm* erklärt den Ausdruck so: „Alte Kirche bis etwa zur Frühscholastik" (BK, S. 83, Anm. 1). Das ist sicher richtig. Von dieser Überzeugung aus werden die Vorwürfe wegen Ketzerei zurückgewiesen. Das Ganze geht um einige *Mißbräuche,* die später hinzugekommen sind, *ohne sichere Autorität,* d.h. ohne Rückhalt in der Schrift und der alten Kirche. Vertrauensvoll wird gesagt, daß die Bischöfe Milde zeigen sollten *wegen des Bekenntnisses.* Die CA sollte also hinreichend zeigen, daß das Schisma grundlos sei. Die nähere Bestimmung: *das wir soeben vortrugen,* ist eine nützliche Erinnerung daran, in wie hohem Maße die CA durch die historische Situation bedingt ist. Da es sich um Unterschiede in Bräuchen handelt, werden folgende Argumente für bischöfliche Milde vorgebracht: 1. Nicht einmal die Kirchengesetze verlangen völlige Einheitlichkeit. 2. Die Geschichte zeigt, daß eine solche niemals existiert hat. 3. Zu einem großen Teil sind die alten Bräuche bewahrt worden. 4. Deshalb ist es falsch, daß die Reformation ihre absolute Abschaffung mit sich bringe. 5. Die Klage über Mißbräuche ist allgemein gewesen, und deren Entfernung war aus Gewissensgründen notwendig.

Kommentar

Die Tendenz dieser *Schlußbemerkungen* über den ersten Teil des Bekenntnisses entspricht ganz der Vorrede und der Form der Artikel. Die Bekenner lehnen jegliche Verantwortung für die Kirchenspaltung ab und schreiben sie den Bischöfen zu. Wenn es heißt, die CA weiche nicht von der römischen Kirche ab, muß man auch die Hinzufügung bedenken: „wie wir sie aus den Kirchenschriftstellern kennen". Der ganze Streit geht um „einige wenige bestimmte Mißbräuche". Man wird jedoch sagen müssen, daß der zweite Teil der CA zeigt, daß es nun so wenige doch nicht sind! Mit dem Hinweis auf die Väter wird von der Scholastik abgesehen. Die historische Betrachtung des Streites, der in der CA ausgetragen wird, nimmt sich dann so aus: Vor allem wird gegen eine Reihe von Mißbräuchen neueren Datums in der Kirche protestiert, „welche sich ohne sichere Autorität in die Gemeinden eingeschlichen haben". Theologisch gesehen fühlt man sich im Bunde mit der Heiligen Schrift *und* der Tradition der Kirche, aber im Widerspruch zum Denken der letzten Jahrhunderte. Die CA will also als eine Verteidigung des Glaubens der Kirche gegen die scholastischen „Modernismen" verstanden werden. Natürlich kann dies und jenes gegen eine solche Betrachtung eingewandt werden, wenn sie in einer so handfesten Form auftritt, wie es hier geschieht. Aber auf der anderen Seite ist es klar, daß man gerade von einer historischen Betrachtung aus das Anliegen der Reformation nur wird geltend machen können, wenn das in der Überzeugung geschehen kann, daß dieses Anliegen das Anliegen der Kirche ist, die damals 15 Jahrhunderte hindurch ihr Leben gelebt hatte. Wäre die Reformation nicht in der Hauptsache der Protest der Kirche und damit auch des Evangeliums gegen die Irrtümer und den Machtmißbrauch des Papsttums, dann wäre sie lediglich ein unglückliches Versehen. Zu dieser Frage soll hier nicht Stellung genommen werden, aber es sei doch darauf hingewiesen: Wie viele Modifikationen man auch für notwendig halten mag, so ist doch der Grundgedanke der CA der einzig haltbare für jede Wiederholung des Bekenntnisses der Reformatoren. Überall, wo man sich auf diese Bedingungen einläßt, darf man also sein Anliegen nicht zu Konfessionalismus reduzieren lassen.

ARTIKEL, IN DENEN DIE ABGESCHAFFTEN MISSBRÄUCHE BEHANDELT WERDEN

Da die Gemeinden auf unserer Seite in keinem Glaubenssatz von der allgemeinen Kirche abweichen, nur einige wenige Mißbräuche beseitigen, welche neu und gegen die Absicht der Kirchengesetze im Laufe der Zeiten zu Unrecht eingeführt wurden[1], so bitten wir, Kaiserliche Majestät wolle gnädig anhören, sowohl was geändert worden, als auch warum es geändert wurde, damit nicht das Volk gezwungen sei, jene Mißbräuche unter dem Widerspruch des Gewissens einzuhalten. Und mögen Kaiserliche Majestät denjenigen nicht Glauben schenken, die, um den Haß der Leute gegen die Unsrigen zu schüren, erstaunliche Verleumdungen unter dem Volke ausstreuen. Auf solche Weise schufen sie gleich im Anfange Erbitterung bei wohlgesinnten Männern und verschuldeten damit diesen Streit; mit den gleichen Machenschaften versuchen sie jetzt, die Zwietracht zu steigern. Denn Kaiserliche Majestät wird sich ohne Zweifel davon überzeugen, daß die Form der Lehre und der Gebräuche bei uns erträglicher ist, als schlechte und übelwollende Menschen es darstellen. Im übrigen läßt sich ja die Wahrheit aus dem Massengeschrei oder feindseligen Nachreden gar nicht ersehen. Aber leicht läßt sich verstehen, daß nichts zur Bewahrung der Würde der Zeremonien und zur Erhaltung der Ehrfurcht und Frömmigkeit im Volke mehr beiträgt, als wenn die Zeremonien in den Gemeinden in der rechten Weise gehalten werden.

---

[1] DT: „(Mißbräuche) welche zum Teil mit der Zeit selbs eingerissen, zum Teil mit Gewalt aufgericht". Der DT ist kürzer, erwähnt nicht Beschuldigungen, Gerüchte u.s.w. und erklärt die notwendigen Änderungen damit, daß „Gottes Gebot" sie fordere.

Dieser Abschnitt nimmt das Thema vom Schluß des ersten Teils wieder auf. Die Mißbräuche sind *novi,* d.h. ohne Grund in der Schrift und in der alten Kirche. Noch einmal lehnen die Bekenner die Verantwortung für die Kirchenspaltung ab: Es sind die Gegner, die den Anlaß zur Spaltung geliefert haben.

22. Die beiden Gestalten des Abendmahls

Den Laien werden (bei uns) die beiden Gestalten des Sakraments im Mahl des Herrn gereicht; diese Sitte beruht ja auf dem Befehle des Herrn: „Trinket alle daraus" (Matthäus 26, 27). Da hat Christus offenkundig vom Kelche bestimmt, daß alle ihn trinken sollen.

Und damit niemand schwindeln könne, das gehe bloß auf die Priester, so führt Paulus an die Korinther (1. Kor. 11, 26) ein Beispiel an, aus welchem klar hervorgeht, daß die ganze Gemeinde beide Gestalten bekam. Lange erhielt sich denn auch in der Kirche diese Sitte, und es läßt sich nicht feststellen, wann oder durch wen sie abgeändert wurde, wenn auch der Kardinal von Kues angibt, wann es gebilligt worden sei. Cyprian bezeugt an einigen Stellen, daß dem Volk das Blut gereicht wurde. Hieronymus ebenfalls mit den Worten: „Die Priester feiern die Eucharistie und teilen das Blut Christi dem Volke aus." Ja, Papst Gelasius schärft ein, daß das Sakrament nicht geteilt werden soll, nämlich in der Distinctio II über die Konsekration im Kapitel (welches beginnt:) Comperimus. Nur die herrschende Gewohnheit, die nicht so sehr alt ist, hält es anders. Es steht jedoch fest, daß eine Gewohnheit, die gegen Gebote Gottes eingeführt wurde, nicht gebilligt werden darf, wie auch die Kirchengesetze es besagen: Distinctio VIII im Kapitel Veritate und den folgenden. Diese Gewohnheit ist nicht bloß im Gegensatz zur Heiligen Schrift, sondern auch im Gegensatz zu den alten Kirchengesetzen und im Gegensatz zur Praxis der Kirche in Übung gekommen. Darum hätte man niemanden, der das Sakrament unter beiden Gestalten empfangen wollte, zwingen dürfen, es anders zu machen, gegen sein Gewissen. Und weil die Teilung des Sakraments nicht übereinstimmt mit der Einsetzung Christi, so ist es bei uns Sitte, die bisher übliche Prozession zu unterlassen.

Der deutsche Text enthält keine wesentlichen Abweichungen. Melanchthon kann hier seine kirchengeschichtlichen und kirchenrechtlichen Kenntnisse zur Anwendung bringen. Nach den naheliegenden Hinweisen auf den *Befehl des Herrn* und die Verhältnisse in der Gemeinde von Korinth wird festgestellt, daß sich die Austeilung unter beiderlei Gestalt *lange* in der Kirche erhalten habe, genauer gesagt, bis zum 13. Jahrhundert (vgl. BK S. 85, Anm. 2). Nach *Nicolaus Cusanus* soll der „neue Brauch" auf das *Laterankonzil* von 1215 zurückgehen, vgl. BK S. 86, Anm. 1. Jedoch ist die Austeilung an Laien allein *sub specie panis* erst als Kirchenlehre festgestellt worden aus Anlaß der Verurteilung von Johann Hus auf dem *Konstanzer Konzil,* Sessio XIII: *Definitio de communione sub una specie* (Denzinger 1198). Zu Cyprian siehe BK S. 85, Anm. 3. *Hieronymus:*

Sacerdotes quoque qui Eucharistiae serviunt et Sanguinem Domini populis suis dividunt, zit. nach *Kolde:* Die Augsburgische Konfession, S. 59. Die *canones,* die danach zitiert werden, stammen aus dem *Decretum Gratiani,* siehe BK. Die letzte Bemerkung über das Aufhören der Prozessionen ist nach der ersten Redaktion hinzugefügt worden, siehe BK S. 86, Anm. 2.

Die *Confutatio* verwirft den Artikel natürlich vollständig. Sie versucht zu beweisen, daß die Kommunion *sub una specie* schon zur Zeit der Apostel angewandt worden ist! Man kann natürlich nicht leugnen, daß die Austeilung *sub utraque* stattgefunden hat, aber unter dem Hinweis auf das Konstanzer Konzil wird nun behauptet, es sei Ketzerei, wenn man die Austeilung des Kelches an Laien für notwendig halte.

23. Die Priesterehe

Öffentliche Klage wurde geführt über das schlechte Beispiel, das unenthaltsame Geistliche gaben. Darum, so berichtet man, habe auch Papst Pius (II.) den Ausspruch getan, gewiß seien einige Gründe vorhanden gewesen, den Geistlichen die Ehe zu entziehen, aber viel schwerere Gründe seien vorhanden, sie ihnen wiederzugeben. So schreibt wenigstens Platina. Nun, die Geistlichen auf unserer Seite wollten jene öffentlichen Ärgernisse vermeiden, darum heirateten sie und stellten die Lehre auf, es sei ihnen erlaubt, zu heiraten: 1. weil Paulus sagt (1. Kor. 7,2): „Jeder habe sein Weib wegen der Gefahr der Unzucht." Ebenso: „Es ist besser zu heiraten, als von Begierde verzehrt zu werden" (1. Kor. 7,2.9). 2. sagt Christus: „Nicht alle fassen dieses Wort" (Matth. 19,12). Damit will er sagen, nicht alle Menschen seien zum Zölibat geeignet, weil Gott den Menschen schuf zur Vermehrung des Menschengeschlechtes, Genesis 1 (28). Auch liegt es ja nicht in des Menschen Gewalt, ohne eine besondere Gabe, ohne ein besonderes Wirken Gottes, die Schöpfung zu ändern. Darum müssen jene, die nicht zum Zölibat geschaffen sind, eine Ehe eingehen. Kein menschliches Gesetz, kein Mönchsgelübde kann die Macht haben, ein Gebot Gottes, eine Ordnung Gottes aufzuheben. Aus diesen Gründen lehren unsere Priester, es sei ihnen erlaubt, zu heiraten.

Tatsache ist, daß auch in der alten Kirche die Priester verheiratet waren. Denn auch Paulus sagt, zum Bischof soll einer gewählt werden, der verheiratet ist (1. Tim. 3,2). Und in Deutschland wurden die Priester zum erstenmal vor 400 Jahren mit Gewalt zum Zölibat genötigt. Sie ließen sich das aber so wenig gefallen, daß der Erzbischof von Mainz, der die Absicht kundtat, das Edikt des römischen Papstes in dieser Sache zu veröffentlichen, von den wütenden Priestern beinahe in einem Aufruhr umgebracht worden wäre. Und die Sache wurde so inhuman durchgeführt, daß nicht bloß Ehen für die Zukunft untersagt wurden, sondern schon bestehende gegen jedes göttliche und menschliche Recht, gegen die Kirchengesetze selbst, die nicht bloß von den Päpsten, sondern von den berühmtesten Konzilien gegeben worden waren, aufgelöst wurden.

Und weil nun in diesem Greisenalter der Welt die menschliche Natur schwächer und schwächer wird, so gilt es, Vorsorge zu treffen, daß sich nicht noch mehr Laster in Deutschland einschleichen.

Ferner: Gott hat die Ehe eingesetzt, daß sie ein Heilmittel sei für die menschliche Schwäche. Die Kirchengesetze selbst verlangen, daß alte Strenge manchmal in späteren Zeiten wegen der Schwäche der Menschen nachgelassen werden möge; es ist zu wünschen, daß solches in diesem Falle geschehe. Auch scheint es, die Gemeinden werden bald keine Hirten mehr haben, wenn die Ehe noch länger verboten wird.

Da also das Gebot Gottes vorliegt, da die alte Sitte der Kirche bekannt ist, da ein unrein gehaltener Zölibat eine Menge Ärgernisse bringt, Ehebrüche und andere Vergehen, wert der Ahndung durch eine gute Obrigkeit, so ist es unbegreiflich, daß dennoch in keiner Angelegenheit mit solcher Strenge vorgegangen wird wie gegen die Verheiratung der Priester. Gott hat geboten, die Ehe zu ehren. Die Gesetzgebung aller wohlgeordneten Staaten, auch bei den Heiden, ehrte die Ehe aufs höchste. Hingegen jetzt werden Menschen mit Kapitalstrafen gequält, und noch dazu Priester, gegen die Absicht der Kirchengesetze, aus keinem anderen Grund, als dem, daß sie geheiratet haben. Paulus nennt es „Lehre der Dämonen“, wenn man die Ehe verbietet, 1. Timotheus 4 (1ff.). Das versteht man wirklich leicht heutzutage, wo das Verbot der Ehe mit solch schweren Strafen aufrecht erhalten wird.

Wie aber kein menschliches Gesetz fähig ist, ein Gebot Gottes umzustoßen, so kann auch kein Gelübde das Gebot Gottes aufheben. So rät denn auch Cyprian, diejenigen Frauen sollten heiraten, welche die gelobte Keuschheit nicht mehr halten können. Seine Worte stehen im ersten Buch seiner Briefe, nämlich im 11. Brief: „Wenn sie aber nicht ausharren wollen oder nicht ausharren können, dann ist es besser, sie heiraten, als daß sie mit ihren Lüsten ins Feuer fallen; auf keinen Fall dürfen sie ihren Brüdern und Schwestern ein Ärgernis geben.“

Ja geradezu mit Nachsicht behandeln die Kirchengesetze diejenigen, die vor dem rechtmäßigen Alter ein Klostergelübde getan haben, was bisher meistenteils der Fall gewesen ist.

Der deutsche Text ist an einigen Stellen etwas ausführlicher, stimmt aber sachlich vollkommen überein.

Die Argumente, die der Artikel für die Priesterehe anführt, lassen sich in Wirklichkeit auf zwei reduzieren: 1. Die Ehe ist Ordnung Gottes, die zu ändern die Menschen kein Recht haben. 2. Die Erfahrung zeigt, wie viel Not die Zölibatsforderung mit sich gebracht hat.

Pius Papa: Pius II (Enea Silvio Piccolomini), siehe BK S. 87, Anm. 2. Nach den Schriftbeweisen und dem allgemeinen Hinweis auf die Schöpfungsordnung Gottes werden historische Argumente angeführt. Auf die Episode mit *Siegfried von Mainz* auf den Synoden in Erfurt und Mainz 1075, wo die von Gregor VII eingeschärfte Zölibatsforderung durchgeführt werden sollte, weist auch *Luther* hin in seiner Schrift: *Vermahnung an die Geistlichen, versammelt auf dem Reichstag zu Augsburg,* Cl 4, 128 (WA 30, 2, 324). Abgesehen von dem eigenartigen Hinweis auf die Edlen der Welt wiederholt der Rest des Artikels nur die bereits angeführten Argumente in neuen Variationen.

Es ist klar, daß die *Confutatio* in dieser Sache sehr heftig reagiert. Außer mit dem Hinweis auf die Tradition wird der Zölibatszwang vor allem mit der Begründung gerechtfertigt, daß der Opferdienst Keuschheit erfordere. Dieser Gesichtspunkt ist oft hervorgehoben worden, aber es muß erwähnt werden, daß das *Tridentinum* das Zölibat im Dekret über die Ordination nicht ausdrücklich erwähnt. Dagegen wird bestritten, daß der, der ein Keuschheitsgelübde abgelegt hat, eine Ehe eingehen kann mit der Begründung, er habe nicht die Gabe der Keuschheit (Sessio XXIV canones de sacramento ordinis, can. 9, Denzinger 1809). Weiter wird als etwas Bekanntes festgestellt, daß es *melius et beatius* sei, im Zölibat zu bleiben, als sich zu verheiraten (ibid. can. 10, Denzinger 1810).

24. Die Messe

(1) Der Vorwurf, unsere Gemeinden hätten die Messe abgeschafft, ist falsch. Denn wir behalten die Messe, sie wird bei uns mit größter Ehrfurcht gefeiert. (2) Auch die hergebrachten Zeremonien werden fast alle eingehalten. Nur sind die lateinischen Gesänge an dieser und jener Stelle gemischt mit deutschen, die hinzugefügt sind, um das Volk zu unterrichten. (3) Denn dazu vor allem sind Zeremonien nötig, daß durch sie die Uneingeweihten belehrt werden. (4) Und Paulus hat geboten, man solle in der Versammlung die dem Volke verständliche Sprache gebrauchen (1. Kor. 14, 2ff.). (5) Das Kirchenvolk hat sich daran gewöhnt, zusammen zum Sakrament zu gehen, sooft Vorbereitete da sind. Auch das dient zur Mehrung der Ehrfurcht und Andacht gegenüber den öffentlichen Gottesdiensten, (6) denn niemand wird (zum Sakrament) zugelassen, wenn er nicht vorher ernstlich geprüft ist. (7) Die Leute werden auch hingewiesen auf die Würde und den (rechten) Empfang des Sakramentes und welch reichen Trost es erschreckten Gewissen bringe; sie

sollen lernen, Gott zu vertrauen und alles Gute von Gott zu erwarten und zu erbitten. (8) Dieser Gottesdienst ist angenehm vor Gott, ein solcher Sakramentsempfang erhöht die Hingabe an Gott. (9) Daher liegt es am Tage, daß bei unseren Gegnern nicht mit mehr Hingabe die Messe gehalten wird als bei uns.

(10) Es ist bekannt, daß auch darüber öffentlich und lange Zeit von allen Wohlgesinnten allerschwerste Klage geführt wurde: die Messen würden schmählich mißbraucht, sie seien Mittel geworden zum Gelderwerb. (11) Es ist ja kein Geheimnis, welch einen Umfang dieser Mißbrauch in allen Tempeln angenommen hat, daß man Messen hält, bloß um der Bezahlung oder des Stipendiums willen, wie viele also gegen das Verbot der Kirchengesetze Messe halten. (12) Aber Paulus bedroht diejenigen mit schweren Worten, welche die Eucharistie unwürdig halten, wenn er sagt: „Wer dies Brot unwürdig ißt oder unwürdig den Kelch des Herrn trinkt, der ist schuldig an dem Leib und Blut des Herrn" (1. Kor. 11,27). (13) Darum wurden bei uns die Priester vor solcher Sünde gewarnt, und so hörten bei uns die Privatmessen auf, denn gerade sie wurden beinahe alle um des Geldes willen gelesen.

(14) Und doch wußten die Bischöfe gar wohl um diese Mißbräuche; hätten sie dieselben zur rechten Zeit abgeschafft, dann gäbe es jetzt viel weniger Streit. (15) Früher wollten sie nichts merken; und so sind sie schuld, daß viele Sünden in die Kirche einbrachen. (16) Jetzt, da es zu spät ist, fangen sie an zu jammern über die gefährliche Lage der Kirche; aber der gegenwärtige Unruhezustand hat seinen Ursprung nirgendwo anders als in den Mißbräuchen, die so offenkundig waren, daß sie nicht mehr ertragen werden konnten. (17) Schwere Streitigkeiten über die Messe und über das Sakrament haben sich erhoben. (18) So muß wohl die ganze Welt dafür büßen, daß die Messe so lange entheiligt wurde und daß diejenigen solchen Mißbrauch jahrhundertelang in der Kirche geschehen ließen, die ihn hätten abtun können und müssen. (19) Denn in den zehn Geboten (2. Mose 20,7) steht geschrieben: „Wer Gottes Namen mißbraucht, wird nicht ungestraft bleiben." (20) Nun ist aber von Anfang der Welt an niemals eine Gottessache so zum Gelderwerb mißbraucht worden wie die Messe.

(21) Hierzu kam ein Irrwahn, der vermehrte die Privatmessen in das Unendliche. Nämlich: Christus habe durch sein Leiden zwar Genugtuung geleistet für die Erbsünde, aber die Messe eingesetzt als Opfer für die täglichen Tatsünden, die schweren und die leichten. (22) Daraus floß der Irrwahn in das Volk, die Messe sei ein Werk, dessen Vollzug schon die Sünden der Lebendigen und der Toten tilge. (23) Und so begann man denn darüber zu disputieren, ob eine Messe, die für viele gelesen würde, ebensoviel nütze, als wenn für jeden Einzelnen eine eigene gelesen würde! Diese Streitfrage gebar die unendliche Fülle der Messen.

(24) Zu diesen Lehrmeinungen haben die Unsrigen eingeschärft, daß sie nicht mit der Heiligen Schrift übereinstimmen und die Herrlichkeit des Leidens Christi verletzen. (25) Denn das Leiden Christi war Opfer und Genugtuung nicht nur für die Erbsünde, sondern auch für alle übrigen Sünden, wie im Hebräerbrief (10,10) steht: (26) „Wir sind ein für allemal geheiligt worden durch das Opfer des Leibes Jesu Christi." (27) Ebenso (10,14): „Durch ein einziges Opfer brachte er die Heiligen für immer zur Vollendung."

(28) Ebenso lehrt die Heilige Schrift, daß wir vor Gott gerechtfertigt werden durch den Glauben an Christus. (29) Wenn also die Messe einfach durch ihren Vollzug die Sünden der Lebendigen und der Toten tilgt, so erlangt man Rechtfertigung aus dem Werke der Messe und nicht aus dem Glauben; das ist aber gegen die Heilige Schrift.

(30) Vielmehr lautet der Befehl Christi: „Tut dies zu meinem Gedächtnis" (Luk. 22,19). So ist also die Messe dazu eingesetzt, daß der Glaube in den Empfängern des Sakraments sich an die Wohltaten erinnere, welche er durch Christus empfängt, und so das erschrockene Gewissen aufrichte und tröste. (31) Denn das heißt Christi Gedächtnis halten, wenn man seiner Heilandstaten gedenkt und fühlt, daß sie wahrhaft uns erwiesen werden. (32) Es wäre nicht genug, sich an Vergangenes zu erinnern, denn das können auch die Juden und die Gottlosen. (33) Dazu muß also Messe gehalten werden, daß darin das Sakrament denjenigen gespendet werde, welche Tröstung brauchen, wie Ambrosius sagt: „Weil ich immer sündige, muß ich immer Medizin nehmen."

(34) Weil also die Messe eine solche Teilnahme am Sakrament ist, hält man bei uns fest an einer einzigen gemeinsamen Messe für jeden Feiertag und auch für andere Tage. Wenn einige das Sakrament empfangen wollen, dann wird das Sakrament denen gereicht, die es haben wollen. (35) Diese Art ist ja in der Kirche nichts Neues. Denn die Alten vor Gregor erwähnen nichts von einer Privatmesse; hingegen von der gemeinsamen Messe sprechen sie sehr oft. (36) Chrysostomus sagt: „Der Priester steht jeden Tag am Altar, die einen ruft er zur Kommunion, die anderen weist er zurück." (37) Und aus den alten Kirchengesetzen geht hervor, daß nur einer die Messe hielt und die übrigen Priester und Diakonen von ihm den Leib des Herrn empfingen. (38) Denn so lauten die Worte des Nicänischen Kirchengesetzes: „Die Diakone sollen der Ordnung folgend nach den Priestern vom Bischof oder Priester die heilige Kommunion empfangen." (39) Und Paulus (1. Kor. 11, 33) ordnet hinsichtlich der Kommunion an, alle sollten aufeinander warten, damit der Empfang gemeinsam sei.

(40) Da also die Messe bei uns sich nach der Praxis der Kirche richtet, wie sie aus der Heiligen Schrift und den Vätern zu ersehen ist, vertrauen wir darauf, daß man sie nicht tadeln könne, um so weniger, als öffent-

liche Zeremonien dabei eingehalten werden, die zum großen Teile den üblichen gleichen. Nur die Anzahl der Messen ist ungleich, aber wegen der sehr großen offenkundigen Mißbräuche wäre es sicher von Nutzen, hier zu reformieren. (41) Denn vormals hielt man nicht einmal in den volkreichsten Gemeinden täglich Messe, wie die Historia tripartita im 9. Buch bezeugt: „Wiederum in Alexandrien werden am Mittwoch und Freitag die heiligen Schriften verlesen, und die Lehrer legen sie aus, und alles geschieht ohne die feierliche Opferhandlung."

Für (4)—(9), (14)—(20), (31)—(33) fehlt der entsprechende deutsche Text. An einzelnen Stellen ist der deutsche Text ausführlicher, ohne jedoch wesentlich Neues zu bringen.

Es sei zu diesem Artikel verwiesen auf *R. Prenter:* Das Augsburgische Bekenntnis und die römische Meßopferlehre, Kerygma und Dogma 1, 1955, S. 42—58. Die Hauptgedanken von Artikel 24 sind bei Artikel 10 (S. 99f.) referiert worden. Die Behauptung (2), die Änderungen im Gottesdienst beschränkten sich hauptsächlich auf gelegentliche deutsche Lieder, dürfte leicht untertrieben sein! Der Gesichtspunkt, unter dem (3) der Gottesdienst betrachtet wird, nämlich daß durch ihn *die Uneingeweihten belehrt werden,* scheint auf eine Überbetonung des Intellektuellen hinauszulaufen. Dieser Gesichtspunkt paßt im übrigen gut zu der späteren Auffassung Melanchthons von der Gemeinde als einem „coetus scholasticus". *Denn niemand wird (zum Sakrament) zugelassen etc.* (6): Hier ist an die schon erwähnte Ordnung gedacht, die vor dem Abendmahl eine Beichte vorschreibt. *Daß ... darüber ... von allen Wohlgesinnten allerschwerste Klage geführt wurde* (10): Vgl. BK S. 92, Anm. 2. Der ganze Abschnitt (10)—(13) wendet sich gegen die Privatmessen als „Kaufmessen". Der Abschnitt über die Bischöfe, (14)—(20), soll dazu dienen, die richtigen Leute für die Mißbräuche verantwortlich zu machen.

Erst mit (21) kommt die CA zu der Hauptanklage: daß man die Messe zu einem Opfer gemacht hat und dadurch Christus gering geachtet hat. Wenn die Lehre vom Meßopfer und dem Wirken des Sakraments *ex opere operato* wahr wäre, geschähe die Rechtfertigung nicht *ex fide,* sondern *ex opere missae* (29). Demgegenüber wird im folgenden, (30)—(33), der Charakter der Messe als Gedächtnis Christi hervorgehoben. Nicht in dem Sinne, daß das Abendmahl nur eine Erinnerungsmahlzeit wäre, denn das *historiam recordari* genügt nicht. Es geht darum, die Wohltaten Christi ins Gedächtnis zu rufen, d.h. die Vergebung der Sünden zu empfangen im Glauben an Christus als den, der ein für alle mal Satisfaktion geleistet hat. Da dies der Sinn der Messe ist, ist sie (34) immer *communis missa.* Die Anzahl der Messen ist dann von dem Wunsch nach Kommunion abhängig. Der Abschnitt (35)—(39) soll die Wahrheit des Satzes beweisen: *Diese Art ist ja in der Kirche nichts Neues.* Der Schluß (40)—(41) versucht wiederum, die Gegensätze auszugleichen: *Nur die Anzahl der Messen ist ungleich.* Nach dem Angriff auf das Meßopfer läßt sich diese Behauptung jedoch sicherlich schwer aufrechterhalten.

25. Die Beichte

Die Beichte ist in unseren Gemeinden nicht abgeschafft. Vielmehr, es ist Sitte, den Leib des Herrn nur solchen zu reichen, die vorher verhört und losgesprochen wurden. Und auf das sorgfältigste unterrichtet man das Volk über den Glauben an die Lossprechung, über die vor dieser Zeit großes Stillschweigen herrschte. Die Leute werden belehrt, die Lossprechung auf das höchste zu schätzen, denn sie ist die Stimme Gottes und wird auf Befehl Gottes verkündet[1]. Man preist die Gewalt der Schlüssel und weist darauf hin, welch großen Trost sie den erschreckten Gewissen bringt, und daß Gott den Glauben will, damit wir jene Lossprechung als seine Stimme, die vom Himmel erklingt, gläubig aufnehmen, und daß der Glaube an Christus wirklich die Vergebung der Sünden erreicht und empfängt. Vormals wurden die Genugtuungswerke maßlos hervorgehoben; den Glauben aber und das Verdienst Christi und die Glaubensgerechtigkeit erwähnte man gar nicht. Darum darf man in dieser Sache unseren Gemeinden nicht die geringste Schuld zumessen. Ja, sogar unsere Gegner müssen uns dies zugestehen, daß die Lehre von der Buße von den Unsrigen auf das sorgfältigste behandelt und vorgetragen wird.[2]

Aber über das Beichten lehren sie (unsere Gemeinden), daß die vollständige Aufzählung der Sünden nicht notwendig ist[3] und die Gewissen nicht mit der Sorge beschwert werden dürfen, ob sie alle Vergehungen aufgezählt haben. Denn es ist unmöglich, alle Vergehen anzugeben, wie der Psalm bezeugt (19,13): „Wer kennt die Vergehen?“ Ebenso Jeremias (17,9): „Verderbt ist das Herz des Menschen und nicht zu ergründen.“ Wenn also nur die aufgezählten Sünden nachgelassen würden, dann könnte kein Gewissen je ruhig werden[4], denn sehr viele Sünden sieht man nicht und weiß man nicht mehr[5]. Auch die alten Kirchenschriftsteller bestätigen, daß jene Aufzählung nicht notwendig ist. In dem Dekret wird z. B. Chrysostomus zitiert, der also spricht: „Ich sage dir nicht, du sollst dich vor der Öffentlichkeit bloßstellen oder dich bei anderen anklagen, sondern ich will, daß du dem Propheten gehorchest, welcher spricht: Offenbare vor Gott deinen Weg. Also bekenne deine Sünden vor Gott, dem wahren Richter, im Gebet. Sprich deine Vergehen nicht mit der Zunge aus, sondern mit deinem mahnenden Gewissen.“ Und die Glosse über die Buße in der 5. Distinktion im Kapitel

„Consideret" gibt zu, daß das Beichten aus menschlichem Rechte stammt[6]. Aber wir behalten die Beichte, einmal wegen der außerordentlichen Wohltat, die in der Lossprechung liegt, dann aber auch wegen sonstigen Nutzens, den sie für die Gewissen hat.

[1] DT: „Dann es sei nicht des gegenwärtigen Menschen Stimme oder Wort, sondern Gottes Wort, der die Sünde vergiebt. Dann sie wird an Gottes Statt und aus Gottes Befehl gesprochen".

[2] DT: „schicklicher dann zuvor in langer Zeit".

[3] DT: „daß man niemand dringen soll, die Sünde namhaftig zu erzählen".

[4] DT: „wäre uns wenig geholfen".

[5] DT: „Die elend menschlich Natur steckt also tief in Sunden, daß sie dieselben nicht alle sehen oder kennen kann".

[6] DT: „nicht durch die Schrift geboten, sondern durch die Kirchen eingesetzt".

Der Artikel ist schon im Zusammenhang mit Artikel 11 behandelt worden. Die *Confutatio* protestiert gegen die Verwendung des Chrysostomoszitats in (11) mit dem Hinweis, es sei dort von der öffentlichen Buße die Rede.

26. Der Unterschied der Speisen

(1) Es war die allgemeine Ansicht, nicht nur beim Volke, sondern auch bei den Lehrern der Kirche, daß die Unterscheidung der Speisen und ähnliche menschliche Überlieferungen nützliche Werke seien, mit welchen man Gnade verdiene und genugtue für die Sünden. (2) Daß die ganze Welt so dachte, das sieht man daraus, daß jeden Tag neue Bräuche aufkamen, neue Orden, neue Festtage, neue Fasten, und daß die Prediger in den Kirchen diese Werke als notwendigen Gottesdienst forderten, um damit Gnade zu verdienen, und gewaltig die Gewissen schreckten, wenn man davon etwas unterließ. (3) Aus dieser Auffassung der Überlieferung kommt viel von dem Unheil in der Kirche her.

(4) Erstens wurde dadurch die Lehre von der Gnade und von der Glaubensgerechtigkeit verdunkelt, die der Kern des Evangeliums ist, in der Kirche über alles gehen und hinausragen muß, damit das Verdienst Christi recht erkannt werde und der Glaube, welcher auf die Vergebung der Sünden um Christi willen vertraut, über allen Werken und allen anderen Formen der Gottesverehrung stehe. (5) Daher verwendet auch Paulus alle Mühe auf diesen Artikel, stößt Gesetze und menschliche Überlieferungen beiseite, um zu erweisen: Die christliche Gerechtigkeit ist etwas anderes als solche Werke; sie ist der Glaube, der gewiß ist, daß wir um Christi willen in die Gnade aufgenommen werden. (6) Aber diese Lehre des Paulus ist fast ganz unterdrückt worden durch die Über-

lieferungen, welche die Ansicht erzeugten, daß man durch Unterscheidung der Speisen und ähnliche fromme Übungen die Gnade und Gerechtigkeit verdienen müsse. (7) Kein Wort sagte man in der Buße vom Glauben, bloß diese Genugtuungswerke wurden befürwortet: darin schien die ganze Buße zu bestehen.[1]

(8) Zweitens, diese Überlieferungen verdunkelten die Gebote Gottes. Denn man zog sie den Geboten Gottes weit vor. Der ganze Christenstand, so meinte man, besteht in der Beobachtung bestimmter Tage, Gebräuche, Fasten, Kleider. (9) Diese „Beobachtungen“ waren im Besitze des heiligsten Titels, sie galten als das „geistliche Leben“, als das „Leben in der Vollkommenheit“. (10) Aber die Erfüllung der Gebote Gottes im Berufe empfing keine Ehre: daß der Vater die Kinder erzog, daß die Mutter sie zur Welt brachte, daß der Fürst den Staat regierte. Solche Dinge galten als „weltliche Werke“, als Werke der „Unvollkommenheit“, als weit unter jenen herrlichen „Beobachtungen“ stehend. (11) Gerade dieser Irrtum hat viele fromme Gewissen gepeinigt. Denn sie waren traurig darüber, daß sie im „Stande der Unvollkommenheit“ verbleiben mußten, in der Ehe, in der Obrigkeit oder anderen bürgerlichen Berufszweigen; sie sahen auf zu den Mönchen und ihresgleichen und meinten, freilich fälschlicherweise, die „Beobachtungen“ der anderen seien Gott wohlgefälliger.

(12) Drittens: Die Überlieferungen brachten die Gewissen in große Gefahren. Denn es war ja unmöglich, alle Überlieferungen einzuhalten, und doch meinten die Leute, diese „Beobachtungen“ seien notwendig, um Gott zu dienen. (13) Gerson schreibt, viele seien in Verzweiflung verfallen, einige hätten sogar Selbstmord verübt, da sie merkten, daß sie den Überlieferungen nicht nachkommen könnten. Sie hatten ja noch nichts vernommen von dem Troste der Glaubensgerechtigkeit und der Gnade. (14) Wir wissen, daß die Summisten und Theologen die Überlieferungen zusammenziehen und nach Erleichterungsgründen[2] suchen, um es den Gewissen leichter zu machen. Aber das hilft nicht viel, ja, bisweilen verstricken sie die Gewissen nur noch stärker[3]. Und (15) mit solcher Zusammenziehung von Überlieferungen waren die Theologenschulen und Predigten so beschäftigt, daß man keine Zeit fand, zur Heiligen Schrift zu greifen und nach einer nützlicheren Lehre zu forschen, nämlich vom Glauben, vom Kreuze, von der Hoffnung, von der Würde der weltlichen Dinge, vom Trost der Gewissen in harten Anfechtungen. (16) Daher klagten Gerson und andere Theologen schwer über dieses Streiten um Überlieferungen, das sie nur hindere, ein besseres Stück der Lehre zu bearbeiten. (17) Und Augustin verbietet geradezu, die Gewissen mit solchen „Beobachtungen“ zu belasten; er macht den Januarius sehr weise darauf aufmerksam, daß die Einhaltung solcher „Beobachtungen“ „indifferent“ sei; dies Wort gebraucht er.

(18) Darum darf es nicht so erscheinen, als hätten die Unsrigen diese Angelegenheit aus Leichtsinn oder aus Haß gegen die Bischöfe in die Hand genommen, wie manche in falschem Argwohn meinen. (19) Es war schwere Notwendigkeit, die Gemeinden auf die Irrtümer hinzuweisen, die den übelverstandenen Überlieferungen entsprossen waren. (20) Denn das Evangelium zwingt dazu, in den Gemeinden alle Kraft auf die Lehre von der Gnade und der Glaubensgerechtigkeit zu verwenden; und diese kann eben nicht verstanden werden, solange die Menschen wähnen, sie verdienten die Gnade durch selbsterwählte „Beobachtungen".

(21) So also lehrten sie (unsere Gemeinden): Durch Beobachtung menschlicher Überlieferungen können wir keine Gnade verdienen und für die Sünden genugtun. Daher ist die Meinung falsch, solche „Beobachtungen" seien notwendig, um Gott zu dienen. (22) Sie fügen Zeugnisse aus der heiligen Schrift bei. Christus entschuldigt die Apostel (Matthäus 15,3—9), die sich nicht an die übliche Überlieferung hielten, obwohl sie offenkundig etwas Indifferentes bedeutete und Beziehung hatte zu den gesetzlichen Waschungen[4]. Er sagt: „Es hat keinen Wert, daß sie mich nach Menschensatzungen verehren." (23) Daher verlangt er keinen solchen wertlosen Kult[5]. Und kurz nachher fügt er bei: „Alles, was zum Munde eingeht, verunreinigt den Menschen nicht." (24) Ebenso steht Römer 14 (17): „Das Reich Gottes ist nicht Speise und Trank." (25) Kol. 2 (16.20—21): „Niemand richte euch wegen Speise, Trank, Sabbat oder Festtag." (27) Apostelgeschichte 15 (10) sagt Petrus: „Warum versuchet ihr Gott, indem ihr ein Joch auf den Hals der Jünger legen wollt, das weder wir noch unsere Väter tragen konnten? Sondern wir glauben durch die Gnade unseres Herrn Jesu Christi gerettet zu werden wie auch sie." (28) Hier verbietet Petrus, die Gewissen mit noch mehr Gebräuchen zu beschweren, seien sie von Mose oder von anderen. (29) Und 1. Timotheus 4 (1—3) nennt das Speiseverbot „Lehren der Dämonen", denn es widerspricht dem Evangelium, solche Werke einzuführen oder zu tun, um damit Gnade zu verdienen, oder als gäbe es keine christliche Vollkommenheit ohne solchen frommen Brauch.

(30) Hier machen die Gegner den Einwand, die Unsrigen verböten also die Zucht und die Abtötung des Fleisches wie Jovinian. Aber in den Schriften der Unsrigen wird man etwas ganz anderes finden. (31) Denn immer haben sie vom Kreuz gelehrt, Christen müßten Leiden ertragen. (32) Das ist die wahre, ernsthafte und ungeheuchelte Abtötung, sich zu üben in mannigfachen Leiden und so mit Christus gekreuzigt zu werden.

(33) Ferner lehren sie (die Unsrigen), jeder Christ müsse sich durch körperliche Kasteiung oder Übungen und Anstrengungen des Körpers so in Übung und Zucht bringen, daß nicht die Sattheit oder Faulheit ihn zum Sündigen aufreize, also nicht um durch jene Übungen Sündenvergebung zu verdienen oder Genugtuung zu leisten für die Sünden.

(34) Und diese körperliche Disziplin muß man immer sehr ernst nehmen, nicht bloß an wenigen bestimmten Tagen, (35) sondern wie Christus vorschreibt (Luk. 21,34): „Hütet euch, daß eure Herzen nicht beschwert werden durch Völlerei." (36) Ebenso (Matth. 17,21): „Diese Art Teufel kann nur durch Fasten und Gebet vertrieben werden." (37) Und Paulus sagt (1. Kor. 9,27): „Ich kasteie meinen Leib und bringe ihn in Knechtschaft." (38) Da zeigt er doch deutlich: er kasteit seinen Leib, nicht, um durch diese Zucht Vergebung der Sünden zu verdienen, sondern damit sein Leib brauchbar und geeignet werde für die geistlichen Dinge und zur Erfüllung der Pflicht in seinem Berufe. (39) Daher wird das Fasten selbst nicht verworfen, sondern nur die Überlieferungen, welche bestimmte Tage, bestimmte Speisen vorschreiben unter Belastung des Gewissens, als seien solcherlei Werke notwendig, um Gott zu dienen.

(40) Es werden jedoch bei uns die meisten Überlieferungen beibehalten, so die Perikopen in der Messe, Feiertage und anderes, was den Zweck hat, daß Ordnung in der Kirche herrsche. (41) Aber dabei werden die Leute darauf hingewiesen, daß ein solcher Brauch nicht rechtfertigt vor Gott[6] und daß man keine Sünde in solchen Dingen sehen dürfe, wenn man ohne Ärgernis darüber hinweggeht. (42) Diese Freiheit in menschlichen Gebräuchen war den Vätern nichts Unbekanntes. (43) Denn im Morgenlande feierte man Ostern an einem anderen Datum als in Rom, und als die Römer wegen dieses Unterschiedes das Morgenland des Schismas anklagen wollten, da mußten sie sich von den andern sagen lassen, solche Sitten müßten nicht überall gleich sein. (44) Und Irenäus spricht: „Die Verschiedenheit im Fasten hebt die Gleichheit des Glaubens nicht auf", und in der Distinctio XII weist Papst Gregor darauf hin, solche Verschiedenheit verletze nicht die Einheit der Kirche. (45) In der Historia tripartita im 9. Buch werden für die Unähnlichkeit der Riten viele Beispiele beigebracht und der Ausspruch beigefügt: „Der Sinn der Apostel war nicht darauf aus, Gesetze über die Festtage zu machen, sondern einen guten Wandel und frommes Leben zu predigen."

[1] Die letzten Sätze über die Buße fehlen im DT.
[2] Dem *„quaerere epiikias"* entsprechend hat der DT: „und Äquität gesucht".
[3] Fehlt im DT.
[4] Fehlt im DT.
[5] DT: „So er nun dies ein vergeblichen Dienst nennet, muß er nicht notig sein".
[6] DT fügt hier hinzu: „und daß man ohn Beschwerung des Gewissens halten soll".

Die Hauptgedanken sind schon bei Artikel 15 erwähnt worden. Trotz seiner Länge enthält der Artikel prinzipiell nichts, was über den Inhalt von Artikel 15 hinausginge. Die Überschrift sagt zu wenig. Weit treffender ist die Überschrift der *Torgauer Artikel:* „Von Menschenlehr und Menschenordnung", oder die Überschrift der *Apologie:* „De traditionibus humanis in ecclesia". Die Einwände der Confutatio sind schwach. Es wird u. a. darauf hingewiesen, daß alle Obrigkeit von Gott sei, und hier besonders die geistliche (!), weshalb sie auch die Macht haben müsse, Gesetze zu erlassen.

27. Die Mönchsgelübde

(1) Was über die Mönchsgelübde bei uns gelehrt wird, das versteht man besser, wenn man sich daran erinnert, in welchem Zustand sich die Klöster befanden, wie vieles, was in den Klöstern selbst täglich geschah, gegen die Kirchengesetze verstieß. (2) Zur Zeit Augustins waren die Klöster frei; später ging die Disziplin zugrunde, da nahm man überall die Gelübde hinzu, damit gewissermaßen durch ein ausgedachtes Gefängnissystem die Disziplin wieder hergestellt würde. (3) Außer den Gelübden kamen allmählich auch noch zahlreiche andere „Beobachtungen" hinzu. (4) Und diese Fesseln wurden vielen vor dem gebührenden Alter gegen den Wortlaut der Kirche auferlegt. (5) Viele gerieten in diesen Stand durch einen Irrtum, denn wenn ihnen auch nicht die Jahre fehlten, so doch das Urteil über ihre Kräfte. (6) Waren sie aber auf diese Weise ins Netz gegangen, so mußten sie darin bleiben, obwohl sie mit Hilfe der Kirchengesetze hätten freikommen können. (7) Und das geschah mehr noch in den Frauenklöstern als in Männerklöstern, während man doch das schwächere Geschlecht mit mehr Schonung behandeln müßte. (8) Diese Härte verdroß vordem viele Gutgesinnte, wenn sie sahen, wie Mädchen und Jünglinge zur Versorgung in die Klöster gesteckt wurden. Sie sahen, welches Unglück diese Maßregel brachte, welche Ärgernisse daraus kamen, welche Verstrickung der Gewissen die Folge war. (9) Mit Schmerzen erkannten sie, wie sehr die Autorität der Kirchengesetze gerade in einer so hochgefährlichen Sache vernachlässigt und verachtet wurde. (10) Zu diesen Übelständen gesellte sich eine hohe Meinung von den Gelübden, wie sie, das steht fest, einst auch bei den Mönchen selbst nur Kopfschütteln erregt hätte, wenigstens bei den besonneneren.

(11) Man stellte nämlich die Gelübde der Taufe an Wert gleich und lehrte, daß man durch diese Lebensweise die Vergebung der Sünden und die Rechtfertigung vor Gott verdiene. (12) Ja, man fügte bei, das Klosterleben verdiene nicht bloß die Gerechtigkeit vor Gott, sondern darüber hinaus, man halte darin nicht bloß die Gebote, sondern auch die evangelischen Räte. (13) So redeten sie (den Leuten) ein, der klösterliche Stand sei viel besser als die Taufe, das Klosterleben sei verdienstlicher als das Leben der Regenten, der Geistlichen und ihresgleichen, die ohne selbsterfundene Übungen nach den Geboten Gottes ihrem Berufe leben. (14) Das kann niemand leugnen; das steht in ihren Büchern.

(15) Was geschah danach in den Klöstern? Vormals waren sie Schulen der heiligen Wissenschaft und der anderen Wissenschaften, die der Kirche von Nutzen sind, und man nahm aus ihnen Geistliche und Bischöfe. Jetzt ist das anders; die Sache ist so bekannt, daß man gar nichts darüber sagen muß. (16) Vormals ging man ins Kloster, um zu lernen, jetzt haben sie den Mythus aufgebracht, dieser Stand sei eingeführt worden, um Gnade und Gerechtigkeit zu verdienen; ja, sie rühmen, dies sei der Stand der Vollkommenheit, und ziehen ihn allen anderen Ständen vor, welche doch Gott eingesetzt hat. (17) Wir sagen das nicht, um gehässige Übertreibungen aufzustellen, sondern bloß, damit man die Lehre der Unsrigen über diese Angelegenheit besser verstehen kann.

(18) Erstlich lehrt man im Hinblick auf die, welche heiraten: Es ist allen, welche nicht zum Zölibat geschaffen sind, erlaubt, eine Ehe einzugehen; denn Gelübde können eine Anordnung und ein Gebot Gottes nicht aufheben. (19) Dies ist aber ein Gebot Gottes: „Wegen der Gefahr der Unzucht habe jeder sein Weib" (1. Kor. 7,2). (20) Und es ist nicht bloß ein Gebot, sondern auch die Schöpfungsordnung Gottes zwingt diejenigen zur Ehe, die nicht durch eine besondere Gnadentat Gottes ausgesondert sind, nach dem Worte: „Es ist dem Menschen nicht gut, daß er allein sei" (1. Mose 2,18). (21) Also begehen die keine Sünde, welche diesem Gebote und dieser Ordnung Gottes Folge leisten.

(22) Was kann man dagegen einwerfen? Mag jemand die Strenge der Gelübdeverpflichtung so hoch veranschlagen, wie er will, er wird es doch niemals dahin bringen können, daß ein Gelübde ein Gebot Gottes umstößt. (23) Die Kirchengesetze bestimmen, daß bei jedem Gelübde das Recht des Oberen ausgenommen ist; dann vermögen aber diese Gelübde noch viel weniger etwas gegen die Gebote Gottes.

(24) Wenn es gar keinen Grund gäbe, die Gelübdeverpflichtung zu ändern, dann hätten auch die römischen Päpste nicht davon dispensiert. Denn kein Mensch darf etwas, was einfach göttlichen Rechtes ist, aufheben. (25) Vielmehr haben die römischen Päpste hier vernünftig entschieden, daß in dieser Art von Verpflichtung die Billigkeit herrschen müsse. Daher wird von vielen Dispensen bei Gelübden berichtet. (26) Bekannt ist die Geschichte vom König von Aragonien, den man wieder aus dem Klosterleben zurückberief; auch in unserer Zeit gibt es Beispiele dafür.

(27) Ferner: Warum betonen unsere Gegner die Verpflichtung und die Gültigkeit der Gelübde so sehr, schweigen aber dabei von dem Wesen des Gelübdes, nämlich, daß es sich auf eine mögliche Sache beziehen muß, daß es freiwillig sein muß, aus eigenem Antriebe und aus Überlegung übernommen? (28) Man weiß doch nur zu gut, wie wenig die immerwährende Keuschheit in der Macht des Menschen steht. (29) Und wie viele haben denn aus eigenem Antrieb und mit Überlegung die Gelübde

abgelegt? Jungfrauen und Jünglinge, die noch kein Urteil haben, überredet man zu den Gelübden, ja bisweilen zwingt man sie geradezu. (30) Darum ist es unbillig, die Gelübdeverpflichtung mit solcher Strenge abzuhandeln, zumal doch alle zugestehen müssen, daß es gegen das Wesen des Gelübdes ist, wenn es nicht aus eigenem Antrieb und ohne Überlegung abgelegt wird.

(31) Eine Menge von Kirchengesetzen erklären die vor dem 15. Lebensjahr abgelegten Gelübde für nichtig, weil man vor diesem Lebensalter offenkundig nicht urteilsfähig ist, um sich für das ganze Leben zu binden. (32) Ein anderes Kirchengesetz nimmt noch mehr Rücksicht auf die menschliche Schwachheit und fügt noch einige Jahre hinzu. Es verbietet, vor dem 18. Lebensjahr Gelübde abzulegen. Aber gleichviel welchem wir folgen wollen: (33) der größte Teil hat damit guten Grund, die Klöster zu verlassen, denn die meisten haben ihr Gelübde vor diesem Lebensalter abgelegt.

(34) Schließlich: Auch wenn eine tadelnswerte Verletzung des Gelübdes vorläge, so folgt doch daraus offenkundig noch keineswegs, daß die Ehen solcher Personen aufgelöst werden müßten. (35) Augustin sagt, sie dürften nicht aufgelöst werden, 27. (Causa), Quaestio I. im Kapitel Nuptiarum; und sein Wort wiegt schwer, mögen andere später anders geurteilt haben.

(36) Obwohl also das göttliche Gebot von der Ehe sehr viele deutlich von den Klostergelübden freimacht, so bringen doch die Unsrigen noch einen andern Grund für die Ungültigkeit der Gelübde vor, nämlich den, daß jede Gottesverehrung, welche von Menschen ohne ein Gebot Gottes eingeführt und ersonnen wurde, um die Rechtfertigung und die Gnade zu verdienen, gottlos ist, wie Christus sagt: „Es ist wertlos, daß sie mich verehren mit Menschensatzungen“ (Matth. 15,9). (37) Und Paulus lehrt überall, man dürfe die Gerechtigkeit nicht erwerben wollen durch eigene „Beobachtungen“ und durch religiöse Übungen, die von Menschen erdacht sind, sondern sie werde durch den Glauben denjenigen zuteil, die gewiß sind, daß sie von Gott um Christi willen in die Gnade aufgenommen werden.

(38) Bekanntlich haben aber die Mönche gelehrt, daß selbstersonnene religiöse Übungen Genugtuung leisten für die Sünden und die Gnade und die Rechtfertigung verdienen. Was heißt das anderes, als Christi Herrlichkeit herabsetzen, die Gerechtigkeit des Glaubens verdunkeln und verneinen? (39) So folgt: diese üblichen Klostergelübde waren gottlose Gottesdienste und sind daher ungültig. (40) Denn ein Gelübde gilt nichts, sobald es gottlos und gegen Gottes Gebote ist; ein Gelübde darf ja nimmermehr zu etwas Schlechtem verpflichten, sagt das Kirchengesetz.

(41) Paulus spricht: „Ihr habt Christum verloren, die ihr die Rechtfertigung sucht durch das Gesetz, ihr seid aus der Gnade gefallen" (Gal. 5,4). (42) Wer also durch die Gelübde die Rechtfertigung sucht, der hat Christum verloren und fällt aus der Gnade. (43) Denn auch die, welche die Rechtfertigung an die Gelübde binden, binden das an die eigenen Werke, was recht eigentlich der Herrlichkeit Christi zugehört. (44) Und man kann nicht leugnen, daß die Mönche lehrten, sie würden durch die Gelübde und durch ihre „Beobachtungen" gerechtfertigt und verdienten die Nachlassung der Sünden. Ja, sie fügten noch Absurderes hinzu; sie rühmten sich, sie könnten ihre Werke anderen mitteilen. (45) Wenn hier einer auf gehässige Übertreibungen aus wäre, was könnte der alles aufzählen! Dinge, deren sich die Mönche nun schon selber schämen! (46) Dazu redeten sie der Welt ein, selbstersonnene Religionsübungen seien der Stand der christlichen Vollkommenheit. (47) Heißt das nicht, die Rechtfertigung den Werken zuweisen? (48) Es ist kein geringer kirchlicher Skandal, wenn man dem Volke eine bestimmte von Menschen erfundene Frömmigkeitsübung empfiehlt, die kein Gebot Gottes für sich hat, und predigt, diese Übung rechtfertigt die Menschen. Denn die Glaubensgerechtigkeit, die zu predigen höchste Pflicht der Kirche ist, wird verdunkelt, wenn jene wundertätige Engelhaftigkeit[1], jener Heuchelschein von Armut, Demut und Keuschheit die Augen der Menschen blendet.

(49) Aber überdies werden die Gebote Gottes und die wahre Frömmigkeit verdunkelt, wenn die Leute hören, nur die Mönche seien im Stande der Vollkommenheit. Denn christliche Vollkommenheit heißt, Gott ernstlich fürchten und doch großen Glauben haben und um Christi willen darauf vertrauen, daß wir einen gnädigen Gott haben, von Gott Hilfe erbitten und festsicher erwarten bei allen Aufgaben unseres Berufs, dabei im äußeren Leben fleißig gute Werke tun und dem Berufe dienen. (50) Darin besteht die wirkliche Vollkommenheit und die wahre Frömmigkeit, aber nicht im Zölibat, Betteln und Armutskleid. (51) Aber das Volk faßt viele schädliche Ansichten gerade bei jenen falschen Lobgesängen auf das Klosterleben. (52) Es hört maßloses Lob des Zölibats; daher vermag es nicht mit gutem Gewissen in der Ehe zu leben. (53) Es hört: nur die Bettler sind vollkommen; daher besitzt es sein Eigentum mit schlechtem Gewissen und geht mit schlechtem Gewissen seinen Geschäften nach. (54) Es hört: es ist ein evangelischer Rat, nicht Rache zu nehmen. Darum scheuen sich die einen nicht, im Privatleben Rache zu nehmen, denn sie hören ja, es sei bloß ein Rat, kein Gebot, Rache zu nehmen. (55) Die anderen dagegen irren noch viel mehr, wenn sie meinen, alle obrigkeitlichen Ämter und bürgerlichen Verpflichtungen seien der Christen unwürdig und widersprächen den evangelischen Räten.

(56) Man liest von Menschen, welche die Ehe verließen, die Verwaltung des Staates aufgaben und in die Einsamkeit der Klöster gingen. (57) Das nannten sie, der Welt entfliehen und einen heiligen Lebensstand erwählen. Sie verstanden nicht, daß man Gott dienen müsse nach den Geboten, die er selbst gab, nicht nach den von Menschen erdachten Geboten. (58) Das ist ein guter und vollkommener Lebensstand, der Gottes Gebot für sich hat. (59) Darüber muß man die Leute aufklären.

(60) Auch schon vor unserer Zeit tadelte Gerson den Irrtum der Mönche in der Sache der Vollkommenheit; er bezeugt, zu seiner Zeit sei die Formel noch neu gewesen, daß das Klosterleben der Stand der Vollkommenheit sei.

(61) Soviel gottlose Ansichten haften an den Gelübden: sie sollen rechtfertigen; sie sollen die christliche Vollkommenheit sein; die Mönche sollen Räte und Gebote halten; sie sollen überschüssige Werke fertigbringen. (62) Das alles ist falsch und sinnlos und macht die Gelübde zunichte.

---

[1] *Illae mirificae religiones angelorum:* DT hat „Engelgeistlichkeit".

Der deutsche Text folgt dem lateinischen sehr eng. In der ersten gedruckten Ausgabe wurde er jedoch völlig umgearbeitet, siehe BK S. 119, Anm. 3, wo die wichtigsten Abweichungen verzeichnet sind. Der Artikel beginnt mit einer Kritik an der Entwicklung des Klosterwesens, hierbei besonders der bindenden Gelübde von Kindern und dem Brauch, daß man Kinder ins Kloster schickt. Dann geht der Artikel zu einer allgemeinen Ablehnung des Klosterwesens über. Die Rede vom Klosterleben als einem *status perfectionis* führt auf der einen Seite zu einer Werkgerechtigkeit, andererseits zu einer Geringschätzung des bürgerlichen Daseins. Außerdem werden die Unterscheidung zwischen Geboten Gottes und „evangelischen Räten" sowie die Rede von den überschüssigen Werken abgelehnt. Während alle anderen Artikel über die Mißbräuche eine evangelische Lehre gegenüber der abgelehnten enthalten, endet also Artikel 27 mit einer totalen Verwerfung des Klosterlebens. Wendet man ein, daß doch nur die Mißbräuche und das falsche Verständnis des Klosterlebens abgelehnt würden, so muß man fragen, was dann eigentlich noch bleibt. Nur die Möglichkeit einer Gemeinschaft ohne bindende Gelübde, ohne „evangelische Räte", ohne die Rede von einem Entfliehen aus der Welt. Eine solche Gemeinschaft, die nicht davon träumt, der Stand der Vollkommenheit zu sein oder in irgendeiner Weise über das Leben in den gewöhnlichen Berufen hinausgehoben zu sein, kann jedoch vernünftigerweise nicht mehr Kloster genannt werden. Es muß jedoch erwähnt werden, daß der Artikel nicht bestreitet, daß das Zölibat in besonderen Fällen der Wille Gottes sein kann *(sine singulari Dei opere etc.,* [20]).

Es ist klar, daß die *Confutatio* hier kompromißlos sein muß: alles, was gegen die Klostergelübde gesagt wird, ist gottlos.

28. Die kirchliche Gewalt

(1) Große Auseinandersetzungen wurden einst geführt über die Gewalt der Bischöfe, und viele vermengten dabei zum Nachteil der Sache die Gewalt der Kirche und die Gewalt des Schwertes. (2) Aus dieser Vermengung entstanden blutige Kriege und stürmische Tumulte, da die Päpste, gestützt auf die Gewalt der Schlüssel, nicht bloß neue Arten der Gottesverehrung einführten und durch Vorbehalt bestimmter Fälle, durch gewaltsame Exkommunikation die Gewissen belasteten, sondern sich auch unterfingen, weltliche Herrschaft zu verleihen und den Kaisern ihr Reich zu nehmen. (3) Diese Übergriffe sind längst in der Kirche von frommen und gelehrten Männern getadelt worden. (4) Darum wurden die Unsrigen zur Unterrichtung der Gewissen gezwungen, den Unterschied der kirchlichen Gewalt von der Gewalt des Schwertes aufzuzeigen; sie lehrten, beide Gewalten müßten um des göttlichen Gebotes willen mit allem Ernst geehrt werden als die höchsten Gaben Gottes auf Erden.

(5) So aber denken sie: Die Gewalt der Schlüssel, also die Gewalt der Bischöfe, ist nach dem Evangelium die Vollmacht oder der Auftrag Gottes, das Evangelium zu verkündigen, Sünden nachzulassen oder zu behalten und die Sakramente zu spenden. (6) Denn mit diesem Auftrag sendet Jesus die Apostel aus: „Wie mich der Vater gesandt hat, so sende ich euch. Nehmet hin den Heiligen Geist; welchen ihr die Sünden erlasset, denen sind sie erlassen, und welchen ihr die Sünden behaltet, denen sind sie behalten" (Joh. 20,21ff.). (7) Und Markus 16 (15): „Gehet hin, predigt das Evangelium jeglicher Kreatur usw."[1]

(8) Diese Gewalt wird einzig und allein ausgeübt durch Lehren und Predigen des Wortes und Darreichung der Sakramente an viele oder an einzelne, je nach der Berufung; es werden ja nicht körperliche Dinge dargeboten, sondern ewige Dinge, die ewige Gerechtigkeit, der Heilige Geist, das ewige Leben. (9) Das alles kann man nur bekommen durch den Dienst des Wortes und der Sakramente, wie Paulus sagt: „Das Evangelium ist die Kraft Gottes zum Heile für jeden, der glaubt" (Röm. 1,16). Und Psalm 119 (50): „Dein Wort erquickt mich."[2] (10) Weil also die kirchliche Gewalt ewige Dinge darbietet und nur ausgeübt werden kann durch den Dienst des Wortes, behindert sie die politische Verwaltung nicht; so wenig die Sangeskunst die politische Verwaltung behindert. (11) Denn die politische Verwaltung hat es mit anderen Dingen zu tun

als das Evangelium. Die Obrigkeit schützt nicht die Seelen, sondern die Leiber und die leiblichen Angelegenheiten gegen offenkundiges Unrecht und regiert die Menschen mit dem Schwert und körperlichen Strafen. Das Evangelium[3] aber schützt die Seelen gegen gottlose Lehren, den Teufel und den ewigen Tod.

(12) Darum dürfen die kirchliche und die politische Gewalt nicht vermengt werden. Die kirchliche Gewalt hat ihren eigenen Auftrag, nämlich das Evangelium zu lehren und die Sakramente zu verwalten. (13) Sie darf nicht einbrechen in ein fremdes Amt, sie darf nicht weltliche Herrschaft verleihen, nicht die Gesetze der Obrigkeit abschaffen, nicht vom gesetzmäßigen Gehorsam entbinden, sie darf nicht Urteile über irgendwelche bürgerliche Ordnungen oder Verträge verhindern, sie darf den Obrigkeiten keine Vorschriften machen über die Form des Staatswesens; (14) wie Christus es ausspricht: „Mein Reich ist nicht von dieser Welt" (Joh. 18,36). (15) Ebenso: „Wer hat mich über euch zum Richter oder Erbteiler bestellt?" (Luk. 12,14). (16) Und Paulus sagt Philipper 3 (20): „Unser Staatswesen ist im Himmel." (17) 2. Korinther 10 (4): „Die Waffen unseres Kriegsdienstes sind nicht körperlich, sondern es ist die Macht Gottes zur Zerstörung der Gedanken usw."

(18) Auf solche Weise machen die Unsrigen einen Unterschied zwischen den Pflichten beider Gewalten, fordern aber, jede von beiden zu ehren und anzuerkennen, daß eine jede Gottes Geschenk und Wohltat ist.

(19) Soweit Bischöfe eine Gewalt des Schwertes haben, so haben sie diese nicht als Bischöfe durch den Auftrag des Evangeliums, sondern auf Grund menschlichen Rechtes; sie ist ihnen von den Königen und Kaisern zur Verwaltung ihrer weltlichen Güter gegeben worden. Das ist aber eine ganz andere Funktion als der Dienst des Evangeliums.

(20) Erhebt sich also die Frage nach der Jurisdiktion der Bischöfe, so muß man unterscheiden zwischen ihrer fürstlichen Stellung und ihrer kirchlichen Vollmacht. (21) Das heißt, nach dem Evangelium oder, wie man sagt, „nach göttlichem Recht" kommt diese Vollmacht den Bischöfen zu, also als denen, welchen der Dienst des Wortes und der Sakramente anvertraut ist: die Vollmacht, Sünden nachzulassen, und Lehre, die wider das Evangelium ist, zurückzuweisen und die offenkundig Gottlosen von der kirchlichen Gemeinschaft auszuschließen, aber ohne weltliche Gewalt, nur mit dem Worte. (22) In diesen Dingen müssen die Gemeinden (den Bischöfen) notwendigerweise und kraft göttlichen Rechtes Gehorsam leisten nach dem Worte: „Wer euch höret, der höret mich" (Luk. 10,16).

(23) Aber wenn sie etwas gegen das Evangelium lehren oder bestimmen, dann haben die Gemeinden den Befehl Gottes, welcher den Gehorsam verbietet, Matthäus 7 (15): „Hütet euch vor den falschen Propheten."

(24) Galater 1 (8): „Wenn ein Engel vom Himmel euch ein anderes Evangelium predigen würde, so sei er verflucht." (25) 2. Korinther 13 (8): „Wir können nichts wider die Wahrheit, sondern nur für die Wahrheit." (26) Ebenso: „Es ist uns Vollmacht gegeben zur Erbauung, nicht zur Zerstörung" (V. 10). (27) So schreiben es auch die Kirchengesetze vor: (Causa) II. Quaestio 7. im Kapitel „Sacerdotes" und im Kapitel „Oves". (28) Und Augustin sagt im Briefe gegen Petilian: „Auch den katholischen Bischöfen darf man nicht beistimmen, wenn sie etwa einmal irren oder eine Meinung vertreten, die im Gegensatz steht zu den göttlichen Schriften."

(29) Soweit die Bischöfe auch noch andere Gewalt oder Jurisdiktion haben in gewissen anderen Angelegenheiten, wie z. B. in Ehe- oder Zehntsachen, so haben sie diese aus menschlichem Recht, und wenn keine Bischöfe mehr vorhanden sind, so müssen die Fürsten, ob sie wollen oder nicht, die Rechtsprechung übernehmen, damit der Friede gewahrt bleibe.

(30) Außerdem streitet man darüber, ob die Bischöfe oder Hirten das Recht haben, Zeremonien in der Kirche einzuführen und Gesetze über Speisen, Feste, Rangordnungen der Geistlichen und über die Mönchsorden usw. zu geben. (31) Die, welche dieses Recht den Bischöfen zuschreiben, zitieren als Zeugnis: „Ich habe euch noch vieles zu sagen, aber ihr könnt es noch nicht tragen. Wenn aber jener kommen wird, der Geist der Wahrheit, der wird euch alle Wahrheit lehren" (Joh. 16,12). (32) Sie führen auch als Beispiel die Apostel an, die geboten, sich vom Blut und vom Erstickten zu enthalten (Apg. 15,20). (33) Sie verweisen auf den Sabbat, der in den Sonntag umgewandelt wurde, was gegen die zehn Gebote zu sein scheint. Ja, kein Beispiel wird häufiger hervorgeholt als die Umwandlung des Sabbats. Sie behaupten: Die Gewalt der Kirche muß doch groß sein, wenn sie sogar von einem Gebot des Dekalogs dispensieren konnte!

(34) Aber in dieser Streitfrage lehren die Unsrigen so: Die Bischöfe haben keine Gewalt, etwas im Gegensatz zum Evangelium anzuordnen, wie oben gezeigt wurde. Das lehren auch die Kirchengesetze in der ganzen 9. Distinktion. (35) Ferner ist es gegen die Heilige Schrift, Satzungen (traditiones) zu schaffen, durch deren Beobachtung wir für die Sünden Genugtuung leisten oder die Gerechtigkeit verdienen sollen. (36) Denn die Herrlichkeit des Verdienstes Christi wird verletzt, wenn wir meinen, durch solche „Beobachtungen" die Rechtfertigung zu verdienen. (37) Es steht aber fest, daß gerade um dieser Überzeugung willen in der Kirche die Satzungen beinahe ins Unendliche anwuchsen, während die Lehre vom Glauben und der Glaubensgerechtigkeit unterdrückt wurde. Daraufhin wurden die Feiertage vermehrt, (neue) Fasten angesetzt, neue Zeremonien, neue Heiligenverehrungen aufgebracht, denn die Urheber solcher Dinge meinten, durch solche Werke die Gnade zu

verdienen. (38) So wuchsen vormals die Bußgesetze an, davon haben wir noch in den Genugtuungswerken deutliche Spuren.

(39) Ebenso handeln die Urheber von menschlichen Satzungen gegen das Gebot Gottes, wenn sie Speisen, Tage und ähnliche Dinge mit Sünde belasten. Damit erlegen sie der Kirche die Knechtschaft des Gesetzes auf, als müsse man unter Christen, um Rechtfertigung zu erlangen, einen Kult haben, ähnlich dem levitischen, und die Apostel und die Bischöfe hätten in Gottes Auftrag darüber zu befinden. (40) Denn so behandeln dies einige in ihren Schriften, und die Päpste sind offenbar zum Teil durch das Beispiel des mosaischen Gesetzes verführt worden. (41) Daraus stammen Lasten wie diese: daß es Todsünde sei, an Festtagen, auch wenn niemand Anstoß nimmt, Handarbeit zu tun; daß bestimmte Speisen das Gewissen beflecken; daß Fastenübungen, denen man sich nicht aus natürlichen Gründen[4], sondern um der Buße willen unterzieht, Werke seien, die Gott versöhnen; daß es eine Todsünde sei, das kanonische Stundengebet zu unterlassen; daß eine Sünde in einem vorbehaltenen Falle nicht nachgelassen werden könne, wenn nicht der Reservant dazu die Vollmacht erteile — und dabei sprechen die Kirchengesetze selbst nicht von einem Vorbehalten der Schuld, sondern der Kirchenstrafe!

(42) Woher haben die Bischöfe das Recht, solche Satzungen den Gemeinden aufzuerlegen und so die Gewissen zu verstricken, wenn doch Petrus verbietet, ein Joch den Jüngern aufzulegen (Apg. 15,10), und Paulus sagt, die Gewalt sei ihnen gegeben zur Erbauung und nicht zur Zerstörung (2. Kor. 13,10)? Wieso mehren sie die Sünden durch solche Menschensatzungen?

(43) Aber es gibt deutliche Beweise, daß es verboten ist, solche Satzungen aufzubringen, um die Gnade zu verdienen, oder als notwendig zum Heile. (44) Paulus sagt Kolosser 2 (16,20): „Niemand richte euch wegen Speise, Trank, Festtag, Neumond oder Sabbat." (45) Ebenso: „Wenn ihr den Elementen der Welt abgestorben seid mit Christo, warum macht ihr Satzungen, als lebtet ihr noch in der Welt: Berühre nicht, koste nicht, greif nicht an? Das alles geht doch zugrunde durch den Gebrauch; Menschengebote sind es, Menschenlehren, und haben nur den Schein der Weisheit." (46) Ebenso Titus 1 (14): „Hört nicht auf jüdische Fabeln und Satzungen der Menschen, die sich von der Wahrheit abwenden."

(47) Und Christus spricht Matthäus 15 (14,13) von denjenigen, welche Menschensatzungen aufrichten: „Lasset sie, Blinde sind es, und Führer von Blinden." (48) Und er verwirft solche Übungen: „Jede Pflanzung, die nicht mein himmlischer Vater gepflanzt hat, wird ausgerottet werden."

(49) Wenn die Bischöfe das Recht haben, mit solchen Menschensatzungen die Gewissen zu beschweren, warum verbietet dann die Heilige Schrift so oft, Satzungen aufzustellen? Warum nennt sie sie „Lehren

der Dämonen"? (1. Tim. 4,1). Hat denn wirklich der Heilige Geist umsonst davor gewarnt?

(50) Es ergibt sich also: Da Anordnungen, die als gewissenbindend oder als Mittel auferlegt werden, um Gnade zu verdienen, dem Evangelium widerstreiten, so darf kein Bischof solche Formen der Gottesverehrung einführen oder als verpflichtend fordern. (51) Denn man muß in den Gemeinden an der Lehre von der christlichen Freiheit festhalten, daß die Knechtschaft des Gesetzes nicht notwendig ist zur Rechtfertigung, wie im Galaterbrief geschrieben steht (5,1): „Lasset euch nicht wiederum unter das Joch der Knechtschaft bringen." (52) Es muß bei dem Hauptartikel des Evangeliums bleiben: Gnade erlangen wir durch den Glauben an Christus, und nicht durch gewisse „Beobachtungen" oder durch fromme Übungen, die von Menschen eingeführt sind.

(53) Was soll man dann vom Sonntag denken und von ähnlichen Ordnungen in den Kirchen? Darauf antworten (die Unsrigen): Die Bischöfe oder Hirten dürfen Anordnungen treffen, daß alles in der Kirche in guter Ordnung vor sich gehe, aber nicht, damit wir dadurch für unsere Sünden genugtun oder die Gewissen verpflichtet würden, das für notwendige Formen der Verehrung Gottes zu halten. (54) So ordnet Paulus (1. Kor. 11, 5.6) an, daß in der Versammlung die Weiber das Haupt verhüllen und daß die Ausleger nacheinander in der Versammlung angehört werden sollen.

(55) Es gebührt sich für die Gemeinden, solche Anordnungen um der Liebe und der Ruhe willen zu befolgen und sie soweit zu halten, daß nicht einer beim anderen Anstoß errege, sondern alles in den Kirchen ordentlich und friedlich zugehe; (56) allerdings auch so, daß nicht die Gewissen beschwert werden und man meine, diese Dinge seien heilsnotwendig und man sündige, wenn man sie nicht halte, auch wenn damit bei niemandem Ärgernis erregt wird. So, wie ja doch keiner wird sagen wollen: eine Frau sündige, wenn sie, ohne daß die Leute daran Anstoß nehmen, mit unverhülltem Kopfe ausgeht.

(57) Und so steht es auch mit dem Halten des Sonntags, des Osterfestes, Pfingstfestes und ähnlicher Tage und Gebräuche. (58) Denn diejenigen täuschen sich sehr, die behaupten, durch die Autorität der Kirche sei an Stelle des Sabbats das Halten des Sonntags als Pflicht eingeführt worden. (59) Die Heilige Schrift ist es gewesen, die den Sabbat abschaffte, nicht die Kirche. Seit das Evangelium geoffenbart ist, können alle mosaischen Zeremonien unterbleiben. (60) Weil aber doch ein bestimmter Tag festgesetzt werden mußte, damit das Volk wisse, wann es sich versammeln müsse, bestimmte die Kirche, wie offenkundig ist, dazu den Sonntag; und man entschied sich, scheint es, um so eher für diesen Tag, als die Menschen ein Beispiel christlicher Freiheit haben und wissen

sollten, daß weder die Beobachtung des Sabbats noch sonst eines Tages heilsnotwendig ist.

(61) Es gibt unglaubliche Diskussionen über die Zeremonien des neuen Bundes, über die Umwandlung des Sabbats: alles das ist entstanden aus der falschen Ansicht, es müßte in der Kirche einen dem levitischen ähnlichen Kult geben, und Christus habe es den Aposteln und Bischöfen überlassen, neue heilsnotwendige Zeremonien auszudenken. (62) Diese Irrtümer schlichen sich in die Kirche ein, weil man von der Gerechtigkeit des Glaubens nicht klar genug handelte. (63) Einige verfechten die Ansicht, das Halten des Sonntags sei zwar nicht göttlichen, aber nahezu (quasi) göttlichen Rechtes; sie schreiben genau vor, wieweit man an Festtagen arbeiten darf. (64) Was sind solche Streitigkeiten anderes als Stricke für das Gewissen? Obwohl sie nämlich den Gebräuchen gegenüber Nachsicht anzuwenden suchen, so kommt es doch nie und nimmer zum rechten und billigen Maß, solange es bei der Meinung bleibt, die Bräuche seien heilsnotwendig; und es muß dabei bleiben, wo man nichts weiß von der Glaubensgerechtigkeit und der christlichen Freiheit.

(65) Die Apostel geboten, sich vom Blute usw. zu enthalten (Apg. 15,20). Wer tut das heute noch? Und doch sündigt man nicht, wenn man es nicht tut, weil ja die Apostel selbst nicht die Gewissen mit einer solchen Knechtschaft beschweren wollten, sondern ihr Verbot nur gaben auf eine gewisse Zeit, um Ärgernis zu vermeiden. (66) Man muß im (Apostel-) Dekret auf den ewig bleibenden Willen des Evangeliums schauen.

(67) Es gibt fast keine Kirchengesetze, die ganz genau eingehalten werden, und täglich kommen viele in Wegfall, auch bei denen, welche die Satzungen verteidigen. (68) Man kann den Gewissen nicht helfen, wenn nicht das Maß innegehalten wird, Menschensatzungen nur mit dem Bewußtsein zu beachten, daß sie nicht notwendig sind und daß es die Gewissen nicht verletzt, wenn solche Menschenbräuche geändert werden.

(69) Leicht könnten aber die Bischöfe sich den rechtmäßigen Gehorsam erhalten, wenn sie nicht auf die Einhaltung von Menschensatzungen aus wären, die mit gutem Gewissen nicht gehalten werden können. (70) Nun aber verlangen sie den Zölibat; sie nehmen niemanden an, der nicht schwört, er wolle die reine Lehre des Evangeliums nicht predigen. (71) Unsere Gemeinden verlangen ja nicht, die Bischöfe sollten, um die Einheit wieder zu schaffen, ihre Ehrenstellung aufgeben; obwohl eigentlich treue Hirten das tun müßten! (72) Sie bitten nur das eine, die Bischöfe möchten die ungerechten Lasten aufheben, welche neu und gegen die Übung der allgemeinen Kirche eingeführt sind. (73) Vielleicht hatten anfangs diese Ordnungen verständliche Gründe, die aber für die späteren Zeiten nicht mehr zutreffen. (74) Es liegt aber auch zutage, daß manche aus Irrtümern entstanden sind. Darum hätte nun die Nachsicht der

Bischöfe dafür zu sorgen, daß sie gemildert werden, denn eine solche Änderung stößt die Einheit der Kirche nicht um. Es sind ja viele menschliche Überlieferungen im Laufe der Zeit geändert worden, wie die Kirchengesetze selbst zeigen. (75) Wenn daher das nicht erreicht werden kann, daß die „Beobachtungen" geändert werden, welche ohne Sünde nicht geleistet werden können, dann müssen wir uns nach der apostolischen Regel richten, die Gott mehr zu gehorchen befiehlt als den Menschen (Apg. 5,29).

(76) Petrus verbietet den Bischöfen, in den Kirchen mit Zwang zu herrschen (1. Petr. 5,3). (77) Es handelt sich jetzt nicht darum, daß die Bischöfe von ihrer Herrschaft abtreten, sondern um dies eine bitten wir: Sie sollen dulden, daß das Evangelium rein gelehrt wird, und einige wenige „Beobachtungen" fallenlassen, die ohne Sünde nicht gehalten werden können. (78) Tun sie das nicht, dann mögen sie selbst zusehen, wie sie es vor Gott verantworten wollen, wenn sie durch ihre Hartnäckigkeit Ursache zur Kirchenspaltung geben.[5]

---

[1] Mark. 16,15 fehlt im DT.

[2] Ps. 119,50 fehlt im DT.

[3] Von hier bis zum Ende des Abschnittes gibt es keine Entsprechung im DT.

[4] *Naturae* muß als ein adjektivischer Genitiv verstanden werden. *Ieiunium naturae* erklärt *Thomas von Aquin* (*Summa Theologiae* II — II q. 147, a. 1 ad 3) so: quo quis dicitur ieiunus antequam comedat. Ein *actus virtutis* ist dagegen (ibid.): solum illud ieiunium quo quis, ex rationabili proposito, a cibis aliqualiter abstinet.

[5] DT fügt hinzu: „(Schisma), das sie doch billig sollen verhuten helfen". Im übrigen folgt der DT wie in Artikel 27 sehr eng dem lateinischen Text.

Der Hauptinhalt dieses Artikels ist bei Artikel 14 referiert worden. Eine nähere Behandlung der vielen Probleme, die diese lange Erörterung stellt, ist aus Platzgründen leider nicht möglich. Die Anmerkungen in BK geben den nötigen Realkommentar. Natürlich ist der Artikel für die *Confutatio* völlig unannehmbar. Ohne in Einzelheiten zu gehen, verwirft sie die im Artikel dargelegten Gesichtspunkte und arbeitet die wichtigsten Züge der mittelalterlichen Lehre vom Bischofsamt heraus.

In den Artikel 28 hätte auch eine Ablehnung des Papsttums gehört. Daß sich eine solche nicht findet, ist von der Absicht, die mit der CA verfolgt wird, leicht verständlich. Es ist jedoch klar, daß der Artikel in seiner Lehre von den Grenzen der bischöflichen Befugnisse trotzdem eine solche Ablehnung impliziert. Ein Papst, der allein durch das Wort wirkt, dem man um der Liebe willen gehorcht und der kein Recht hat, für die Kirche Gesetze mit göttlicher Autorität zu erlassen, ist ziemlich undenkbar. Aber nur unter diesen Voraussetzungen würde er von den Voraussetzungen der CA aus akzeptiert werden können. In diesem Zusammenhang sei darauf aufmerksam gemacht, daß Melanchthons

Tractatus de potestate et primatu papae als eine Ergänzung zur CA, nicht zu Luthers Schmalkaldischen Artikeln zu betrachten ist, siehe BK, S. XXVI.

Schluß[1]

Wir haben die Hauptartikel aufgezählt, über die offenkundig Streit ist. Natürlich hätten noch viel mehr Mißbräuche zur Sprache kommen können, aber wir haben, um unnötige Länge zu vermeiden, nur die Hauptfragen besprochen[2]. Es gab große Klagen wegen der Ablässe, der Wallfahrten, des Mißbrauches der Exkommunikation. Die Pfarrgemeinden litten vielfach unter der Plage der Almosenprediger. Endlose Streitereien gab es zwischen Pfarrern und Mönchen wegen der pfarrlichen Rechte, wegen des Beichthörens, wegen der Begräbnisse und wegen tausend anderer Dinge. Diese Angelegenheiten übergingen wir; dafür sollte das, was in dieser Sache wirklich wichtig ist, kurz dargelegt werden, damit es um so leichter zu verstehen sei. Und es wurde hier nichts gesagt oder aufgezählt, um jemanden zu beschämen! Nur das wurde vorgebracht, was zu sagen notwendig erschien, damit man begreifen könne: Bei uns gilt weder in der Lehre noch in den Zeremonien etwas, was der Heiligen Schrift oder der allgemeinen Kirche entgegensteht. Denn es liegt klar zutage, wie sorgfältig wir uns gehütet haben[3], daß sich nicht neue und gottlose Glaubenssätze bei uns in die Kirche einschlichen.

Diese hier verzeichneten Sätze haben wir überreichen wollen nach dem Erlaß kaiserlicher Majestät, damit in ihnen unser Bekenntnis vorliege und man die Summe der Lehre unserer Prediger daraus ersehen könne. Sollte in diesem Bekenntnis etwas vermißt werden, so sind wir bereit, so Gott will, weitere Auskunft nach der Heiligen Schrift zu geben.

Eurer kaiserlichen Majestät
untertänigste gehorsame
Johann, Herzog von Sachsen, Kurfürst
Georg, Markgraf von Brandenburg
Ernst [Herzog von Lüneburg] mit eigener Hand
Philipp, Landgraf von Hessen
Johann Friedrich, Herzog von Sachsen
Franz, Herzog von Lüneburg
Wolfgang, Fürst von Anhalt
Bürgermeister und Rat von Nürnberg
Rat von Reutlingen

---

[1] Die Überschrift fehlt in BK. Hier der Übersichtlichkeit halber eingesetzt nach den früheren Wiedergaben der CA.

[2] DT fügt hinzu: „daraus die anderen leichtlich zu ermessen".

[3] DT: „mit allem Fleiß, mit Gottes Hilf (ohne Ruhm zu reden)"

LITERATUR

Quellen

Die *Bekenntnisschriften der Evangelisch-Lutherischen Kirche*, 5. durchgesehene Auflage, Göttingen 1963 (BK). Hierin finden sich auch die *Schwabacher*, *Marburger* und „*Torgauer*" Artikel sowie die Entwürfe zur Vorrede und die Handschrift Na.

Die Confutatio der Confessio Augustana vom 3. August 1530, Corpus Catholicorum, bearb. v. Herbert Immenkötter, Münster 1979.

Karl Eduard Förstemann, Urkundenbuch zu der Geschichte des Reichstages zu Augsburg im Jahre 1530, I—II, Halle 1833—35.

Denzinger-Schönmetzer, Enchiridion symbolorum, definitionum et declarationum de rebus fidei et morum, 34. Ausg., Freiburg 1967.

Wilhelm Gussmann, Quellen und Forschungen zur Geschichte des Augsburgischen Bekenntnisses, I, 1—2, Leipzig/Berlin 1911; II, Kassel 1930.

Luther wird, wo es möglich ist, nach der Ausgabe von Otto Clemen zitiert (Cl.), sonst nach der Weimarer Ausgabe.

Melanchthon, Werke in Auswahl, hrsg. v. R. Stupperich, Gütersloh 1951ff.

Valentin von Tetleben, Protokoll des Augsburger Reichtsages 1530, hrsg. u. eingel. v. Herbert Grundmann, Göttingen 1958.

Sekundärliteratur

Friedrich Brunstäd, Theologie der lutherischen Bekenntnisschriften, Gütersloh 1951.

Gerhard Ebeling, Der Lauf des Evangeliums und der Lauf der Welt. Die Confessio Augustana einst und jetzt, in: Lutherstudien III, Tübingen 1985, S. 339–365.

Holsten Fagerberg, Die Theologie der lutherischen Bekenntnisschriften von 1529 bis 1537, Göttingen 1965.

Fritz Hoffmann, Ulrich Kühn (Hgg.), Die Confessio Augustana im ökumenischen Gespräch, Berlin 1980.

Herbert Immenkötter, Um die Einheit im Glauben. Die Unionsverhandlungen des Augsburger Reichstages im August und September 1530, Münster 1974.

Erwin Iserloh (Hg.), Confessio Augustana und Confutatio. Der Augsburger Reichstag 1530 und die Einheit der Kirche. Münster 1980.

Bernhard Lohse, Otto Hermann Pesch (Hgg.), Das ‚Augsburger Bekenntnis' von 1530. Damals und Heute, Mainz 1980.

Lutherjahrbuch 1930. Darin: J. v. Walther, Der Reichstag zu Augsburg 1530. H. v. Schubert, Luther auf der Koburg. R. Hermann, Zur theologischen Würdigung der Augustana.

Wilhelm Maurer, Historischer Kommentar zur Confessio Augustana, I–II, Gütersloh 1976–78.

Harding Meyer (Hg.) Augsburgisches Bekenntnis im ökumenischen Kontext, Stuttgart-Berlin 1980.

Harding Meyer, Heinz Schütte (Hgg.), Confessio Augustana. Bekenntnis des einen Glaubens. Gemeinsame Untersuchung lutherischer und katholischer Theologen, Paderborn und Frankfurt 1980.

Bernd Moeller, Augustana-Studien, ARG 57, 1966, S.76–95.

Gerhard Müller, Die römische Kurie und die Reformation 1523–34. Kirche und Politik während des Pontifikates Clemens VII., Gütersloh 1969.

Wilhelm E. Nagel, Luthers Anteil an der CA, Gütersloh 1930.

Gustav Plitt, Einleitung in die Augustana I–II, Erlangen 1867–68.

Edmund Schlink, Theologie der lutherischen Bekenntnisschriften, München 1940.

Theol. Realenzyklopädie, Art. Augsburger Bekenntnis, v. *Bernhard Lohse* (Weitere Literatur).

SACHREGISTER/NAMENREGISTER (Auswahl)

Studium Systematische Theologie

10 Bände. Bei Abnahme der Reihe 10% Ermäßigung

Mit »Studium Systematische Theologie, Band 1–3« präsentiert Gunther Wenz die ersten drei Bände einer auf zehn Bände angelegten evangelischen Dogmatik. Die drei Eingangsbände behandeln die Themen Religion, Offenbarung und Kirche. Sie sind nicht klassische Prolegomena zur Dogmatik, sondern sie sollen der Theologie zum entwickelten Bewusstsein ihrer gegenwärtigen Aufgaben durch die Rekonstruktion ihrer Problemgeschichte verhelfen.

Zur raschen Orientierung sind die einzelnen Abschnitte jeweils für sich lesbar. Im Zuge fortschreitender Entwicklung fundamentaltheologischer Fragestellungen verdichten sie sich zu einem Systementwurf.

Band 1: Gunther Wenz

Religion

Aspekte ihres Begriffs und ihrer Theorie in der Neuzeit

2005. 279 Seiten, kartoniert

ISBN 3-525-56704-9

Band 2: Gunther Wenz

Offenbarung

Problemhorizonte moderner evangelischer Theologie

2005. 285 Seiten, kartoniert

ISBN 3-525-56705-7

Band 3: Gunther Wenz

Kirche

Perspektiven reformatorischer Ekklesiologie in ökumenischer Absicht

2005. 284 Seiten, kartoniert

ISBN 3-525-56706-5

In Vorbereitung:

Bd. 4: Gott. ISBN 3-525-56707-3

Bd. 5: Christus. ISBN 3-525-56708-1

Bd. 6: Geist. ISBN 3-525-56710-3

Bd. 7: Schöpfung. ISBN 3-525-56711-1

Bd. 8: Sünde. ISBN 3-525-56712-X

Bd. 9: Versöhnung. ISBN 3-525-56713-8

Bd. 10: Vollendung. ISBN 3-525-56714-6

V&R

Vandenhoeck & Ruprecht